U0139561

大宋帝国三百年系列

和平的壮举

A Feat of Peace

金纲 著

江苏凤凰文艺出版社
JIANGSU PHOENIX LITERATURE AND
ART PUBLISHING

图书在版编目（CIP）数据

和平的壮举. 上 / 金纲著. —— 南京：江苏凤凰文
艺出版社，2023.5

（"大宋帝国三百年"系列）

ISBN 978-7-5594-7533-6

Ⅰ.①和… Ⅱ.①金… Ⅲ.①中国历史－宋代－通俗
读物 Ⅳ.①K244.09

中国国家版本馆CIP数据核字(2023)第019424号

和平的壮举. 上

金 纲 著

责任编辑	刘洲原	
选题策划	刘玉浦	
特约编辑	岳明园	
责任校对	孔智敏	
出版统筹	孙小野	
出版发行	江苏凤凰文艺出版社	
	南京市中央路165号，邮编：210009	
网　　址	http://www.jswenyi.com	
印　　刷	河北鹏润印刷有限公司	
开　　本	880毫米×1230毫米　1/32	
印　　张	10.75	
字　　数	229千字	
版　　次	2023年5月第1版	
印　　次	2023年5月第1次印刷	
书　　号	ISBN 978-7-5594-7533-6	
定　　价	86.00元	

江苏凤凰文艺版图书凡印刷、装订错误，可向出版社调换，联系电话025-83280257

目 录

写在前面

"澶渊之盟"与鲍岑和约

大宋,帝国统治者,真宗赵恒,他的时代自公元 997 年开始,至 1022 年结束,实算总二十五年。

此际,世界史上,在军政领域,发生了很多大事件。

德国人维尔纳·施泰因编纂的那部《人类文明编年纪事》,记录了这期间"征服与反抗"齐进、"战争与和平"共在的风景。荦荦大者可见——

有"圣徒"之称的斯特凡一世登基为匈牙利国王。

罗马-德意志皇帝亨利二世先后三次出兵意大利,击败了占据意大利南部的希腊人,并最终征服意大利,恢复了强力统治。

波兰开始不断割让领土，波莫瑞割让给丹麦，摩拉维亚割让给匈牙利，基辅割让给俄罗斯，上劳其茨割让给德意志。

爱尔兰开始分崩离析，英国人的影响开始增强。

挪威国王奥拉夫一世在斯伏尔德战役中阵亡。丹麦开始管辖挪威。

威尼斯控制了亚得里亚海。

南印度朱罗王国国王加里占领今天的斯里兰卡。

诺曼底农民起义，被镇压。

丹麦国王赶走了强行传播基督教的挪威国王奥拉夫二世后，征服了英国，并出任英国国王。但后来所有在英国的丹麦人被杀，丹麦开始报复性征伐。

东罗马摧毁西保加利亚王国，占领马其顿。

这一时期，大宋在真宗领导下，与契丹有了长达五年的拉锯式战争，我称之为"五年战争"。最后，在澶渊小城的对峙中订立和平协议，史称"澶渊之盟"，时间是景德元年，公元 1004 年冬。

有意味的是，这一年，德意志国王亨利二世与波兰国王波列斯拉夫之间的战争刚刚开始，也在近五年之后，德意志在夺取波希米亚得手之际，与波兰人在德国的小镇鲍岑缔结了和平协议，史称"鲍岑和约"，时间是公元 1008 年中。

11 世纪的这二十五年，东西方似各有一个通往"和平"的和议。但发生在中国的"澶渊之盟"和议之后，大宋与契丹，百年之内没有战争；而发生在欧洲的"鲍岑和约"之后，不到十五年，德意志即与波兰战火重燃，以至于波兰被迫放弃王国称号，承认德国的宗主国地位。就这个历史阶段，以大义衡量，"澶渊之盟"的缔结者，似更重契约精神。而德意志与波兰，则稍逊一筹。

大宋、契丹之"和议"成功，缘于帝国以"敛天地之杀气"为手段，以"召天地之和气"为目标的政治哲学的恪守与推演。

真宗时代，除了"五年战争""澶渊之盟""东封西祀"之外，似乎并无特别重大的事件。但是当我借助现代史家的眼光和传统圣贤的理念，进入这个四分之一世纪时，发现了"和平事业"暗合于"协和万邦"之《尚书》思想的邃密、雄深，以及不可思议的丰富。

我讲述"故实"，并期待因此而证实传统经学正当性的秘密。这个工作，可以简称为"以史证经"。

现在，在展开讲述真宗大帝的故实之前，先选择若干饶有意味的片段——这些片段，构成了一个个"意义空间"，有待有心人去打开它、阐释它——作为这部书《写在前面》的话，供你品味，看看这部书值不值得读下去。

"谋逆者"王继恩

真宗赵恒，继太宗赵炅之后，来做大宋帝国第三代统治者。但在通往权力巅峰的路上遇到政治风险，差一点坏在老宦官王继恩手上。

王继恩善于将帝国统治者当作"骰子",将自家性命当作"赌注"——"押宝"。他平生最成功的一注"押宝"是在赵匡胤死后。那时节,他不接受宋皇后的懿旨,不召皇子赵德芳入宫,反而召来了晋王赵光义(也即赵炅)。如此,就在那个大雪初霁的夜晚,启动了大宋太宗时代。王继恩"押宝"赌赢,从此得到皇家恩宠,有了二十一年的人生巅峰。太宗死后,他再一次"押宝",试图阻止太子赵恒继位,而与太宗的李皇后等人策划谋立已经废掉的皇子赵元佐。初夏的那个清晨,他摆出资深元老礼贤下士的派头,来到相府,召宰辅吕端进宫,讨论继承人问题。但吕端"大事不糊涂",略施小计,将这位自以为老谋深算的宦官首领诱骗到书房,并反锁在里面,而后,匆匆来见李皇后。吕端一言九鼎,维护了太宗昔日与寇准等人的君臣约定:太子赵恒践祚,既定程序,不可变更。

不难猜想,王继恩"押宝"失算,他从吕端书房的门缝中望着那块安静的锁头,应该明了:往日已矣。他的政治癫狂,试图影响最高权力再分配的动作,在任何朝代都要付出生命的代价,但真宗赵恒并没有像想象中的帝王那样大开杀戒。这就与"敛天地之杀气""召天地之和气"的大宋政治哲学有关。

太宗赵炅,驾崩于公元 997 年 5 月 8 日,这一天是大宋至道三年三月癸巳。太子赵恒在灵柩前继位,随即发布了大赦天下的诏书,史称《真宗即位赦天下制》,简称《大赦令》。这个诏书的性质仿佛现代民主邦国的"总统就职宣言",是一份昭告天下的政治文书。

诏书云:

……先朝庶政，尽有成规，谨守奉行，不敢失坠。所宜开谏诤之路，拔茂异之材；鳏寡无告之民，悉令安泰；动植有生之类，冀获昭苏；庶几延宗社之鸿休，召天地之和气。更赖中外百执，左右荩臣，各馨乃诚，辅兹不逮。布告迩遐，咸使闻知。

意译一下这段文字：

……太祖太宗朝的政务，都有成规，朕将恭谨奉行，不敢让这些成规丢失。现在应该做的是广开谏诤之言路，提拔优异之人才；要让鳏寡孤独，以及上告无门的弱势群体，都能平安安居；让动物植物，以及所有的生命，都能有机会获得苏醒再生；这样才有希望延续祖宗香火的大美，感召天地之间的和气。更希望朝廷内外文武百官，左右近臣，能够各自倾尽忠诚，对朕达不到的地方给予辅佐。以此布告远近，让天下人都知道朕的意思。

诏书说了几件事：

一、要保持大宋开国"祖宗"（太祖太宗）的政策连续性。

二、要广开言路，奖拔人才。

三、要扶助弱势群体，并推及有生万物。

四、之所以这样做，一是为了"延宗社之鸿休"，二是为了"召天地之和气"；而后者更是前者之目标。

熟悉大宋三百年史就会有感觉，大宋诸朝恒定不变的主题"天下为公"在此。与太祖太宗比较，真宗更重此道，"召天地之和气"，就要"敛天地之杀气"。真宗在这个方向上有更自觉的意识。

顺便解释一下："鸿休"，是"宏大的吉庆、美好"之意，可以简译为"大美"或"大业"。

《大赦令》诏书一下，"常赦所不原者咸除之"，即平常规定遇赦不赦的罪犯，这一次也全部赦免了。

王继恩事发，已经在《大赦令》发布之前，但真宗还是没有动杀机，只将他黜为右监门卫将军，流放到均州安置，最后死在被贬之地。右监门卫将军虽然属于有职无权的武官散职，但毕竟还算朝廷官员。真宗没有痛下辣手。

与王继恩一道谋划"押宝"的还有参知政事李昌龄、知制诰胡旦等人。参知政事是副宰相，负责相当于中央政府的政事堂，也即中书的日常政务，重新"任命"皇上，需要政事堂下文书；知制诰则是政事堂的一等秘书，负责起草政府文书。所以王继恩要更动太宗遗诏，改换天子，就需要这些人的支持。这三人再加上李皇后，构成"后太宗时代"非常时期的"四人联盟"。他们阴谋败露后，真宗一个未杀，一个未关。

李昌龄不过被"责授"忠武（治所在今河南许昌）节度使。"责授"是职官制度常用语，含有"惩罚责备而贬官"的意思。

胡旦被贬为散官，后来他患有眼疾，视物不明，以秘书省少监的职官身份致仕，即退休。

李皇后则没有得到任何处罚，甚至被尊为皇太后。她原来居住在西宫嘉庆殿，真宗很孝敬这位不是生母的母后，为她另外建造了一座更舒适的万安宫。李氏生病时，真宗会亲自调制汤药，在朝堂上也常有忧戚之色。后来李氏病重不起，真宗说话都带着哭腔，多次下诏到民间去招募良医。李氏死后，还被葬在太宗的陵寝之旁。

王继恩由宦官班首贬为武职闲官，李昌龄由政府副首脑贬为省部级官员，胡旦由政府大秘贬为闲职，后来再升为朝廷秘书处副秘书长，李皇后则不仅不问不处理，甚至得到皇太后的尊贵待遇。诸位"谋逆者"，无一死罪。这些，成为真宗践祚后，大宋帝国"敛天地之杀气""召天地之和气"的一个注脚。

真宗"英断"

真宗很和气。

但他的和气有大气象。

他是太宗的第三个儿子，原名赵德昌，后改为赵元休，又改为赵元侃，立为皇太子后，再改名为赵恒。

就像太祖、太宗出生时有"异象"一样，他出生时也有"异象"。据说他的母亲，即元德皇后，曾经做梦用衣服的前襟兜着太阳玩，然后就怀孕了。他出生时，太宗正做开封尹，据说那一天"赤光照室"。他的左足有奇异纹路，细看像一个"天"字。他小的时候很聪明，与诸王游戏，喜欢做战阵的模样，还自称"元帅"。太祖很喜欢这个小侄子，无人上朝时，小侄子就会爬上金銮殿的宝座坐一坐。太祖有一次抚摸着他问："天子好做吗？"小侄子回答："由天命耳。"太祖很是惊奇。

赵恒出生于公元968年，践祚时年届而立，大宋立朝已经三十八年，帝国开始出现太平气象，除了局部地区的小型叛乱和契丹在河北北部的骚扰之外，真宗接手的帝国还算稳定。

他封赏了帝国第一功臣吕端，在宰相职务之外，又加右仆射。宋代加官类型繁多，右仆射属于"检校官"类型的加官，在宋代是一种仅次于"太师""太傅"之类的荣誉，史称"特崇奖之"，特别给予崇隆的嘉奖。

诸兄弟改封诸王，这是对皇室诸亲的特权优待。所谓"王"，虽然并无实际职权，但毕竟是一种爵位荣誉。

又以太子宾客李至为工部尚书、李沆为户部侍郎，二李并为参知政事，也即副宰相。在后来的日子里，二李成为真宗一朝最重要的辅佐大臣。

就在这时，契丹国主耶律隆绪忽然从草原深处到达了幽州（今北京）。

虽不清楚契丹此举的目的何在，但不能排除草原民族试图在大宋国丧期间南下侵扰的可能性。真宗应对契丹异动的战略安排是，首先派遣老臣郭贽前往大名府（今属河北邯郸）做知州。

大名府乃是过去魏博军节度所在，又称天雄军，是唐末以来河北三镇之一。自从石敬瑭割让燕云十六州，三镇最北端的幽州一镇已失，中部诸州就成为大宋与契丹的边界，南部就是大名府。事实上大名已经成为拱卫河南中州的北部要塞，大名一失，契丹铁骑即可直驱南下，陈兵黄河北岸，过河就是汴梁。因此大名对大宋，有特殊的地缘军事意义。郭贽做过盐铁使、参知政事，善于发现人才，真宗此一任命，对他应有期待。

但郭贽不愿意去做大名府知州。

任命后第二天，郭贽请求与真宗对话，史称"请对"。见面后，郭贽恳切地提出辞呈。真宗不同意，回答他就一句话：

"大名是魏博重地，卿应该赶紧去上任。"

郭贽不得已，退下。

真宗召来辅臣问："郭贽不想上任，愿意留在朝廷，这事可以吗？"

辅臣回答："近例也有这事。大臣不愿外放，可以留下。"

真宗回应道："朕初嗣位，命贽治大藩而不行，则何以使人！"朕刚刚践祚，命令郭贽去治理大的藩镇，但他不愿意去。如此，以后如何调遣他人！

最后，没有答应郭贽的请求，还是派遣他到大名府上任去了。

有宋一代，帝王外放大臣，大臣往往"拒命"，帝王往往"优容"，一般不治罪，愿不愿意到地方，可以协商。但这一次，"和气"的真宗坚持任命不变，此事得到后来史论的赞誉，仁宗朝的大臣吕夷简就评价真宗此举为"英断"，将此事与当年太祖贬黜中书舍人赵逢一事相提并论。赵逢乃是前朝老臣，太祖征伐泽、潞（均在今山西中部）李筠时，他跟太祖从行。但他害怕战事之险，畏避山路之艰，假称坠马伤脚，留在内地。太祖于是将他由朝廷命官贬为地方小官。政治家自有责任伦理，令必行，禁必止。在文明邦国共同体之间，上级调遣下级，下级理应服从。唐末以来迄于五代乱世，"权反在下"，上级纵容下级，下级抗命上级，成为反复出现的军政现象。真宗上任伊始，在国家秩序问题上，有惩前毖后之诉求。调派郭贽守边，令出不变，事情虽小，立意却深。

庆幸的是，契丹那边暂时没有大的动作。

这一年，真宗赵恒正值而立，三十岁。

"孟士"李应机

真宗赵恒还在做太子时，曾以寿王身份担任开封府尹。有罪犯逃入附近小县咸平，知县是李应机。赵恒派出散从小吏带着他的手帖（相当于后世的介绍信）去抓捕。在咸平县大堂上，散从们仗恃着来自王府的身份，没有把小小的知县看在眼里，有了喧哗失礼的举动。

李应机发怒："你们所服侍的是寿王，我所服侍的是寿王的父亲。服侍父亲的人，可以鞭打服侍儿子的人。"

于是给这几个散从小吏每人二十杖，算作用了刑。

散从们回到王府，向赵恒哭诉此事。赵恒不回答他们，只是默默地记住了"李应机"的名字。

等到赵恒登基，还没有改元，川中有乱象，就提拔李应机为益州（今四川成都）通判，并召他到殿中说：

"朕正在以西蜀之事发愁，所以任命你来做这个官，但这个官职还不是你将来能做到的大任。你权且去，地方有什么重要事情，可以用'密疏'传给朕看。"

所谓的"密疏"，就是写给皇上的密信，传递中要封裹，他人不得偷看。

李应机到益州后，有一位"走马"要回京奏事，益州知州来为他饯行，刚刚做了通判的李应机，应该算益州的二把手或三把手，按礼应该陪一把手知州出席宴会，但他称病不来。"走马"认为李应机不给他面子，心中不免怀恨。

所谓"走马"，乃是"诸路经略安抚总管司走马承受并体量公事"的简称，一般称为"走马承受"，为宋代职官名称，职责是类似监司的路一级（省一级）监察官，主要是监督诸路武职官员，每年要向皇上汇报一次地方政情军情，遇到紧急情况，可以随时汇报。后来又规定，可以"风闻奏事"，也即听到什么风声，即使没有证据，也可以汇报。这是大宋帝国对唐末五代以来藩镇割据势力预防性质的制度性制约，对于沟通地方与朝廷的联系，具有隐秘的效果。这一职务后来又改为"廉访使者"，再改回"走马承受"，历来多有变化。由监察而监督，由监督而抑制，地方诸路也确因此而无法再膨胀为割据势力，对帝国治理的有效性而言，"走马"这一职官制度设计，作用不小。

"走马"仗着朝廷耳目的身份，往往也有侵凌地方、肆意作恶的记录，但这是另外一个问题，不论。

知州为"走马"饯行之后的当晚，李应机又找到这位"走马"，对他说：

"我有'密疏'，要你顺带到京师入奏，明天你不能走，等我草写完毕给你再说。"

"走马"不知道李应机已经受得皇上秘派旨意，听他这样说，就更为不满，勉强答应下来。

第二天，"走马"派人对李应机说："我就要走了，请你把所要入奏的'密疏'让使者带给我。"

李应机让使者回话说："我这'密疏'不能交给别人，你应当过来自取。"

"走马"大怒，但还是忍着，欲将李应机这类"骄横"之事累积起来，到时候一块向真宗汇报。于是硬着头皮走到李应机的府廨，取了"密疏"，向京师汴梁而去，一路上都在想怎么编派他的不是。

不料到了宫禁，皇上第一句话就问他：

"李应机无恙乎？有疏乎？"

李应机最近挺好的吧？他有"密疏"给我吗？

"走马"这才意识到李应机乃是皇上派出的亲信，来时想好的一通坏话也说不出来了，愕然中，将"密疏"呈上。真宗拆封，认真看了一遍，不断点头称善。又问："李应机在益州治理地方，怎么样啊？""走马"已经不敢编派坏话，反过来说了一番称誉的好话。真宗对"走马"说：

"你回去告诉李应机：他所上奏的意见都很好，朝廷就要施行。如果还有其他意见，尽力传来我看。蜀中无事时，很快就会召他回京了。"

不久，李应机回京，再次得到提拔，几年中，成为朝廷显官。

李应机为官虽然"强敏"，刚猛强健，机智敏捷，却有贪财的恶习，而且行事多处现出权诈之象。这些，也被真宗看在眼里，所以渐渐疏远了他。

"和气"的赵恒很希望能有"猛士"来守四方，敢惩罚王府小吏的李应机，似乎很有点"猛士"范儿，于是得到重用。但一旦发现这类"猛士"存在道德上的缺陷，他就不再欣赏。真宗不是"事当务实"的功利主义者，而是"天下为公"的道义主义者。（"事当务实"，是五代名臣冯道语录，此语曾被王夫之痛贬，详见《赵匡胤时间》。）

缉盗三害

咸平五年（1002），这是真宗登基之后的第五个年头，指挥使马翰请求缉捕在京的"群贼"。真宗对辅臣们说：

"我过去做开封尹，听说马翰以缉捕贼盗为名，结果反生出'三害'来：民中豪富怕他'纠察'，于是经常狠狠地贿赂他，这是一害。每一次抓住贼盗，收缴贼赃，他都会报一个足以让贼盗判处死刑的上限之数，送官；多余的贼赃，都被他独吞，这是二害。他因此经常蓄养着十几个无赖，到各处去'侦查扰人'，这是三害。但是因为马翰的这些事还没有显著败露，因此还不能就此罢免他。从今以后，捕获贼盗之事，只委托开封府有司来做，不要让马翰参与其事。"

这一则故实中，蕴含的军政信息相当细密，治史，自可从中寻绎端倪。这里至少可以看到，即使法网恢恢，也总有顽劣宵小之辈，以"寻租"为手段，危及民生。就人性之贪婪而言，古今以来的"小人"并无太大差别。但凡是危及民生之人，一旦劣迹昭彰，帝国必行抑制之法；当其并未昭彰之时，帝国则尽力"曲突徙薪，预为之防"。

"诛斩贼盗，捕获叛亡"，是《千字文》中的句子。这种行为，几乎在所有文明邦国都被视为必须实施的治理要素。真宗的优异之处在于，他知道"兴一利"时，往往会"有一害"，如果只注重"缉捕"群盗，则官员因此而谋取私欲利益之手段，就会乘虚而入。

但帝国在官员没有显著大恶时，往往采用"优容"政策，尽力不去"法办"，给他们改过自新的机会，做"新民"。真宗在朝堂与诸辅臣说这个话，就是要传导给马翰听，激发起他的羞耻之心。帝国在尽力"敛天地之杀气""召天地之和气"。从五代走来的大宋帝国，对道义立朝有自觉性。

"曲突徙薪，预为之防"，是帝国三百一十九年的基本国策。

"敛天地之杀气""召天地之和气"，是帝国三百一十九年的基本精神。

惩治无赖的策略

"敛杀气""召和气"的帝国，仍不乏豪横顽民，就像今日美利坚，仍有枪杀无辜儿童之凶顽，谋害同床妻子之邪僻，不稀奇。"物之不齐，物之情也"。世界必然参差不齐，道德亦然。那种试图令道德水平举国划一的讨论，皆类梦呓。故圣贤对待此类问题的姿态是：教化天下，但永远不做"毕其功于一役"的春秋大梦。

真宗时，曹州有赵谏、赵谔弟兄俩，都是凶狡无赖之徒。他俩常常用恐吓手段诈人钱财，并交结官吏，乃至不时干预地方政务。围绕着赵谏、赵谔更有许多"小兄弟"，也都横霸一方。二赵行径仿佛"黑社会"。

有一个太常博士李及，受诏要通判曹州。赵谏正好有事来到汴梁，听说李及要做家乡父母官了，就递上一张名片求见。但李及拒绝了他。赵谏大怒，谩骂而去。

随后，赵谏就开始给李及编造故事，制作成帖子，四散递送，诋毁他的名誉。

李及看到后，因为是赵谏匿名，不敢发作。

正发愁，有一个大理寺丞名叫任中行，恰与赵谏同乡，知道他的劣迹，就写了秘密的表章上给朝廷。这才算是挽救了李及。

随后开始搜查赵谏豪宅，得到他与朝士、内侍以及地方官的来往书信很多，赃款"巨万"。这个"巨万"在古汉语中不是"巨大到一万"的意思，而是"巨额很多万"的意思，有说法甚至认为"巨万"就是"万万"，也即一个亿。总之是说家资超富。

诏下：二赵并斩；同党决杖流放；与二赵来往密切者人人降官或黜免。

真宗认为这两人危害地方，性质恶劣，打算"穷治"与二赵交游的朝官。御史台也审讯出一个名单，应有七十多人要下狱。

负责司法的中丞吕文仲"请对"，请求见皇上说话。他说："被逮捕的人，太多，很多都在外郡，如果全部拘捕，臣担心惊动天下。"

真宗说："爱卿你正在执掌国家宪法，当疾恶如仇，岂能公开庇护这些人呢？"

吕文仲说："臣所在的中司这个职务，不仅是举发、纠正臣辅过失，还要顾全国家大体。现在就算这七十多人都犯了罪，以陛下的仁慈，一定不会全部正法，顶多不过废弃罢黜罢了。那样就会造成官员缺失。臣的意见是：只需要记录这些人的名籍，继续考察他们的为人，如果还有过失，那么在举选时、朝廷临对时，再摈斥之，未为晚也。"

皇上同意了他的意见。

这种处理模式，就是"用败将"而以观后效。治理模式中，善用"败将"是一种控制性策略，往往有奇效。秦穆公三次起用败将西乞术、白乙丙，就是经典案例。吕文仲得其密，宋真宗有所悟。这是与"纯洁队伍"截然不同的思路。天下广大，世界宏阔，不是大恶，稍稍优容，浑沦一气，以"耻感"影响贤良和不肖，是培植国家根脉之举。

太宗时，有个类似的故实，可以互为考见。

说淳化年间，太宗对宰相吕蒙正说：

"幸门如鼠穴，何可塞之！但去其甚者，斯可矣。近来纲运之上，舟人水工有少贩鬻，但不妨公，一切不问，却须官物至京无侵损尔。"

奸邪小人或心存侥幸之辈，进身的门户就像老鼠洞一样，哪里能够做到全部堵塞！只需要将那种太过分的清除就可以了。近来漕运船上，船工们往往有少部分人在公干之余，还夹带私货贩卖。但是只要不妨碍公事，可以一切不必追问，只要漕运货物到京没有侵损即可。

名相吕蒙正很赞赏皇上这一番话，他补充意见道：

"'水至清则无鱼，人至察则无徒。'小人情伪，君子岂不知？

盖以大度容之，则庶事俱济。昔曹参以狱市为寄，政恐奸人无所容也。陛下如此宣谕，深合黄老之道。"

所谓"狱市"，"狱"指教唆词讼，也即刀笔吏师爷们的勾当；"市"指缺斤少两，奸商们的勾当。这是史上"奸人"最为集中之地。曹参在大汉齐国做宰相，临行时，告诫后来者说："齐国这里的'狱市'，轻易不要扰乱它。"接任的相官很诧异："治理地方没有比这个更重要的了，难道不是吗？"曹参说："不然。狱市，是奸人寄托所在，所以要容，否则奸人到哪里去安身呢？所以我将这件事当作头等重要的大事告诉你。"

政治治理，不全凭"价值理念"。几乎所有诉诸"理想状态"，让世界"清一色"成为"君子国"的治理方案，都是问题重重的。圣贤通晓此义，以道家黄老之说显著揭示。

传统中国，深通治道者皆明此理。

赵谏之后，又有崔白。

崔白是开封人，算是京城一大无赖，常常威胁群小，取财致富。之前还有个无赖名叫满子路，强横任侠，名闻京师。赵谏因为豪横而伏法之后，崔白对人吹牛说："满子路，那是我这一辈的人物，赵谏，我门人，徒弟而已；其他人，都算不上数。"他想买邻居梁文尉的住房，梁文尉不许，他就多次诟骂侮辱。不久梁文尉病死，留下妻子张氏与两个幼年的儿子。崔白就派人日日到寡妇家门前投掷砖瓦石块。张寡妇不堪其扰，转徙他处，房屋作价一百三十万钱出售。崔白用九十万购买。张氏到官府上告，崔白就增加了三十万钱，却偷偷地减少房屋的出售价格为一百二十万，并且让自己的仆人来做证。随后，来到开封府，反过来状告张寡妇。与此同时，开始贿赂官吏。

崔白一向与朝官殿中丞、权大理少卿阎允恭有来往，就请阎允恭就这个事向开封府判官韩允沟通。韩允于是判处：张寡妇随意增加房价，给了她杖刑。

崔白得到这个结果，大喜，就开始到街楼酒肆大肆吹嘘自己的"关系"有多么多么硬。

但皇城司得到这个街市传闻，没客气，奏章一上，就到了真宗那里。真宗看后，当即令御史台抓捕崔白，审讯后得实，朝廷给出了处理意见：韩允，被除名，即不再隶属于官籍，去做岳州文学，到地方学校中去做事；阎允恭也被除名，去复州做文学。崔白被决杖，发配崖州牢城；崔白的儿子也曾作恶，被决杖，发配江州。同时下诏诫谕首都官民，引以为戒。

老病厢军

大宋实行募兵制，几乎所有的禁军、厢军、乡兵都有数额不等的薪水或津贴。很多无家可归的灾年流民，以及部分被俘的军士，就被收容为厢军。厢军很少打仗，一般充当工役。有些人还带着家属，住在城中。厢军士兵们来来往往，仿佛上下班一般。这类人数量相当多，所以大宋有"冗兵"之说。

"澶渊之盟"后，大宋与契丹和好如兄弟。但多年过去，汴梁城里尚有十八个老病的厢军骑兵。

按照规定，这些人可以发放一笔钱，遣返回籍，停止当兵资格。

真宗知道后，下诏给负责厢军的殿前司，让他们挨个去询问：没有亲戚、故乡无人照应者，仍然许可继续留在军中；愿意回乡，或愿意自动停止军籍者，可自主选择。

史称"上以异域归顺之人，老而摈退，或无所依故也"。这是皇上因为他们是从异域归顺的人，老了让他们退休，很可能无所依没有办法养老，所以给出了这个诏令。

"箭镞在体"者

咸平年中，有军士曾经在战时中流矢，箭射入脸颊，穿过耳朵，看过很多医官，都无法取出。有一个叫阎文显的医官，发明了一种奇特的药物，给伤兵敷上。一个夜晚，箭被取出。

真宗高兴，嘉奖他的德能，命"赐绯"，赐给五品或四品的朝服。

另有一位民间郎中刘赟，也善于治疗箭伤。当初太祖时，天武右厢都指挥使韩晸，攻取北汉晋阳时，比箭矢更粗大的弩矢射中了他的大腿，箭镞留在左边髀骨内，近三十年了，还没有取出来。真宗听说刘赟有此功夫，就让他来看看先帝的功臣。刘赟为他敷了药，终于将箭镞取出。韩晸从此步履如常，感动得求见皇上，陈说自己的感激之情，并表示愿意为国效力，"得死所"，又极力称赞刘赟医术之妙。

真宗将刘赟迁为医官，赐百金。

但是，因为诸军"箭镞在体"者多有赏赐和升迁，于是，就有了将士作假的案例。所以，当枢密院上言，将曾经经历战阵、"箭镞在体"者的名单汇总上报时，老将马知节说："臣曾多次中箭，知道如果射中骨头，人基本就死了；如果不到骨头，可以马上取出来，哪里有箭镞常年在皮肉里的事呢？希望皇上只赏给一点金帛，不必转迁官职，如此，诈伪可以渐渐消失。"

但真宗很谨慎，他说："这事得具体检视，如果不是假冒，还是应该按照前例赏赐升迁——但不要让这事弄得太滥就可以了。"

面子

赵恒在有些时刻，很温柔，总是将心比心，"给人面子"，儒学的说法就是"君子不为已甚"，不会太过分地羞辱对方，即使对方错误严重。

步军副都指挥使、河西节度使桑赞，跟从大将王超，在抵御契丹的"五年战争"中，以副总司令的身份"总戎御敌"，总管军队，抵御契丹。但是"逗挠无功"，也即患得患失，怯阵避敌，以致贻误良机，败绩。

史称"上不欲暴其过"，皇上不想将他"贻误军机"的罪过弄得人人皆知，就说他有"足疾"，不适合再在军中雨雪跋涉、风餐露宿，罢免了他的军职，判颍州（今属安徽阜阳）。

给下面的人留点尊严，成为真宗处理失职官员的一种特殊风格。

在桑赞之前，有个翰林学士梁周翰书写皇上诏令时，真宗看过，觉得不佳，不称职，于是偷偷命令另一位翰林学士赵安仁重新撰写，还悄悄对他说："勿令周翰知，恐其愧恨也。"

在桑赞之后，以西上阁门使孙全照为东上阁门使，领英州（今属海南）刺史。孙全照个子矮小，但精悍知兵，又是个生性很严肃、不怎么爱开玩笑的人。他带兵严整，但性刚使气，好用严刑峻法。中书给他改官时，原打算让他知严州（在浙西，今属杭州），真宗看后说："全照敏感、疑心重，常常担心别人以'严察'毁谤自己。现在给他知'严州'，似嫌讥诮。"于是改为朝官。

大将、同平章事李继隆出身贵胄，是太祖时名将李处耘之子。他很为自己将门之后的身份而自我砥砺，重视家风荣誉。他的儿子夭折了，真宗令翰林草拟诏书，以皇上名义慰问李继隆。诏文中有一句话：

"当极卜商之恸。"

真宗一看不妥，就说："此子夏失明事，继隆知书，览之非便。"

卜商就是子夏，是孔子弟子，也曾经有儿子夭折，并因为哭泣太久太伤心，导致失明。诏书草稿虽然将这位读书的儒将比喻为卜商，是一种赞美，但李继隆失子，并没有失明，细节处难免令人不快。

真宗就是在这样细微处体会人情，不让人陷入可能的尴尬。

知天雄军（今属河北邯郸）赵昌言上奏说，所部寇盗未除，已下令辖境军民，有能告贼者赏给金帛，可以隶属军中，牙校、镇将将迁补军职。

这事赵昌言做得有点大。军中升迁，那是朝廷的事。军人升迁，要由枢密院下文，中书备案，皇上批准。邯郸守军司令赵昌言，是没有这个权力干这个活儿的。所以枢密院认为："乡间之间，小有偷盗攘窃之类，不应当擅自制定赏格。赵昌言的奏章意见，不合制度规定。"

真宗说："但是赵昌言已经下令，如果不听他的，这个司令说的话，岂不成了虚言？官长失信于民，政教何以振兴施行？"

那么怎么办呢？

真宗说："让赵昌言改一下文字说法，只说'有功者，当为上言，请行旌赏'，就可以啦。"

朝廷编修《太宗实录》，名臣钱若水主持这件大事。他举荐了几个人，其中包括前首相李昉的儿子李宗谔。真宗指着李宗谔的名字说："自太宗朝太平兴国八年（983）以后，李昉都在中书。《实录》这种文体，属于史策，本来应该秉笔直书。倘若被人指为'子为父隐'，何以传信于后世？"

真宗的意思很清楚，李宗谔编修其父亲在世时的《实录》，无论是否"子为父隐"，都不合适；因为即使"秉笔直书"也容易招致后世之猜疑。所以不许李宗谔参与编修。

但真宗一直想着如何安慰李宗谔。

寇准在中书，总是喜欢召集官员到私人宅第会饮，酒酣气盛之时，寇准希望尽兴，一定要关了门，将客人留下，不许逃席。这样就往往要作长夜饮，很让一些不习惯的官员害怕。李宗谔曾参加过这样的酒宴，到了晚上，他想逃席，但出不了门，于是从门扉下偷偷爬出，骑马逃回家。

到了大中祥符年间，诏修玉清昭应宫使丁谓，以及同修宫使李宗谔等人宴饮，真宗向李宗谔劝酒，李宗谔坚辞，说自己醉了，又说天已经黑了，臣要回家啊！真宗就让中使悄悄地走近李宗谔，附在他耳朵上说："此间不须从门扉下出。"李宗谔惶恐致谢，史称"上笑而颔之"。这是真宗在有意用这个小小恶作剧"讨好"李宗谔。随后，当着诸臣，真宗说：

"听说爱卿至孝，宗族人口不少，但你能与整个家族友好和睦相处，保守家声不坠；朕现在保守太祖太宗的基业，也很像爱卿你管理家族的样子啊！"

又对李宗谔说："翰林，是宫中清华之地，前贤在此工作，有不少故事。爱卿父子都做过翰林，一定周知这些故事吧？"李宗谔正好在写一部关于翰林往事的《杂记》，第二天献给朝廷，真宗手诏褒奖、答复，将书藏于内署。

不察有罪

宋代有"四大名著"，分别是《太平御览》《文苑英华》《太平广记》和《册府元龟》。前三部完成于太宗朝，最后一部完成于真宗朝。

大中祥符二年（1009）八月，枢密使王钦若等人完成了新编修的《君臣事迹》一千卷，真宗亲自作序，赐名《册府元龟》。

第二年五月，真宗出示一份手札给所有的编修官，详说书中一事道：

"张杨为大司马，下人谋反，辄原不问。乃属之'仁爱门'，此甚不可者。且将帅之体与牧宰不同，宣威禁暴，以刑止杀。今凶谋发觉，对之涕泣，愈非将帅之材。《春秋》息侯伐郑大败，君子以为'不察有罪'，宜其丧师。今张杨无威刑，反者不问，是不察有罪也。可商度改定之。"

《册府元龟》记录宋代之前历代君臣的事迹，结构上分为若干门，其中一门为"仁爱门"。张杨是东汉末年的一位将军，曾与袁绍合兵讨伐董卓，但是被匈奴单于捉住送给董卓，董卓用他为地方太守。他官至大司马，与吕布友善。曹操征吕布，他策应吕布抗击曹操，被部将所杀。史称此人"性仁和，无威刑"。下人中，有人谋反，他发觉后，对着谋反者哭泣，还原谅对方，不问不追究。

息侯是春秋早期的小国国君，郑国算是大国。二国有"违言"不和之处，息侯竟然怒而兴兵，结果大败而还。《左传》给息侯的评价是，这个国家早晚要完，因为息侯"不度德，不量力，不亲亲（不对自己的亲人友爱），不征辞（不去明证其辞而责问），不察有罪（不审查国内有罪之人）"。

显然，张杨乃是东汉奇葩，息侯乃是春秋奇葩。史上说张杨"性仁和"，王钦若等人望文生义，将其列入"仁爱门"，是不妥当的。真宗饱读诗书，又有大见识，一望而知其非，让编修官们改易，有道理。虽然真宗自己也常常"不察有罪"，"和气"过头，总是放过犯错误甚至犯严重错误的文武官员。

锦褥

大中祥符八年（1015），负责卤簿仪仗的机构仪鸾司来奏，说大驾外出，皇上乘坐的御辇上的"锦褥"即坐垫太旧了，要更换一个。真宗对主管财政的三司使林特说：

"朕在内廷所用的东西，未尝有锦绣织品，这个'锦褥'，只在外廷使用，当时没知道爱惜。从今下诏，告诉礼官，坐褥使用黄绸、紫绸就可以了，不必用锦绣。"

"绸"即"绸"，可以没有花纹图案。"锦绣"事实上就是在绸缎布帛上再织花纹图案装饰，较"绸"更为精美华丽，然手工时代，所费织工不少。

真宗又对林特说一事：

"仪鸾司所管理的什物，如道场中的锦绣供具，本来是侍奉神祇圣君的，但掌事者常常自己拿了去用，有人甚至当作地毯踩踏。过去卫绍钦曾经掌管仪鸾，有一天傍晚，朕听到黄门外语声喧杂，一看，原来是小黄门们在私自拿取锦褥，被卫绍钦夺走放入管库。还有，过去魏朝易掌管御膳，内侍也跟着朕用膳，但有一次，内侍小黄门多次要求换吃的，魏朝易坚持不给。这些，虽然都是小事，但官员执法守纪，也不容易。国家一厘一毫的用度，尽出于民，典司者能够吝惜费用，乃是'薄赋之原'（减轻民间赋税的根源）啊！"

直道而行，至公相遇

龙图阁直学士陈彭年，有一次与真宗对话，说到"儒学的兴衰、君臣的难易"两个传统主题。真宗发布议论说：

"朕常常念及太祖、太宗极力更化乱世衰俗、崇尚斯文、垂世教人，实在是有深奥的旨意啊。朕谨遵圣训，绍继前烈，希望以此来警示学者。朕认为：人君之所难，在于批评来临时，和气听取和接受；人臣之所难，在于困境来临时，坚守忠诚和正直。人君当以宽大接受下议，人臣当以诚明呈献奏上。如此，君臣之心，都能够归结于正道。上下之际，没有人会失去平衡允当。'直道而行，至公相遇'，这是'天下之达理''先王之成宪'。能做到这一步，就像孔子的意见，'如指诸掌'，就像指掌之间的活动，容易得很，否则就很难。"

"直道而行，至公相遇"，是政治伦理的优良状态，即使在现代宪政邦国，这也是一个值得推许的治理境界。

石熙政直言

西北常年对付西夏，有一要塞名清远军（今属宁夏同心），在一次战事中失利。辖境知州石熙政上言，认为此役之所以失利，是因为"朝廷素不留意"，因此要求增益边兵几万人。

真宗接到奏章后说："西边事，吾从未敢忘记。石熙政离我太远，他不知道朕的想法啊。"

枢密使周莹就来讨好说："清远军一时失守，是因为将帅不和。石熙政敢如此出言不逊，一定要给他个罪名。"

真宗说："群臣中有如此敢言的人，也很难得。其言可用，用之；不可用，置之。如果一定要加罪，以后还有谁敢于直言呢？"

于是，不但不罪，反而下诏书褒扬嘉奖了石熙政。

"求直言"，是真宗一朝，事实上也是大宋各朝一贯的国策。

真宗即位之初，史称"首下诏求直言"，首先要做的事，就是下诏"求直言"。

贬谪近臣

真宗有一个近臣名叫边肃。"五年战争"期间，边肃出知邢州（今属河北邢台），此地屡次遭遇地震，城堞摧毁，没有守备，且邢州当时兵力有限更无法出击。当时真宗在澶州，知道此地形势严峻，就给边肃下了一道密诏：

"若邢州不可守，可根据形势南下保其他州郡。"

边肃得到诏书秘而不发，都督丁壮登城，周围几个州郡都壁垒不出，老幼奔邢州者，边肃都把他们放进来。然后大开城门，让所部兵马列阵，从城里到城外，穿过城门，做出待机出兵掩杀的姿态。契丹来到城下，边肃与契丹在小范围内接战，小胜后，不出击。契丹莫测，不知这是个什么战法，围城三日，退去。

边肃因功被擢为枢密直学士，徙宜州。后来又出知天雄军，徙真定府，累迁给事中。但边肃以前曾经私自以公钱做边贸获利，进入私囊，还派遣属吏强买民羊等。等他做了朝官，被人告发。真宗知道后，不想让他得到被审判的结局，就派遣官员带着揭发他的奏章给他看，边肃服罪。因为他过去有守卫邢州的功劳，就连夺他的三个职官，贬谪为岳州团练副使。

到了天禧元年（1017），国家有大赦令，要边肃知光州。

当时的刑部上奏，认为他是贪污犯，似不可赦。真宗说：

"边肃在邢州时，正赶上契丹侵扰，朕曾屡次诏令可以弃城，进入南部大郡自保。但边肃能固守，颇著成效。虽然犯有贿赂之罪，但赶上赦宥还是赦宥吧，所以特意给他一个州郡。"

但是边肃始终没有回到朝廷做官。

老臣向敏中曾经对宰辅王旦说："边肃是我们的同年，现在受责遭贬已经多年，丞相可以稍稍提拔一下他吗？"

王旦说："边肃为皇上近臣，因为贪污而败，岂能更为升职奖拔？"

但是向敏中还是多次来说这个事，希望能得到更宽大的处理。

王旦说："我王旦并非对自己的同年无情，公如果一定要用他，要等我王旦死后才可。"

向敏中这才打消了援助同年的念头。

真宗朝，可能是宋帝十八朝中贪渎案例较少的一段时期，但从国君到臣辅，对此类官员，继承了太祖、太宗两朝的风格，必加贬谪处理。真宗与太祖、太宗的不同在于，他更多诉诸羞耻心，让贪渎者自省，然后给予降职处分，并与臣辅采取一致措施，控制使用，但较少动用极刑。

反对酷刑

真宗践祚之初，对近臣说：

"朕乐闻朝政阙失，以警朕心，但是看到的臣僚奏章，多是自陈劳绩，大多说自己如何严厉治理。在我看来，这就是以此来获取'干练'的名声。国家政事，自有大体，如果能做到不严而理，不肃而成，这才叫作善！岂可以惨酷虐待下面，来邀为己功呢？这样的官员，让他到地方去'临民'，徒伤和气。此辈真酷吏也！"

酷吏代代有，真宗不喜欢。虐民朝朝见，大宋有禁忌。

大中祥符七年（1014），真宗又对宰辅说：

"我听说永兴军（今属陕西西安）陈尧咨用刑峻酷。关中之地，近年来多次丰收，此际更应该宽抚地方，不宜严急。有一个叫窦随的人，在那里提点刑狱，总是伺察人的过失，然后激怒处理，他这是想叫内外都畏惧他。这事不可不责！"

然后，窦随受过训导后，转徙他地。而陈尧咨引导一条沟渠进入治所的城内，便于民用。有诏嘉奖他的治水成就，但诏书中又说：

"决渠济之，不若省刑以安之，乃副朕意也。"

你陈尧咨开掘沟渠周济城内士庶用水，很好，但是不如省刑来安定地方士庶人心，更能符合朕的愿景。

真宗一向反对酷刑。

大中祥符四年（1011），内侍杨守珍在京东捕获盗贼，向应天府发文，要造刑具"木驴丁架"。州府将此事上报朝廷，真宗认为此事"非法"，于是派遣使者到州郡告知：不得制造惨虐杀贼之具。

大中祥符八年（1015），又是这位内侍杨守珍，在陕西都督剿匪，抓获贼盗后，上表请求：罪行严重的，请凌迟处死，以此警戒凶顽。真宗回信说：

"法有常科，岂于安平之时，而行惨毒之事！"法律有正常规定，岂能在和平之际，行惨毒之事？于是诏令杨守珍将捕获的盗贼送到所属部门，"依法论决"。

同一年，御史台审讯一位官员杀人犯，情节属实。当时的御史台官员王随请求将此罪犯"脔割之"，也即凌迟处死。真宗说："五刑自有常制，何必为此！"宰辅王旦也说："王随执掌御史台审讯工作，抨击、弹劾官员，自有案例可循，现在这话，不是他应该说的。何况这个贼犯，一死已经到了极点了。"

帝国需要和气，以养成中原衣冠文明之邦。此例，再一次证明，文明，是一点点"养"成的，而不是"建"成的。

用人之道

有一位官赠左仆射的老臣宋白病逝，有司议论，上谥号为"文宪"。但有一个密奏得到真宗批准，传了出来。密奏说：宋白素无检操，不当获此谥。于是有司重新讨论，改为"文安"。

按古人谥法，"宪"，意思是"赏善罚恶，博闻多见，行善可纪"；而真宗和"密奏"者认为宋白不具有这个品行。作为盖棺论定的谥号，一般都在褒贬之际尽力向褒扬方向靠一点，以此来表示圣朝的宽大，以及对家属的安慰；但宋白个人品行与"行善可纪"似有距离。国家刑赏，乃是治理天下之重要权柄，更是推演共同体道义天下的制度性杠杆，因此，所有的文明邦国对死后评定的用词、用语都格外讲究。

宋白在太祖时主持考试，接受了很多请托，因此他担心放榜时人心不平，就将名单先报给太祖，他的意思是，借助皇上的批示来压服那些可能的不服之人。但此事被赵匡胤一眼看穿，当即将其斥退，要他自己去处理。并告诉他：如果不公，就用他的脑袋来平息众怒。最后宋白不得不公平处理。

宋白还曾到名臣何承矩家访问，正碰上宴会，席间有一位品行欠佳的进士赵庆，投在何承矩门下。他看到宋白与何承矩关系深厚，于是悄悄出来叩拜宋白，求他向何承矩推荐自己。后来何承矩果然重用了他。此事被士林不屑。

有个大臣王沔，生性苛刻，待人无诚信，口碑不佳，但官做得大。宋白就将自己的妹妹许配王沔。虽然王沔后来被罢官，但宋白联姻王沔的事，传播得人人皆知。

大宋建构"天下为公"的帝国，因此对于道义一节，极为看中。这与五代乱世中"事当务实"，全然不顾及个人操守的治国用人之道是完全不同的。魏晋时期的曹操曾多次下《求贤令》，大意说：

治理天下不一定需要"廉士"，即使像陈平那样，虽有"盗嫂受金"不良品行，但富有才干之人，也可以重用；甚至即使像吴起那样，贪图官位，不惜杀妻自证，散金求官，母死不归的人，也可以重用。曹操认为："进取之士未必能有品行，而有品行之士未必能有进取之才。"所以曹操的用人原则就是"唯才是举"，在"品行"与"才干"的天平上，极力向"才干"方向倾斜。这就与大宋有了路径的不同。

大宋并非不重用有"才干"的"进取之士"，但在"进取之士"的"品行"欠佳时，则尽力做到控制使用，不使他担任足以影响共同体道义水平的重要职务。这种控制，是大宋君臣共识。

国家赔偿

大中祥符七年（1014），正在城西北修建玉清昭应宫，开封府上言：修筑配套工程"谢天地坛"时，占用民田十八户。

诏下：除按市场价给予民户国家赔偿外，另赐钱三十万，并蠲免诸户田租。

又诏：贫民有住在官方租赁房屋者，遇冬至、寒食，免三日租金。

天禧四年（1020），开封府有民居私搭乱盖，有些房屋侵占了部分街道。于是府尹上书，要求清除这些违章建筑。史称"上以劳扰不许"，真宗认为此举扰民劳烦，不许。

编敕

大中祥符七年（1014）时，京城有一无赖，娶妇后十天裹挟家产跑路。当时律法有规定：丈夫逃亡，六年之后，可改嫁。但这个无赖之妻迫于饥寒，来到登闻院敲登闻鼓，上诉。真宗特降诏令："不逞之民娶妻，但骗取其财而亡，妻不能自给者，自今即许改适他人。"

大宋，士庶有冤屈，可以到登闻院上访。

大宋，妇女可改嫁。

大宋，可根据往日所无的案由案例，修订律法，由皇帝下"敕令"，若干年后，将这类散见于各个时期的"敕令"编纂为册，补充律法之不足，史称"编敕"。大宋立朝后，"编敕"，几乎每个朝代都不断，是个很繁重的类似"宪法修正案"的工作。如，太祖时，国家编《刑统》三十卷，附《编敕》四卷；太宗时，曾取国初以来敕条纂为《太平兴国编敕》十五卷，行于世；真宗时，曾制新编敕十五卷，雕印颁行……

编纂《敕令》时，编敕官认为"敕令"不合适，可以上奏修订。如大中祥符八年（1015），编敕官言："监守自盗，过去规定，从盗五匹判处徒刑两年，递加到盗取二十五匹判处流刑两千五百里，盗取三十匹就入绞刑；但法律规定，凡加重刑，都要循次而行，只有这个敕令规定过严，未能循次而行。建议改为：盗取三十匹判处流刑三千里，盗取三十五匹判处绞刑。"真宗同意了这个意见。

赃物

大中祥符五年（1012），京东都大巡检胡守节上言：部下庶民王吉，知道群盗的藏匿之所，秘密告官，请求擒获盗贼后，将其赃物赠给他。

真宗接到奏章后说："如此，则被盗之家不就更加受到伤害了吗？应该赐给王吉官钱三万，赃物悉归其主。"

护生

景德四年（1007），真宗西巡，到巩县。用膳时，有人献洛河的大鲤鱼。多年来流传一句美食名言："洛鲤伊鲂，贵于牛羊。"说洛水的鲤鱼、伊水的鲂鱼，比牛羊肉都珍贵。但真宗看到活蹦乱跳的大鲤鱼后，说："吾不忍食也。"命令将大鲤鱼放生。

大中祥符四年（1011），有人上言，说京城杀禽鸟、水族，用来供应食馔，数量很大，有伤爱惜生命的道理，希望能加以约束。真宗说：

"如果听说宫中内廷和皇亲及皇亲封地诸县，有人购买此类生灵者特别多，可以令宫中管理部门严加约束，希望能'自内行外'，由内部做出表率，慢慢影响外面，让庶民知道应该自我约束。"

大宋"护生"政策是"自内行外"。

放权

大中祥符四年（1011）冬，有个太常博士江嗣宗上言：

"陛下躬临庶政，十有五年，殿廷间事，一取圣断，有劳宸虑。今请礼乐征伐大事出于一人，自余细务委任大臣百司。"

这个意见是要皇上放权，除了"礼乐征伐"大事外，其余都可以委放。按政治治理性质言，此类生态近似于"虚君"而"共和"。

真宗回答道："此颇识大体。"

此言很符合国家治理的根本义理、大局。

史称"乃诏褒嗣宗，从其所请"，于是下诏褒扬江嗣宗，接受了他的意见。

刑罚没有私意

大中祥符三年（1010）九月，真宗到山西汾阴祭祀后土神。一个为真宗特别信任的入内高品，也即高级宦官，名叫江守恩，他违背制度规定，购置青苗，私自役使军士六百人，到民田去取麦穗，做粮食倒卖；又擅自参与丁夫的管理，非理鞭打逃亡者二百人；命令役夫蔡文义买驴，没有买到，就将人杖死。

真宗得到消息后，难得发怒，下诏监察御史王迎调查处理此事。

狱成，江守恩应该"抵法"，也即被正法。

但因为他是皇上近臣，所以很多官员都想救助他，一来讨好真宗,二来可以借此靠近侍臣。真宗一律不允,甚至将几个试图"捞人"的官员给予降职处分。史上评论此事道:"守恩虽近侍,上不贷以法,论者以谓朝廷至治,行罚不私,中外莫不悚庆。"江守恩虽然是皇上近侍,但是真宗并不因此而宽贷。评论者认为这是朝廷最好的治理。刑罚没有私意,朝廷内外人人都感到敬畏和庆幸。

奖励雪冤

大中祥符年间,陕西有饥民,不得已卖子,每一口不满千钱。真宗知道消息后,当即下诏:"官为购赎还其家",由官方出资赎回孩子,还给原来的家人。

景德年间,青神县(今属四川眉山)的小民史光宝,家中被贼盗劫掠。

地方"耆保"(略似后世之"保甲")提供线索说:史光宝家被劫那天,有大雷雨,但村民延赋、延谊这兄弟俩不在家。显然,雷雨之夜出门的动机值得怀疑。县尉正为破案发愁,当即将二人逮捕。县吏王嗣等人,则利用公权力,对这二位"疑犯""恣行拷掠",二人不屈,在酷刑中被折磨至死。

不久,眉州抓到了真正的盗劫者七人,这才让延赋、延谊得以雪冤。

执法官员受到处罚;延赋、延谊两户人家,免除三年田租和徭役,算作"国家赔偿"。

大宋帝国,就像今天世界各个文明邦国一样,并不能杜绝冤狱,但它也像今天世界各个文明邦国一样，一旦发现冤狱，必将昭雪。圣贤并不期待人间完美无憾，也从未梦想建造一条通往完美政治生态之路，但总是在做着通往公正的努力。大明帝国思想家吕坤有名著《呻吟语》，内中所载多为圣贤"金句"，其中有一句话长久地感动着我。我已经不止一次引用过他这句话，他说：

> 为人辨冤白谤，是第一天理。

假如为官为吏，可以有一句终身奉行的座右铭，我推荐这一句话。它应该是"官箴"中的"官箴"，"金句"中的"金句"。

现在可以看到：大宋帝国，乃是一个有冤必申的邦国。所谓"政治文明"，就是这样点点滴滴化解着民生"戾气"，慢慢推演"生成"的，不是许愿式聒噪"建成"的。"文明"，尤其是"政治文明"，必须相信眼泪！

但在帝国内部，有人认为"辨冤白谤"乃是寻常事，所以在定期评议职务，以备升迁时，不将此事列为"课最"，也即最好的政绩。著作佐郎曹定先生，就持这类意见，他认为官吏令冤死者雪，令判死者活，乃是天然的职分，算不上什么"劳绩"。但是另一位官员，太子詹事、判刑部慎从吉认为："平反冤案后，误判、用刑的官员都要受责；但雪活、申冤的官员不受赏。这类政策，未免赏罚不当。期望能够有敕令奖励为人雪冤的官员。"

慎从吉是从"工具理性"方向鼓励"为人辨冤白谤"的，但符合圣贤理念、孔孟精神，因此，此议又是符合"价值理性"的。

《吕氏春秋·察微》记录的"子贡赎人"的故实，似可说明此案大义。

当年鲁国有法：有人如能将流落诸侯间的鲁人赎回鲁国，可以到国府取金。子贡赎买了一个鲁人回来，却不去取金，表示自己更高尚。孔子批评他说："子贡你错了。从今以后，鲁人不再赎人了。你取金，事实上无损于行。"

后来子路在水里救人，人家赏他一头牛，子路接受了。孔子表彰子路说："从此鲁国人有可能去救落水者了。"

奖励雪冤官员，可以推演天下"祥和之气"。真宗接受了慎从吉的意见，颁诏："自今诸州官吏雪活得人命者，并理为劳绩。"从现在开始，各州地方官员，如果能为人雪冤、让人活命，都要处理为职业政绩。

法有常典

寿春县主上言说："我丈夫的哥哥掌管粮草之职，失职，被有司（有关部门）举报，请求宽恕。"

寿春县主，是封地为寿春县的公主，楚王赵元佐的女儿。赵元佐是宋真宗的同胞哥哥。

真宗"不许"求情，"使正其罪"。

而另一位皇亲，秦国长公主，又来为儿子求官，要做"正刺史"，而不是"领刺史"。这位公主下嫁左卫将军王承衍。真宗说："正刺史系朝廷公议，不可。"

鲁国长公主，为翰林医官使赵自化求官，要做"尚食使兼医官院事"。真宗也没有答应。

鲁国长公主下嫁驸马都尉石保吉。石保吉因此常常有机会在真宗前"请对"，请求说话。有一次，他说他的仆人张居简为驸马府邸掌管私财，但有所侵盗，希望能由皇上下个诏书"重责"。真宗说：

"（国家）自有常典，岂可以卿故法外加刑，乱天下法哉？"

真宗不同意石保吉"从重"处理疑犯的意见。

石保吉又请求，不再想着"法外加刑"，也即不再"重责"了，我石保吉就在家中设刑，按照大理寺的判决，我亲自执行，可以吧？

真宗仍然否决了他。

说来石保吉这个人，后来也颇有功，但作为驸马，他贪财，一点儿亏也不吃。据说他家大业大，常常让仆人用批发价格买了针缕、脂粉等小小的家庭用具之类，在府中开办一个"家庭市场"，家人有需要，就在家里买。他这样做是希望所得"缗钱不出于外"，不令仆婢们赚取可能的"跑道钱"。史称此人"鄙近"，庸鄙而又浅薄。

大宋在"法律面前，人人平等"方向上，令人欣羡。

"刑措""狱空"

咸平年间，天下太平，负责刑狱案件的大理寺上言：

"本寺案牍没有处理的，常常积压有几百个事，但近日以来，超过一个月没有公案。汉文帝时，处决死刑四百人，唐太宗时，处决死罪三百人，史臣都认为这是'刑措'，也即不用刑而天下安。现在四海这么大，而听不到刑奏方面的案子，动不动这种安静就超过一个月。足以知道'民识礼义'，而不会触犯法律啊！这事可以载诸史策。"

后来，知河南府冯拯更报告说：军巡院，也即汴梁监狱之一，自春以来，狱空，甚至有鸠鸟来此做巢，还生了两只雏鸟。

"刑措""狱空"，是传统皇权时代努力追求的一种太平景象。从太祖时代开始，常常有这类记载。考真宗朝，开封府与各地报告"狱空"者更是年年不断。但由于太祖以来，国家鼓励"刑措""狱空"，于是，就像大汉鼓励"孝廉"有人作假一样，大宋也有人在这类题目下作假。两浙提点刑狱、太常博士皇甫选，就将部内拘捕的囚犯，转移到别的拘所或监狱，然后说部内囚犯都空了，以此来换取法制清明的荣誉。此事被知杭州王济告发，罪名是"妄奏狱空"，于是，皇甫选被罚金三十斤，调离两浙路。

真宗对"妄奏狱空"很不满。有一次，他对近臣说：

"我听说地方上有人追求'所部狱空'，因此这些官员就常常告诫诸州，不得拘捕人犯。这不好。今后，如果词讼还没有辨明，一定要弄清曲直邪正；如果不明，就要地方转运使来介入调查。"

真宗是看到了诸道中，还有"非法拷讯"之事，他担心导致冤狱，殃及无辜，更有些人上告无门。于是要求以辨清案由为重，并不一定追求传说中的所谓"刑措""狱空"之类的"尧舜境界"。

与唐太宗追求虚荣名誉比较，大宋自始至终，比较"务实"。

帝国统治者对自我旌表行为有警惕。

赈灾契丹

大宋与契丹已经签订了"澶渊之盟",双方和好为兄弟之国,不再打仗。但双方还是有紧张对峙,边防警惕,始终没有放松。

大中祥符三年（1010）夏,知雄州李允则上言契丹靠近大宋边界的州郡多年歉收,缺食。近来很多人到近边宋地来籴米。

真宗下诏,雄州可出廪粟二万石,贱粜,为契丹赈灾。

真宗此举,颇有古风。春秋秦穆公时,晋献公死,经过多年战乱,秦国扶持夷吾回国即位,史称晋惠公。夷吾多次背约,但在晋国旱灾时,秦穆公还是给晋国运去了米粮赈灾。

当时在河北前线,大宋、契丹两地,生活着一群拥有"双重国籍"的人,史称"两属户",既属于大宋,又属于契丹。这种"两属户"在雄州一带最为典型。雄州与契丹的分界线是拒马河,隔河与契丹的涿州相邻,中间还有一条河流名叫易水。在易水之北、拒马河之南,宽约四十里的地带,就是"两属地"。"两属地"内有少部分"全属南"的宋户,但大部分都是"两属户"。为了避免"为渊驱鱼,为丛驱雀"的不利结果,自从太宗端拱年间以来,"两属地"的居民,就得到宋朝的宽赋待遇,而契丹也待"两属户"很优厚。

现在真宗朝向"两属地"及"两属地"附近州郡赈灾,意味深长。

真宗不是平庸的政治家。"澶渊之盟"后,有些大臣就认为可以马放南山、刀枪入库，从此高枕无忧。更有大臣打着"民生"的旗号，认为"养马"已经多余，属于"不急之务"，可以从此罢免"国马"的喂养，以此节省民力。真宗的回复是："国马戎事之本，宜得大臣总领，不可避也。"

地方治理

中国地大，顾炎武曾著《天下郡国利病书》讨论各地异同及治理之法。这个思路从周王朝兴"封建制"，派遣诸侯治理各地已经有过总体考虑。汉唐以来，都知道一个理：郡县治，天下治。地方治理，事实上是帝国治理的主体和主题。大宋帝国在任用长吏治理地方时，总是慎之又慎。

景德四年（1007）时，两浙路杭州需要一个官员管理。真宗开始与宰辅们讨论合适人选。

冯拯认为："余杭之地比诸道容易治理，因此选人不难。"

真宗不同意，他说："地方方面的委托大臣，就是古代的诸侯。平常没有事，比较容易治理。余杭之地，古属吴越，民风轻巧，如果备预不到，哪里会容易治理呢？广西宜州只因为有官员虐待下人，就有了聚众为寇、延及他境的祸乱。如果地方长吏得人，哪里会有这种事！"

于是真宗阅览"班籍"，也即官员花名册，指着孙仅、王济两个人，问王旦："二人孰优？"

王旦说:"王济有吏干之才,可以充任这个人选。"

于是真宗要工部员外郎兼侍御史知杂事王济改工部郎中,出知杭州。行前,真宗召见,当面给予宽慰晓谕,说到了朝廷的期待。

吴越之地自唐末五代以来,就崇尚华靡之风。而真宗有一个不变的理念:"国家所谨,俭约为先。节用爱人,民俗自化。"王济与真宗理念一致,到任后,有了化民成俗的志向。他在施行犒赏时,弃玉器细瓷之类不用,特意使用瓦缶木勺为器具。当地吏民有嫌贫爱富者,对此往往背后窃笑,但王济不变,"镇之以朴",虽然并不能完全更化习俗,但以简朴之风影响了地方是实。

一场大雪

景德四年(1007)十一月辛巳日,真宗对宰辅王旦等人说:

"昨晚降雪忽然中止,朕心忧这场雪下得还不够足,夜半让人就宫廷中观察,说又降大雪,雪势甚密。今晨来看,雪深果然已经一尺。看来明年的麦苗,应该有丰收的希望。朕常常惦念农耕的艰难,曾经对儒臣邢昺说:'耕田的农人总是遭遇很多灾害。'邢昺说:'农民的灾害大约有四类,一是人病,二是天旱,三是水涝,四是牛疫。四害之中,旱灾为重。因为田间如果无沟渠,沟渠如果无水,庄稼几乎没有办法去救,几乎要全部损失。古人言天灾流行,国家历朝历代都会有。'邢昺长久在乡间,尤其熟悉农事,他对农事的预言很多都能应验,他说有这一场大雪,来年将有好收成。近年来庄稼多次丰收，但朕总是担心有灾患。朕还听说今年积存很多旧麦，国家再得一场时雪，看来农家应该没有冬旱之忧虑了。"

于是，真宗赐中书和枢密两制官员在政事堂宴饮；又在崇文殿宴请馆阁学士。真宗写了《瑞雪》诗，令馆阁学士们即席和诗，中书、枢密那边的和诗可以次日交上来。

误读经书

邢昺是跟从真宗多年的大儒，但又深通农事。当时官方所定雨涝丰凶之兆，大多不中。真宗很不满意，邢昺于是将自己写的一部关于农时预测的书《耒耜岁占》三卷进献，经验证，大多灵验。书中所收，多为牧童、村老常年在畎亩之间，观察天象与农时的经验记录。

真宗很高兴，咸平年间置经筵侍读，邢昺为第一任第一人。

到了真宗晚年，忽然有一天，真宗看到邢昺形容憔悴、面色衰敝，不禁举袖遮住眼睛泫然流涕，道："公邸旧日的僚属，沦谢得差不多了，现在存在的只有爱卿你啦！"说罢，赶紧要内廷秘密拿出白银千两、缯千匹，送到邢昺家中。之后不久，邢昺卧病不起，真宗亲自到他府上去临问，等到邢昺病逝，真宗又亲自来吊唁，帝国对儒者的尊重由始至终。

但真宗也有误读经书之处，这方面，邢昺有一个姿态意味深长。

真宗曾经对近臣说一个读经体会：

"古人都说向神祷告可以延福，未必。在朕看来，能行好事，神必福之。如《礼记·世子篇》注解说：'文王因为忧勤损寿，武王因为享乐延年'。且圣经的奥旨，必不如此，这是注解者太不会思考的缘故。文王焦思劳神，心忧天下，岂能因此而减寿呢？过去大禹也是如此焦劳，但有祥瑞，而享有永年。帝王能忧人之忧，不自己放纵暇逸，能不感应上天吗？郑康成做的这个注解，颇不尽理，哪里值得作为鉴戒？朕曾经与邢昺讨论此事，邢昺不能对。"

真宗这番话的意思是：帝王行好事，神必福佑，可得长寿。

邢昺的"不能对"，是"不好对"。按圣贤理论，人之长寿或夭折，与"行好事"并无必然关联。孔子的意见就是"死生有命，富贵在天"。但圣贤不会因为福佑与否而放弃"行好事"的努力。对圣贤而言，"行好事"之后，是否长寿、夭折，不是题中应有之义。此事，圣贤不考虑，不回应，不强作解人。这是孔子"予欲无言"的"无言"范围，是儒学必须搁置的题目。邢昺的"不能对"，实是"不应对"，故此际沉默是最佳姿态。

真宗读儒学经典，也读道家、佛学经典，学问驳杂，对"因果"有坚信。此案，可见真宗迷恋佛道之深，可见邢昺恪守儒学之正。

君臣之论

直史馆陈靖上言，说有一位州官陆晔得了狂躁的疾病，被人评论，认为此人不适合在地方任职，希望能在史馆给他安排个职务，让他做文字研究工作。

真宗听后大怒，回答他道："国家文馆，以待天下贤俊，岂养疾之所邪？陈靖妄有陈述，当严戒之！"

在大宋，文史馆是国家贤俊所居之地！

真宗即位后，他的办公习惯是：每天早上到前殿上朝，中书、枢密、三司、开封府、审刑院，以及要求"请对"的官员，依次奏事；大约上午九点钟以后，回宫，吃早餐。然后出来到后殿，"阅武事"，到日中休息。晚上召侍读、侍讲学士，询问政事，有时要到夜半还宫。

史称"其后率以为常"，也即以后没有大的活动，基本就以这个程序周而复始地工作。

真宗曾对近臣说：

"朕听政之外，从未有过虚度时日。探索研究传世典籍，朕素来耽玩于此。遇到古来圣贤所论的深奥之旨，弄不懂，不免废寝忘食。日前置侍讲、侍读学士，自今令秘阁官员，每天值班，朕都想去召见，得以访问。"

后来学士当值，遇到真宗召见，往往到午夜才退。

真宗读书多，每观毕一书，还要写诗歌咏，使近臣赓和。所以有《看尚书诗三章》《看春秋三章》《看周礼三章》《看毛诗三章》《看礼记三章》《看孝经三章》，还有《读宋书二首》《读陈书二首》《读后魏书三首》《读北齐书二首》《读后周书三首》《读隋书三首》《读唐书三首》《读五代梁史二首》《读五代后唐史二首》《读五代晋史二首》《读五代汉史二首》《读五代周史二首》……史称真宗"可谓近世好文之主也"。

但在这些书中，真宗认为最值得重视的是《史记》和《汉书》。

他曾对宰辅王旦说：

"经史之文，里面有国家治理的龟鉴、保邦治民的要点。但是三代之后，典章制度、声明文物，参考古今而适合时用，莫若《史记》《汉书》。学者不可不尽心于此啊。"

王旦补充真宗的意见说：

"孔子在周王朝衰敝之后，历聘诸国，不成，退而删《诗》《书》，定礼乐，以仁义礼智信'五常'之道，为万世立法。后来的王者，即使是上圣，也必以此为师范。古人云：'生民以来，未有如夫子者'，就是因为这个原因。孔子所谓'志在《春秋》'，实在是要以褒贬极笔为终古诛赏之法，使乱臣贼子观此而生畏惧。褒贬，这是儒学立教的深奥之旨，更为国家极为重要的治理法则。司马迁自为一家之言，那是因为他知道孔子修《春秋》，那时的凡例不可完全继承，所以另创'本纪''书''世家''列传'，但《春秋》的褒贬惩劝深奥之旨就在其间。班固以下，没有离开司马迁的这个方法，不过增加词采而已。"

真宗回应道：

"孔夫子的'道'，不可须臾离开呢！有些迂腐的儒者说，尧舜那时候，还没有孔子呢，不是也可以达到国家治理吗？嘁！这真是浅识得很。殊不知，夫子之道，就是尧舜之道。所以说'祖述尧舜，宪章文武'，'惟天为大，惟尧则之'。孔夫子尊尧而宗舜，到极点了，不是说夫子之道与尧舜之道不一样啊！"

这是史上记录下来的一段君臣就儒学思想史的讨论。

恭己待士

真宗平时很端正，穿衣打扮中规中矩，但有一天，晚召学士坐承明殿，完事后，真宗让中使宣谕道："朕适才坐殿忘了御袍带，爱卿不要惊讶啊！"学士退出，按礼拜谢，真宗因为礼服不周，坚持不接受学士拜谢，令中使说："上深自愧责，有旨放谢。"皇上很为自己的失礼而惭愧、自责，有旨免拜谢。

大中祥符元年（1008）冬，真宗行泰山封禅大礼，驻跸泰山，知制诰、集贤院学士晁迥因为要草写敕书，按例先进呈裁定。旧礼仪规定，学士当值的日子，如果遇到宣召，就系上靴子去见，皇上则戴帽子接待。这一次，晁迥自己忖度，皇上正在奉祀天地神祇，而且正在斋戒，穿戴也一定很严肃。于是，他特意穿上朝服持笏来见。

到了行宫门口，由中使入奏，一会儿，中使出来说：

"皇上刚好在问，听说学士盛服而来，皇上已经赶紧进入内室换衣服了，学士可以在此等候。"

等到中使再入、再出，晁迥已经等了一会儿时间，随着中使来到帷幄，真宗已经换上了礼服，改御巾帻而坐。史上的说法是："望之俨然，即之也温。"看上去很严肃庄重的样子，接近后，说话却让人感觉很温和。史称真宗"恭己待士之德，发自于清衷而然"。真宗恭敬对待学士，这种德行，是出自纯洁的内心，自然而然的。

有一位儒臣杜镐，在龙图阁值班。真宗沐浴完事，吃了一樽酒，许是感觉不错，想与人分享，便将余下的封起，派遣使者送到杜镐的阁中。杜镐平时不善于饮酒，但得到皇上赏赐，很高兴，居然一饮而尽。不料因此而引动老毛病，忽然僵卧不省人事。

真宗听说后大吃一惊，步行到龙图阁，亲自调药喂他服用，并诏令他的儿子来阁中侍奉。有一会，杜镐醒转过来。杜镐见至尊在座，要起身答礼，但真宗抚着他，让他躺下。直到杜镐病情平稳，真宗这才回宫。

史称"方镐疾亟时，上深自咎责，为由己赐酒致镐疾也"。杜镐病情严重的时候，真宗深深地自我责备，认为是自己赐酒给杜镐导致他病倒。

常平仓

景德三年（1006），真宗朝在太祖、太宗两朝基础上，完善了"常平仓"制度。

"常平仓"，是传统中国由来已久的粮食政策。一般做法是，每年税赋粮食收入的一部分，多时可达十分之一，归入"常平仓"。如果歉收，粮价上涨，则低价卖出"常平仓"存粮；如果丰收，粮价下跌，则以高于市场价购买之，以此平抑粮价。

真宗朝在京东西、河东、陕西、江淮、两浙等地，计户口多少，量力留出由三司征缴的赋税一部分，自一千至两万贯，令转运使在每个州郡选择清白守法的官吏管理，国家司农寺总领，三司也即财政部不得挪用这部分存储。每年的夏秋两季，就按粮价高低做卖出买进。

为此，司农寺开始在诸路创建廨舍，收藏账簿，三司下属的度支部，另外置"常平仓"案卷。一般规定是：万户人家要有万石的准备，但上限到五万石。如果三年以上，"常平仓"的粮食还没有出粜，那就意味着市面上粮价一直很平稳，这时，就将原来的粮食划拨到国家粮库，另外以新的粟米充入。

制度规定：如果十年之后，存储有多余，就将本钱还给三司，也即国家财政部。真宗朝于是在"常平仓"制度保障下，米价贱则加价入籴，米价贵则减价出粜，市场粮价终真宗一朝，没有大的波动。

割据之梦

割据者经由刀头舔血般的种种冒险，侥幸"成功"之后，即可以享用私权力以及私权力之下的种种特权，那是人类省略政治文明之后的贪欲满足。所以即使在仁政如大汉、如大宋这般文明时代，仍不乏大胆不逞之徒在追逐割据之梦……

武夫悍卒的富贵梦

公元 997 年，农历三月，宋真宗赵恒称帝后，沿用了他父亲宋太宗赵炅的年号"至道"，九个月后，新年伊始，才改元为"咸平"。

真宗使用过的年号计有咸平、景德、大中祥符、天禧、乾兴五个。除了天禧年间之外，每一个年号，包括至道年间，都有变乱发生。在所有这些变乱中，除了大中祥符年间的"泸蛮之变"属于"民变"，其他变乱都属于"兵变"。无论"民变""兵变"，规模虽然不大，但朝廷出兵"平叛"就是战争行为，因此从性质上论，平定"民变"与"兵变"的活动，都应属于"内战"。

有意味的是，"民变"不论，平定"兵变"的这些"内战"，依旧是五代乱世"权反在下、阴谋拥戴"的模式再现——下层军士谋求富贵，要挟长官做首领，起而造反，称王或称霸，割据一方，重做"江东孙坚""西凉马腾""荆州刘表"这类藩镇勾当；首倡变乱的武夫也因此"拥戴有功"，借机升官并发财。至于道义、后果、民生灾难，在这类武夫心中，似乎很少想到，或从来就没有思考的位置。

大宋立朝已经三十多年，但五代时期武装割据的遗风犹在。

直到大中祥符九年（1016），甚至还有兵士"谋欲为变"。

当时有个马军副都指挥使张旻，负责在京师选兵。他的军令特别峻急，士兵们害怕。惧怕，也是一种力量，人们往往在惧怕中陡然而生勇气。他所拣选的军士就因为他的刚狠暴躁而恐惧，于是"谋欲为变"。

但是这类变乱需要时间，在酝酿中，就有人向朝廷告密了。真宗听说后，就召集中书、枢密二府官员来讨论如何将可能的变乱抑制在萌芽之中。

宰辅王旦说："如果诏下，给张旻定罪，自今以后帅臣如何御众？如果马上缉捕谋逆者，则震动京师，此尤为不可。"

真宗认为他说得对，就问："那么，应该怎么办？"

王旦回答："陛下此前多次要任张旻为枢密院官员，臣一直未敢奉诏。现在似乎是时候了。如果擢用他为枢密院官员，解除他的兵权，那么反侧者就会安心，变乱就会消弭于无形之中。"

于是张旻被任命为枢密副使。军士果然安静下来，没有了下文。真宗因此对左右说："王旦善处大事，真宰相也！"

这是一场"未遂变乱"。如果起事，就少不了一场"阴谋拥戴"中的"藩镇割据"之战。

秦嬴政之后，废"封建制"，行"郡县制"；到了汉代，有了"州牧""刺史"，主要负责地方监察，而监察的范围大于一般郡县，略相当于"省"。这类临时派出的职官，渐渐在地方做大，成为"藩镇"。从此中国有了相当于"省"一级的行政单位（相当于"省"，并不是"省"）。但西周"封建制"影响深远，即使在"郡县制"行之有效之后，依旧有人在怀念"封建制"。西周"封建制"下的诸侯，俨然一方"家国"；延及战国，"家国"之独立性凸显出来，再也没有了"宗主国"周王朝的限制，于是，分立的"独立国家"获取了"礼乐征伐自诸侯出"的权力快感。短暂的秦政过去之后，即使在楚汉相争之际，战国诸侯的后裔，还在梦想着试图恢复分立的"独立国家"天下。即使西汉时代，也仍然有吴王刘濞式的人物试图"独立"。从两汉、魏晋南北朝以迄于中华民国，那种拥有一方领地，称雄于诸侯，争霸于天下的权力分配模式，让传统政治强人梦想不断，以至于整个中国历史，历朝历代，几乎很少有过割据的空白。

大宋帝国的特殊性在于，地方割据，在两宋三百一十九年间，从未有过大规模的"成功"。宋代是经由理性治理，解决藩镇割据问题最成功的王朝。

考中国史，藩镇割据，尤其是"成功"割据后"独立王国"性质的行政现实，是政治方向给予"民生"最重苦难的国家形态。藩镇割据，即意味着乱世、末世。而乱世政治，全无章法或规则，野蛮程度几乎近于丛林；末世伦理，全无道德或义理，堕落程度几乎近于禽兽。

魏晋南北朝、五代十国，就是藩镇割据下的历史事实。

这种"独立王国"梦想的诱人之处在于：公权力可以转化为私权力，因此可以将人性之私欲在权力保障下，得到尽可能的放纵，史称"作威作福"。在可能性这个条件演绎足够充分时，这种诱惑，很少有人能够拒绝。割据者经由刀头舔血般的种种冒险，侥幸"成功"之后，即可以享用私权力以及私权力之下的种种特权，那是人类省略政治文明之后的贪欲满足。所以即使在仁政如大汉、如大宋这般文明时代，仍不乏大胆不逞之徒在追逐割据之梦——那一场生命的富贵梦，万一实现了呢？

真宗时代，做这类富贵梦的武夫悍卒，仍不乏其人。

历史的惯性一至于斯。

人性的贪戾一至于斯。

了解这类历史惯性、人性贪戾，可以更深刻地理解赵匡胤"陈桥兵变"中的无奈、机断与仁勇，以及天降大任后"逆取顺守"，恪守"天下为公"，以"民生"为重的圣贤理念和政治风格；也可以更深刻地理解两宋王朝为了抑制藩镇割据，在外来侵略危机加重时，也断然不肯推演武力治国的苦衷；甚至，可以更深刻地理解后来南宋朝廷君臣，理解他们共同演绎的民族悲剧。

我来说说真宗时代的几场"兵变"。

怀安刘旰之变

史称"刘旰之变"的四川叛乱发生在至道三年（997）的八月间。

这是真宗一朝经历的第一起"兵变"。

刘旰，是西川都巡检使（略相当于四川公安厅厅长）韩景佑帐下一军士，名不见经传，史不载起因，熟悉五代史的人就知道，他应该与十几场叛乱中"阴谋拥戴"的人没有更多区别，他也试图胁迫主帅称帝，以此获取一票富贵。

现在知道的是韩景佑率部来到怀安军（今属四川金堂）巡视时，刘旰忽然与几位铁杆兄弟"谋作乱"，夜半带着众人闯入主帅府邸。韩景佑睡梦中惊醒，勉强翻过墙头跑掉。刘旰没有胁迫成功，就自做草头王，在怀安要塞获得军械武器，开始了梦想中通往富贵的劫掠生涯。

但他的富贵之梦只有短短十天。

太宗朝，川中已经有过王小波起事、李顺之变，刘旰似乎并不比他们更有德能，翻检史料，在他短暂的圆梦历程中，看不到宏图大略。他占据怀安后，不过是率众袭破附近几个州郡，城中没有多少守军，史称"所至城邑，望风奔溃"，郡守都逃出了城池，不作抵抗，他并没有与官军交锋的胜利记录。

当时益州武官马知节，与韩景佑一样，也在做着诸州都巡检，麾下有兵三百人。闻听怀安兵变后，马上前往平乱。刘旰有众三千，也不敢迎敌，开始逃跑，马知节一直追他到蜀州（今属四川崇州）。刘旰不得已，反身迎战，从午后一直战斗到晚上天黑。最后，尽管刘旰有十倍于官军的力量，他还是害怕了，于是继续逃跑。败兵到了邛州城下，准备攻克城防，据城死守。

这时，马知节收到了益州招安使上官正的加急书信，要他火速返回益州讨论退敌之计。

马知节不奉命，回信说："贼党已超过了三千人。如果他们攻克邛州，一定会越过大江，离我九十里，凭险据守。那时，官军即使比他们人数多一倍，制服他们也会有难度。不如你也出兵迎敌，一定会击破他们。"

当初川中王小波、李顺起事时，上官正即被太宗派往蜀中。现在又赶上刘旴之变，他并不想出兵平乱。益州知州张咏见他有逗留之意，就用言语激励他，要他尽快展开征讨。大兵顿迟一日，粮草就要靡费一日，而且，贻误战机。

于是上官正开始行动。

张咏为他举行送行仪式，饯行酒正酣，张咏举杯对下属慷慨陈词——实际是说给上官正听：

"汝曹蒙国厚恩，无以塞责，此行当直抵寇垒，平荡丑类。若老师旷日，即此地还为尔死所矣。"你们蒙受国家恩典，战事中是没有办法推卸责任的。此行，应该直抵敌寇营垒，平荡那些丑类。如果旷日持久，锐气全失，川中这个地方，可就成为你们的葬身之地啦！

经由张咏一番砥砺，上官正知道必须积极对待，于是收到马知节回复后，当即率军前往平叛。

马知节夜半渡江，几百人屯扎在一个叫方井镇的地方，就在这里遇到了刘旴。恰好上官正也领兵赶到，于是两下合击，斩杀刘旴，史称"其党悉平"，刘旴的党羽也全部被平定。

发生在至道三年（997）八月一场闹剧般的叛乱，十天以后，结束了。

九月，真宗得到消息，对朝臣说起西川叛卒的事，有辅臣认为：

蜀中诸州郡大多没有像样的城池，所以刘旰这类骄悍猛卒，就容易攻克州郡。

真宗回答说："在德不在险。倘官吏得人，善于抚绥，使之乐善，虽无城可也。"地方安全，在德化不在险要。如果得到循吏管理地方，善于安抚当地士庶，使人乐于向善，即使没有城池也是可以平安无事的。

真宗不主张在川蜀修建高大城池，事功上也有抑制藩镇的深意。地方州郡做大，如果遇到"权反在下"的"阴谋拥戴"，据守大城，就是一方割据势力。那时官军讨伐会困难重重。

真宗继承了太祖、太宗的"心法"，"事为之防，曲为之制"，不待"焦头烂额"，先做"曲突徙薪"，在防患未然方向上，做足了功夫。大宋帝国三百年，所有"偃武兴文"之类的努力，都可以在这个方向上得到解释。唐末五代以来的藩镇割据，在富有远见的帝国君臣看来，几乎等于苦难之源。所以"偃武兴文"，必须作为第一国策，时刻保持警戒惕励，不可马虎。

缺犒赏部下作乱

自古蜀中多事。刘旰之乱后三年，也即咸平三年（1000），大宋与契丹在山西、河北、河南有了战事，"五年战争"正酣，战事胶着中，川中又有了王均之变。

此案几乎就是五代乱世"权反在下""阴谋拥戴"的又一个

真宗朝翻版。

叛乱者的心路，变乱过程，那种奇异的"偶然性"，几乎就是五代藩镇造反的重演。宋真宗正在领导一场卫国战争，大宋帝国十几万优秀儿女正在北部边境与契丹殊死搏斗，川中叛卒利用了这个机会——与五代乱世中藩镇造反，勾结契丹的战略态势相仿佛。

这时候，"澶渊之盟"还没有到来，夷夏和平还未见曙光，中原大地不逞之徒在"国难"中谋求权力再分配，野心勃勃。

当时川蜀一地经历了太宗朝的王小波、李顺之乱后，"人心未宁"。真宗时，张咏之后，是新任益州知州牛冕。

此人很善良，但管理地方并无方略，史称为政"宽弛"。

牛冕的搭档是前朝老将符彦卿的公子符昭寿，此时以凤州团练使身份出任益州铃辖。铃辖是负责地方防御、管辖军旅屯戍的派遣武官。但此人对军政军情无所用心，有什么地方军务，就随便让下人传递消息，也不监督监管。生活还很奢侈，市集上买东西常常强行赊账，过了半年还不付款，更放纵部下巧取豪夺。他还试图玩期货，平时购置稻麦之类，囤积居奇，准备粮价高时再卖出。不过有时粮价高不起来，他就让人指示僧道来为他买单。他的下人更对军校们无礼傲慢，所以，有符昭寿在，整个益州人心不满，军人们更牢骚满腹。

地方上的武装力量，有部分为朝廷派出。禁军中的神卫军就有驻扎在益州的兵众，分为两支，由两位都虞候王均和董福各带一支。董福还算有军人责任感，统御部下严整有序，对士兵待遇按规则处理。王均则好饮酒、赌博，常常克扣军饷，军人的着装费用，往往被他"饮博"挥霍掉。

真宗朝的第二年冬天，牛冕与符昭寿按规定在成都东郊阅兵，牛冕麾下的地方军，所谓"牙队"；符昭寿麾下的野战部队，所谓"神卫军"，开始进入阅兵程序。

神卫军董福部和王均部，在对比中有了滑稽之相。

董福部军装整齐，有一种雄壮的劲头；王均部则衣装不整，在十二月的寒风中，不免有瑟瑟冻缩的模样。

蜀中士庶爱看热闹，见到官军搞检阅式，就从四面八方赶来围观。他们看到同一个演兵场上，两拨军人竟是如此不同，就有了讥评、嘲弄或窃笑。王均所部见此，不免"惭愤"，惭愧而又气恼，于是，士兵中开始流布种种"不逊"的话头。一传十，十传百，王均麾下的军士们在恼羞中开始簸扬起一股悍气、戾气，甚至传导到了董福部众。

阅兵结束，牛冕搬出酒肉犒赏州府的牙队，而符昭寿这边的神卫军啥犒赏也没有准备。史称"军士益忿"，军人们更加愤怒了。

愤怒中，一个默默无闻的士卒走进了《宋史》，他叫赵延顺。

他认为符昭寿这位益州武装部主任，太不拿弟兄们当回事了！人家地方牙队都有酒有肉，我们野战部队神卫军凭啥就吃不上这一口？就是这一股恶气，让他顺不过来。

史上武夫似乎特别在意"这一口吃的"。春秋时那位郑灵公熬了一锅鼋汤，也即大个王八熬的肉汤——那时节算是一种难得的美味，但他就是不给大将姬子公吃。姬子公已经"食指大动"，赌着气伸出指头在鼋汤里蘸了一下，吮指而去。郑灵公大怒。但姬子公更是愤怒，决计要顺顺气，于是联合郑国大臣，杀了郑灵公。史上因为"这一口吃的"反复上演着快意恩仇的故事种种。

赵延顺没有捞上这一口吃的，就像姬子公一样，纠集了铁杆哥们儿共八人，也要顺顺气。按照他的生命格局推想，他能想到的最好的顺气模式就是"作乱"。虽然"作乱"之后怎样还没有想过，但怎样作乱，确有了主意。

腊月将尽，有个朝廷派来的中使，要从峨眉返回京师。

中使，乃是皇上身边的人物，符昭寿就严肃地责令地方驿站的小吏准备鞍马，要送中使出川。

赵延顺等兄弟八人认为机会来临，待到正月初一这一天，暗暗将马厩中的马匹全部解开缰绳，让马儿在铃辖办公大院中跳跃，进入庭中。赵延顺等人假装追逐马匹，跟随着也进入府厅，喧呼中，符昭寿不辨虚实，乱兵登上大厅，将他击杀，同时杀了几个仆从。随后，八人占据军械库，取出兵器。说话间就要进入州事办公房。

知州牛冕与朝廷派来的转运使张适正在接受官吏祝贺新年，听说兵变，赶紧逃窜。他们不敢走城门，担心被劫，就寻到僻静处，放下绳子，从城上溜索而下，史称"缒城"，逃往益州北近百里的汉州（今属四川广汉）去了。

这时城中只有一位巡检使，负责治安的地方官员刘绍荣，猝不及防，挺刃与乱兵格斗。但乱兵越来越多，刘绍荣虽然越战越勇，但终究气力不支，手中刀剑也没有了，就捡起一张弓来，做最后的搏斗。

此际，赵延顺忽然觉得可以拥戴这位益州公安局长来做头目，就停止战斗，向刘绍荣赔上效忠的恭敬，要他来做这次变乱的首领，出任元帅。但刘绍荣从契丹领地投奔大宋而来，是那种认祖归宗，有气节、有忠义心的将军，于是提着长弓大骂道：

"我燕人也，比弃彼归朝，肯与汝同逆耶？亟杀我，我宁死义耳！"

我本来是契丹那边的燕京之人，早就抛弃契丹投奔大宋了。我岂肯与你们这班宵小做那等叛逆之事？赶快来杀我吧，我是宁肯死于道义的！

赵延顺等人闻言，受到震慑，一时也不敢就这样杀害这位将军。但下一步怎么办？也没有主意。

益州的都监王泽，知道是都虞候王均的部下作乱，马上派人召来王均，对他说："你的部下在作乱，干吗不快点前去招安、平乱？"

王均闻言匆匆赶到钤辖府厅。

这时，王均看到的是自己部下一伙子人围着刘绍荣，气氛紧张。

赵延顺看到"拥戴"刘绍荣不成，就一手提着符昭寿的首级，一手持剑，转来"拥戴"益州指挥使孙进做统帅。孙进不答应。乱兵哪里肯听！没有主人，他们就是无头苍蝇；好容易找到主人，岂肯轻易放弃？看到王均来到，当即就有机灵点的悍卒迅速杀掉了孙进。

赵延顺满脸困惑——大祸已经闯下，但他已经不知道怎么收场了。一回首，忽然看到自己的上级都虞候王均，就像找到救星一般，马上指挥乱兵"拥戴"王均为主——这时王均克扣军粮之类的恶行，也被抛之脑后了。

王均目睹这个乱局，应该有惊愕的瞬间。

但在现场，他知道已经没有退路，不同意，孙进下场就是前车之鉴。

彷徨之际，乱兵从四面八方聚集而来。

刘绍荣当众自缢而死。

知州李士衡剑门迎敌

王均的麾下有一个亲兵小校名叫张锴，是原来北汉时的太原老兵，就像各类小共同体内总有一个貌似"老谋深算"的人物一样，这位老兵张锴，就有一种惯走江湖、经多见广的老成模样。很可能就是这个张锴，怂恿了王均。王均惊疑之间，忽然意识到：也许这是一个千载难逢的机会——河北前线，皇上正在调动禁军与契丹打仗，益州远离河北几千里，皇上眼下应该无暇西顾。于是，他那卑陬的命运格局开始有了自命不凡的演绎，在生命的紧急关头，王均陡起了博取一世富贵的雄心。于是，他拿出都虞候的派头，做出"指挥若定"的模样，慷慨应允，出任乱兵统帅。

赵延顺等叛乱者这才舒一口气出来，以为大事已定。

王均就任命张锴为"谋主"，一时间，仿佛刘玄德得到隆中诸葛孔明，王均似乎有了踏实感。乱卒也有了不仅寻得首领，还寻得军师的欣慰，有了"可以做一番大事"的预期。

于是，史上有了"大蜀国"，还有个年号，叫"化顺"。

63

王均在张锴的"辅佐"下，在益州府署模仿大宋朝廷建制，也置百官、设乘舆，俨然一番"建国"模样。

随后，以益州为根据地，王均开始了仿佛刘邦斩蛇起义、李渊起兵反隋，攻城略地的"帝王生涯"。

他知道益州知州牛冕等人逃往汉州，就决计攻打汉州。

此举可以看出王均与刘盱不同，刘盱是胡打乱撞，王均则因为出身都虞候的"素养"，似有一点"战略"眼光。叛乱初起，乘乱追击原来的知州，这是向外界传递一个"势不两立"的决断信号，同时，汉州又是通往绵州，并由绵州通往剑门的成都北大门；而剑门，则是中原入川的陆路咽喉。王均此举做出北取剑门之态势。他似乎也明白，一旦占据剑门，朝廷正规军再来"剿匪"就有了难度。他似乎也知道：牛冕已成惊弓之鸟，汉州似不难攻克。

史称王均所部皆"银枪绣衣"，装备豪华。这类设计对骤然而起的乌合之众颇有一点激励之功。果然，王均北上奔袭百余里，几乎没有费太大力气，汉州城被攻陷。牛冕似也机灵，他判断王均的目标可能在北部之绵州、剑门，于是拐弯，折向东部，再次逃跑百余里，到了梓州，避开叛军锋芒，暂时获得喘息。

王均则弃牛冕于不顾，为了实现第一步"战略"计划，继续北上，攻打绵州。

但是绵州城防牢固，急切间不能攻下。眼瞅着十来天过去了，于是，很有可能在张锴的怂恿下，王均连绵州也放弃，直趋剑门。

这是一步"蛙跳"险棋，等于在自家身后留下一个敌方据点，如果剑门与绵州声气相通，南北夹击，王均所部就没有了多大前途。

事后推演王均或张锴此举，必为恐惧所驱使。他们害怕大宋禁军入川，必要扼守中原通往川蜀的第一要塞剑门，再做打算。此外，他们也思量，在益州留下了守军，有黄雀在后之效应，似也可以震慑绵州，令宋师不敢妄动——绵州宋军若北上，则益州叛军也北上；如此，益州随时可以打援，绵州就只能固守。亡命之徒血拼之际，往往冒险。从纯军事角度分析，王均这一计划不算高明，但也没有更高明的办法了——他本来就没有前途。大宋立国已经四十多年，人心思定，昔日藩镇割据，已是明日黄花。他悖逆政治文明，格局初露就呈现疲态，张锴救不了他，即使孔明在世，也救不了他。刘旰叛乱前后只有十天，王均长一些，前后也不过 10 个月。

　　剑门，一代雄关，在嘉陵江西岸、剑州北境几十里。

　　剑州知州李士衡闻听王均正在攻略绵州时，就忖量了形势——他知道剑州在剑门之南，城小难守，当即做出一个艰难的决定。

　　这个决定有三个连环措施——

　　第一个措施：全州点检官方仓库钱帛，悉数运往剑门。

　　第二个措施：焚烧粮库，坚壁清野，不给叛军留下一粒粮草。

　　第三个措施：发出榜文，招集叛乱以来流亡的士卒。

　　三个措施很快就见出成效。

　　宋代将士精锐都在京师，地方只有很少武装力量。但是等王均到了剑门关下，李士衡已经召集了数千流亡士兵，加上原来的守军，组织起来，很有了阵容。李士衡与剑门都监裴臻并不畏惧王均，甚至都没有做出守卫关口的准备——他们不守卫，他们出击，史称"逆击之"，迎着王均的乱军出击。这时还在正月，巴蜀连降雨雪，天甚寒，而王均一路来奔，满以为到了剑州可以补充粮草，没有想到遇到了一座空城。叛军人马全城搜索，只能随便吃些李士衡遗弃的"败糟"，腐烂糟渣之类，粮库中一片焦煳，偶见的一点陈粮也杂满烟尘。腹中无食，人困马饥，叛军与李士衡一战，不敌，被斩首数千级。

到了夜半，各自扎营后，乱军已经疲惫不堪，王均想想第二日必无力再战，于是乘着月初的朦胧夜色，往回逃跑，史称"宵遁"。

"能吏"的多重人格

李士衡的剑门保卫战，规模不大，却展现了他的统御才能。

此人算是大宋的一位"能吏"。

他对经济管理也有办法。

他后来做到河北转运使时，发现了地方上的一个弊政。当时规定，河北一路每年要调运军用布帛七十万匹，民间往往要预购丝麻用来织造布帛，穷人家一时没有钱帛的，往往要到豪民大户去借贷。但富豪们要收取成倍的利息。到了应该收缴布帛的时间，要穷人家先将利息兑现。这样一来，织帛的利润就少得可怜。为此，李士衡向朝廷提议：由官方预先给织户垫支丝麻钱，这样可以做到及时输送军用布帛，民间也获利，而官方也足用。

真宗表彰并采纳了他这个意见，还将"河北模式"推广到全国各路执行。

这个法子，事实上开了神宗朝王安石的"青苗法"先河，但比

"青苗法"要厚道得多。"青苗法"由官方垫支青苗钱,但到了税收期,要加20%的利息,而且地方执行起来,往往要强制,即无论你有钱没钱,想贷不想贷,都要从官方预贷青苗钱,地方官员就为了收取那20%的利息指标。李士衡的垫支意见,没有提及利息多少,但从史称"民获利"推想,即使有利息,也应该是织户可以接受的范围。此事是李士衡推出的一项有利于民生的仁政措施,值得嘉许。

李士衡有一趣闻,夹带在这里说说。

当时大宋与高丽有来往。宋朝与契丹的东部,那时以天津的海河为界;大宋往高丽派遣使者,不能走陆路,只能走海路,要从山东或江苏出发,走黄海。李士衡时任馆职,是文官,真宗任命他为大使,另外为他配一个武职为副使。返回时,高丽赠给两人不少礼物,但李士衡并没有做出受宠若惊的样子,似乎不怎么在意那些丝绸绢帛之类,只把它交给武官副使去处理。航船船底比较潮湿,副使似有鄙吝之心,担心自己那一部分获赠礼品受潮,就将李士衡的那部分布匹放在船舱下面,用来隔潮,自己的布匹都放在上面。没想到船行至大海,遇到风浪,船重而小,摇摆中,险象频生,大有倾覆的苗头。船工就要求把装载的东西扔到海里,轻载而行,否则一船人谁也活不成。副使也吓蒙了,就指挥部下赶紧扔东西。扔了一半,风浪停息,然后一检点,副使的东西全扔了,而李士衡的东西在仓底,毫无损失。

这故实见于沈括的《梦溪笔谈》。

但史上也记载,李士衡曾经分管西京洛阳政务财务,虽然才智过人,但"素贪",一向很贪婪,善于敛财,家资"至累巨万"。李

67

士衡更在长安城里建造府邸，豪华程度仿佛宫府，这也被士林讥评。士大夫过于富有，是一种"惭德"，因为有可能巨额财产来路不明。

李士衡还在巴蜀出任转运使时，动过"小人"手脚。彼时，有一贤明的官员叫刘随，做永康军（今属四川都江堰）判官时，有政绩。永康军下属县城的县令贪赃枉法，被刘随逮捕入狱。李士衡与县令有交情，就来向刘随求情，被拒绝。李士衡大怒，就以转运使的身份奏告朝廷，罗织了刘随一堆为政"苛刻"的证据，说他"不堪为政"，不适合从政。结果刘随被朝廷罢免。

进入严肃的历史文本，会发现，那种戏剧编排或坊间流传的"好人万好，恶人万恶"的人格清一色模式，几乎不存在。史上往往看似矛盾的叙述，其实往往讲述的正是真实人物的复杂性。

李士衡就是一个复杂的存在。

他的贪婪是真实的，对高丽赠品做出不介意的样子也是真实的。像俄军统帅库图夫火烧莫斯科一样，李士衡火烧剑州，不惜毁掉粮库多年积攒，给叛军留下一座空城，这决心是真实的；他家资"巨万"，营造豪宅，那一种贪鄙也是真实的。而他对河北一路征调军用布帛，珍惜民力，为民请命，那一种爱民之心，同样是真实的。

不存在"单向度"的人物。贤者与小人也不例外——贤者可能在自我砥砺，也即自我养成之际，趋近道义，但备不住一个跟头把持不住，做了一次小人；小人则在自暴自弃、自我沦丧之际，远离道义，但备不住一个瞬间良知呈现，做了一次贤者。在我讲述的故实中，读者会看到更多这类"复合性格"的真实人物。他们不是小说戏剧的"人物创造"，而是史上曾经存在的鲜活生命。

人类生命格局万年以来呈现的多样性，是可以经验到的真相。意识到这一真相后，个体开始进入选择：我，想成为哪种人？存在主义对此赋予了哲学解释，而经典哲学的"自由意志"说，则更早为个性化选择（生命方向）提供了丰富的思考。人无不在自由中，故放弃选择也是选择。你无法不进入选择。而选择的犹疑则成为"布里丹的驴子"——这是由经院哲学家布里丹讲述，而后流布于欧洲的一个熟典。说驴子在两束青草或青草与池水之间无法选择，而它的饥渴同样强烈，最终饥渴而死——故，人类生命格局的多样性，玩笑或正经说，很可能是神在巴别塔之后，为人类安排的一场趣味悖论。神，偶尔也会调皮。他知道人面对悖论时的捉急。也许只有犹太人窥视到了神的意图，所以他们留下一条著名的谚语："人类一思索，上帝就发笑。"没办法，人类在宇宙中的处境，是亘古无解的超级母题。

事实上，即使"我想成为哪种人"，也是不可能的。阅读历史文本，就会发现昔日的生命，正在一个个走来，而他们的格局，一个个全然不同。类型化存在，不过是一种修辞性意见，世上绝不存在两个完全相似的人。近代以来，过分注重人类生命格局类型化的修辞性描述，是违背"多样性"观察经验的。李士衡的"样本"证明：即使是一个独立个体，他的生命格局，也会呈现为复杂性。试图用一种模型将人类的某种结构统一起来，是无意义的，也是枉然的。

汉语需要纯洁化，包括百年激进思潮影响下的种种话语模型，以及此类"类型化"书写，都是应该摒弃的模式。我的书写、讲述，我的文化自觉，如果有一个"标签"的话，我愿意将它概括为"汉语纯洁化个人运动"。因此，在我的书中，极力避免对人物生命格局作类型化处理。

禁军入川"逆击"叛军

且说王均。

他起事之后，川蜀民众被叛军裹胁，不得已成为朝廷的对头，但也有清醒的民众，自发地组织起来，反对王均，保卫家园。这类民众组织还为子弟兵起了个名字："清坛众"。在"清坛众"的抵御下，王均迅速扩大根据地的"战略意图"被迟滞。

这时候，朝廷的供奉官，早年派到川中的知蜀州杨怀忠，正在调集乡兵，准备进讨王均。

乡兵是地方军，很少经过训练，没有多少战斗力。杨怀忠又汇集川中十一路巡检兵，也即治安队伍，开始向益州进发。

蜀州在益州之西不足百里，杨怀忠在此地讨伐被叛军占据的益州，对王均是一个有力打击，所谓"变生肘腋"，在他盘踞的"胳肢窝"下出现了反对力量，是王均没有想到的。

但杨怀忠手下没兵，所以一面集合乡兵，一面召集巡检兵，当他听说有"清坛众"时，又专门派人与之联络，从中挑选了七十余人，临时封官，名为"巡检将"。但封官要有朝廷任命，于是又派出蜀州的判官经由驿站，飞马向朝廷汇报请示。

在王均攻打剑门期间，杨怀忠率众来到了益州。

这时，益州的叛军首领名鲁麻胡。他被王均任命为益州的"招安巡检"，相当于成都市代理公安局局长。

杨怀忠焚烧了益州北门，到了一个叫三井桥的地方，与"大蜀国"的"招安巡检"鲁麻胡有了正式的对阵。两军从上午一直战斗到下午，杨怀忠临时凑合起来的杂牌军，有些人是过去王小波、李顺之乱时的旧党，这些人进入成都外城后，大多开始抢劫民间私财，杨怀忠节制不住，于是在与鲁麻胡的胶着中，渐渐出现颓势，不得已率众退出战场，在益州城南附近一座小城江源屯扎。

王均与李士衡对阵失利，跑回成都，与鲁麻胡合兵一处。

契丹此时已经进入河北。真宗赵恒从河北前线大名（今属河北邯郸）指挥宋师与契丹对峙，局势稍定后，回到京师汴梁，听说了川蜀之乱。

中央禁军迅速组织起来，入川讨伐，首领是工部侍郎雷有终。

雷有终被任命为泸州观察使，代替牛冕知益州，并兼任"提举川峡两路军马招安巡检捉贼转运公事"。"提举"是宋代常见临时职官名称，意思就是"掌管""管理"。雷有终任此职，负责川路、峡路两路军马的军事和后勤，"捉贼"是此行之目标。

与他同时入川的还有朝官李惠、石普、李守伦等人，并步兵、骑兵总八千人。

杨怀忠在雷有终入川之前，向附近州郡发出檄文，调集了七个州的军士和民工，从江源北向仰攻成都。

王均则派出了赵延顺率领叛军袭击杨怀忠的后方邛州。

杨怀忠没有攻下成都，闻听后方来敌，即挥师南向迎敌。

赵延顺开始退却。

杨怀忠立功心切，似有意在雷有终大军到来之前解决川蜀叛乱，于是，再次攻入成都外城。他甚至一度拿下城南军资库，贴了封条，派人驻守。

但"银枪绣衣"的叛军似有"与益州共存亡"的悲壮，他们在王均的调度下，编排为几个战斗队列，然后打开内城城门，冲出来与杨怀忠死磕。

两军一直战斗到黄昏，杨怀忠不敌，开始向南撤退。

为了唤起士气，他学当年韩信的做法，在江北列阵，大有背水一战之决心。

此地有一竹木绳索建起的筰桥。杨怀忠担心南面邛州、蜀州方向赵延顺来攻，那样就与益州王均形成南北夹击之势，局面未免凶险，于是，又分出兵力过筰桥，在江南扎寨。但邛州、蜀州目前还在官军手上，而且还在按部就班地征集附近州郡的援军，赵延顺不过活跃在城外。这是杨怀忠之所以在南北方向都有敌军的战场形势下，敢于分兵列阵的原因所在。

王均或张锴也明了眼下的形势。成都到邛州，自北往南，连绵近二百里的战场上，官军目前还不算雄壮，但在更北的剑州还有李士衡。如果李士衡与杨怀忠连成一气，扑灭邛州城下的赵延顺，益州就成为围棋中"待剐"的死子。而已经走在路上的雷有终大部队一旦入川，叛军没有了"根据地"也就没有了胜算。所以，这二百里"根据地"所在必争。叛军使出吃奶的力气，集合了三队人马，试图一举消灭杨怀忠。其中一队绕到杨怀忠营寨后面，焚烧了江源的神祠，断绝了邛州、蜀州可能来增援杨怀忠的官军之路。

杨怀忠已经召集了更多乡兵，士气略振，于是，也分出三队兵马，分头抵御叛军。一战，斩首五百余级，叛军气馁，一时失去战斗力，被官军驱赶坠入江水很多人。官军有了战利品，收缴兵甲箭弩甚众。杨怀忠乘胜追击，一直到成都南门外五里方才停住，并就在此地扎营，等于堵住了成都南大门。

这时，曾经被王均攻克的汉州，又在官军的急攻下被收复。成都又失去了北大门。而汉州、绵州的守军已经与雷有终的前锋会合一处，从东北方向浩浩荡荡地开来，距离成都已经不足百里。

王均知道决战时刻即将来临，就在王师要来攻取的东门加固工事。

雷有终在成都城北十里的升仙桥扎住营寨。杨怀忠在城南。如此，成都，已经处于官军南北夹攻之中。

但王均并不畏惧，他在千难万难之际，还在试图争取战斗主动。

这时已经是初夏季节。

王均派出了一支精悍部队，组织了"升仙桥战役"。叛军张着绫罗伞盖，将士们则操练银枪、穿着锦绣战服，气势汹汹、咋咋呼呼地来袭击雷有终一部。王均试图在官军展开行动之前，消灭官军。这一"战略"不能说不当，可惜天命不在他这一边，从起事那一天开始，他就气数已尽。

此时官军聚集于升仙桥偏东，雷有终闻讯后，亲率大军迎头攻击，一战，击破叛军，斩首千余人，史称王均"单骑还城"。

雷有终很高兴，自以为此役有泼天之功，就派出使节将夺得的伞盖、银枪等送到汴梁入奏。雷有终认为已经胜利在望。

真宗皇帝看到这些东西后，将它们展示给左右，并对他们说：

"此鼠窃耳，虽婴城自守，计日可擒矣。"这些叛军不过是老鼠般的窃贼，虽然现在固守城池，但很快就会被擒住了，不足为虑。

耍弄银枪的武装力量也会有前途吗？戍守益州的官员是不是也太无能了！随后，朝廷做出了惩罚决定：原右谏议大夫、知益州牛冕被削籍，流放海南儋州；原西川转运使、祠部郎中、直集贤院张适被削籍，贬为连州参军。

当初，名相张咏从蜀州回朝，听说代替他的是牛冕，就感叹道："冕非抚众才，其能绥辑乎？"牛冕不是管理民众的大才，他哪儿能安定一方呢？至此，张咏所言应验，牛冕果然被他说中。

雷有终轻敌遭伏击

升仙桥战役后，雷有终极度轻视王均。他以为这些叛军很容易扫荡一清，于是，"大意失荆州"的故实重演。他没有料到王均、张锴会不屈不挠，不因袭击失利而丧失斗志和智慧。所以随后的一次战斗，成为王均生命中的一道华彩，而雷有终则遭遇了耻辱。

王均从升仙桥退还益州城后，当即组织"银枪绣衣"部队打开西城门，做出逃跑的态势。雷有终获悉情报，认为王均此举符合升仙桥一役的逻辑延伸——叛军与我雷有终一战，领教了官军神威，不敢再战，故放弃守城准备遁走。他认为官军一旦进城，叛军很快就会作鸟兽散。

于是，雷有终与原益州招安使，新任命的东川都钤辖上官正，以及川峡两路捉贼招安使石普、李惠，峡路都钤辖李继昌等人率兵径直入城。

李继昌从城北向城西运动，到达西门时，有了疑心，他认为事情可能没有那么简单。这事顺利得让人恐怖。于是，他试图制止雷有终，认为益州城大而街巷复杂，叛军可能有伏兵，不可轻进。雷有终不听，但李继昌非常相信自己的直觉，他已经进入西门了，还是带着麾下独自撤出城外。

官军陆续地进入益州，没有看到多少叛军，但看到了市肆布帛、民间财货。那一瞬间，贪婪之心，陡然而起。雄赳赳的官军当即转化为匪军，史称"部伍不肃"，部队已经没有了军纪，散开在城内开始了强盗勾当——劫掠。

官军进入一部后，"银枪绣衣"部队开始出现。他们悄悄地从街巷内、拐角处，将笨重家具、床榻桌椅之类摆上路口，封闭城门，官军无法前行，又无法退出，本来就没有队列的部队，开始了惊惶。叛军则在熟悉的街肆胡同开始了有效狙击。官军失去了组织，几千散兵，在遭遇战中，一个个成为叛军的战术打击目标。王均、张锴组织起一次次的精准打击，李惠将军也在巷战中被杀。雷有终等人见大事不妙，从原路返回是不可能了，在扈从的死命捍卫中，寻得一处偏僻地方，勉强登上城堞，拽着绳子坠下，保全了性命。

此时，城中还在屠杀。已成瓮中之鳖的官军还在与叛军殊死格斗。

李继昌率领麾下在西城外屯扎，军士们听到城中兵器撞击的声音，知道敌势不小，担心王均等人出城发生不测的战事，纷纷劝导李继昌赶紧逃跑。李继昌刚刚违背军令，没有进城，现在主帅遇到麻烦，他感到自己也有责任，于是不听。麾下甚至有人开始哭泣，劝告，要他赶紧撤退，脱离危险。李继昌说：

"我在讨伐军中，官职最低，现在，要听主帅的安排。"

雷有终出城后，也派人找到李继昌，命令他屯扎在雁桥门，雷有终则率军退保汉州。

官军抢劫，叛军也抢劫。益州市民大多逃往附近村落，但叛军派出骑兵四处追杀流民，更有人将流民抓回城内，肢解示众；还将逃跑的一家一族全部杀死，试图以此"立威"。叛军用这种恐怖手段，震慑益州士众，而后开始征兵。

他们在士民、僧道中挑选身体结实点的，强迫入伍。每人都要在手背上刺字，然后剃去头发，在脸上刺字，这样易于辨识。新兵入伍后，就被驱赶上城楼，与老兵混合在一起，守卫益州。

雷有终知道后，开始严格管理麾下，并发榜文秘密传入城中，招集被王均胁迫的士众。这样，城外总算安定，没有了过去官匪行为。而城中被胁迫者三三两两地开始逃亡，进入官军营中。官军就在逃来者的衣服上写字，表示他们虽然被叛军刺了字、剃了头，但已经回归朝廷，不属于贼军。而那些来不及回归者闻讯后，则有了担心。他们知道，将来算账，他们是要按"叛贼"处理的。于是，更多人开始逃亡，每天都有几百人千难万险地从城中跑出来。真宗皇上也配合前线政治攻势，下了赦免令：天下死罪的囚犯都降一等罪，流放罪以下的罪过则全部赦免；而益州的乱军，除了王均及其同谋不赦之外，其他被胁迫的军民如能归顺朝廷，立即释放，不问罪。

叛军闻言，有了动摇，但王均则开始了更绝望的挣扎。他甚至开始绝地反击，准备再一次出城袭击朝廷大军，试图南遁。

杨怀忠则在城南加强工事，布设大块石头、带刺的篱笆。这些精心构筑的工事发挥了作用，王均的袭击遭遇了阻遏，未能得逞，南遁不成。

益州城破叛军南逃

朝廷大军此时从清远江架桥而来，屯驻城下，在城北夺得了一片草场。雷有终已经不敢轻敌，就在草场地修筑土山，一面用以屯扎军士，一面准备近距离居高攻城。

护城河成为益州与土山的分界。官军在土山下的护城河边构筑了鹿角，做出久居大营的模样，一面又开始修造云梯、冲洞车等攻城器具。

城北攻势由石普主持，其他东、西、南三面也安排了主攻总指挥。

叛军困兽犹斗，最坚定的首领人物中有当初率先叛乱的赵延顺。史称他"尽驱凶党以拒官军"。战斗激烈。但赵延顺被不知从何而来的流矢射杀。王均又任命"大蜀国"的"神卫军使"丁万重替代赵延顺，但很快又被官军射杀。

此时已进入秋季，川蜀淫雨不断。官军攻城时，往往因为雨水太滑不能攀城。官军又组织民兵用"洞屋"攻城。所谓"洞屋"，乃是一种带轮子的房屋。护城河的一段被草木土石填平后，"洞屋"被推到城墙根下，民工在"洞屋"保护下挖掘城墙，穿洞。但王均又指挥乱军挖地道出城，掩杀"洞屋"民工。上千民工被驱赶到没有填平的护城河淹死。

官军遭遇挫折。

乱军为了鼓舞士气，开始在城内摆大宴，敲鼓吹角，庆贺胜利。一时间，喧杂之声透出城外。

这个湿漉漉的季节，很多官军开始感染疾病，雷有终到其他州郡购置药品，亲自调制，为军士治疗。

不久，朝廷又派出了名将秦翰来到益州。秦翰的身份是两川捉贼招安使。他在益州考察形势后，向雷有终提出了一个建议：在城北再筑造一座土山攻城。雷有终同意。

土山建在城北鱼桥。建成后，当月即攻进了外城。于是在外城又设计了高大的敌棚。所谓敌棚，也称敌楼、敌台，乃是一种攻守防御设施，土木金石各种材料都可构筑搭建。秦翰的敌棚呈"雁翅势"，高处左右张开，覆盖"洞屋"进逼内城。

王均见状，也有样学样，在城墙上端建造敌棚，隔河与官军敌棚近距离相对，互相射杀。王均似乎还有幽默感，为这种敌棚对峙起了个诗意的名字，称"喜相逢楼"。

秦翰大怒，亲督各军猛攻。

王均制作了很多用毒药浸泡的"药矢"，史称"中者必死"。秦翰在督阵中，也曾被流矢射中，却奇迹般地未被毒杀，反而组织火箭部队，焚毁了"喜相逢楼"的敌棚。

官军攻克了益州北部的羊马城，这是益州城防的重要阵地，相当于一片外城，敌棚一毁，此地一失，叛军从日前巷战中获取的一点自信转为恐惧。但越是恐惧，越是顽固。

王均指挥叛军加固内城，做出了最后之战的悲情决定。

雷有终招募敢死士，在敌棚的掩护下继续使用"洞屋"，挖掘内城。工兵和敢死士顶着毡子，手持火炬，穿透叛军城墙，焚烧了王均苦心经营的大部分守城器械。随后，四面攻城总攻时刻开始。

除了敌棚射箭、抛石机甩掷巨石、云梯攀城之外，官军始终没有放弃"洞屋"，继续挖城。大将石普还指挥麾下偷偷地挖了一个隐秘的暗门，准备从此攻入。叛军发现后，长槊、大戟锋刃外置，塞满洞口。偷袭者见状，不敢前行。但此际出现了两个无畏勇士，请求从这个暗门突入。石普知道凶险，当下允诺给予丰厚的赏赐。两位勇士于是呐喊着挥动长戈，突破叛军的封锁，直接冲出洞口，进入城中，史称"贼锋稍靡"，叛军的锋芒稍稍有了退却。就在这"稍靡"的短暂过程中，宋师赢得了时间，一队队后续者涌进城来。

攻取内城时，秦翰督阵，史称"五战五捷"，连续攻城五次，五次都获取了阶段性胜利。他身中流矢时，伤势很重，但仍不退却。

到了旧历十月一日，这是中秋凉爽的一天，凌晨，宋师大部队攻入并占据了益州内城。雷有终还记得不久前的那次巷战，一朝被蛇咬，十年怕井绳，余悸中，他担心城内还有伏兵，就派人在城中一路纵火，将可能的伏兵，连同民居、官廨，一炬化为焦土。随后与秦翰一起登上城楼，居高指挥朝廷大军，搜索并肃清残敌。火光中，雷有终在高处发现益州城内天长观前，还有叛军的营寨，文翁坊附近还有隐秘的炮架，向着宋师的方向抛掷巨石。

随军转运使马亮指挥将士，带着秸秆、火油，手执长戟、巨斧，燃起火炬，将炮架焚毁。杨怀忠则焚烧了天长观前的敌营，一直追击敌众到大安门，前后杀敌三千余人。

这天的二更时分，王均率领残部二万余人，付出重大代价后，拼死突破城南杨怀忠原来布设的防线，向益州南部逃去。

但是究竟要逃到什么地方去？

这位曾经的大宋都虞候、当下的"大蜀国"的第一任也是最后一任"皇帝"，以及他的"智囊"，昔日的太原老兵、自称通晓阴阳的"大蜀国"的第一任也是最后一任宰相张锴，除了"向南逃"，各自都没有了"战略"意见。"大蜀国"全体精英，方寸已乱，没有了主意。

雷有终此际还是担心城内有伏兵，继续纵火。益州城内到处都是火焰。

天亮时，雷有终与秦翰都在城楼上。这时士兵们抓来一位"大蜀国"的三司使，也即主管财政的大臣。雷有终在城楼下积起一垛硕大的柴薪，点起火来，让这位大臣站在城堞门楼前。

城楼上，能感觉到熏炙而上的烟火。

雷有终命令，从俘获的男子中挑选出魁梧些的、看上去带着官相的，一个个捆绑着拉上城堞，推到门楼处，让这位三司使辨认：是不是"大蜀国"官员。这位"大蜀国"三司使，几乎认识所有"大蜀国"的朝中官员。他也似乎很尽职，尽可能一个个认真辨认。凡是被他指认出来的，当即被雷有终左右从门楼上"摔投火中"——捆绑着的"大蜀国"官员们，被从高高的城楼抛掷下来，直接摔入火中。一个整天，这样被"摔投"的就有数百人。

时人认为这类官员大多被王均裹挟，虽然在伪署任职，但并非自愿，如果有机会，他们应能倒戈，重归朝廷。"摔投火中"，未免过于残忍。且那位三司使难免有公报私仇的冤指，故此举史称"冤酷"。雷有终曾在太宗时入蜀讨伐李顺，机敏善断，立有大功；这次继续入蜀，讨伐王均，虽有一次闪失，但最后还是讨平了叛乱，也算立有大功；但如此处理"大蜀国"官员，刑戮手段灭绝人性，应属于历史罪恶。

雷有终晚年曾经读史，某日，忽然感慨万千，扔掉手中的书，痛哭流涕道：

"功名啊，不过是贪夫的钓饵啊！将军横戈开边，拔剑讨叛，死、生、食、息，全都顾不上，等到人一死，不过一口棺材藏身，从此万事都已经终了！悲伤啊！"

他的这类伤情，已经有了哲学的性质。我猜想他应该能够想起被他"摔投火中"的数百人。那些惊恐、绝望而又痛苦的脸孔，那段一个个鲜活的生命从他眼前被几个士卒提起、掷出的影像，他不应该忘记。

平息叛乱王均自缢

王均的最后时刻没有尊严。

他从益州突围后，一路上胁迫军民做一件事：断路断桥。凡有道路，必在狭径之处用树木土石塞住；凡有桥梁，必在叛军过后拆毁。随后，所有经过的州郡，一律将粮仓、库房焚毁。他试图用这种手段迟滞朝廷大军的追击。

益州略定，秦翰即带着箭伤开始追击王均。

另一路杨怀忠部也在追击中，他奉雷有终命令，带上本部和朝廷大军中的虎翼军一路南下。雷有终还派出了石普一部，在杨怀忠之后两天，继续追击。

朝廷大军呈现为梯级阵势，务求殄灭所有叛乱分子。

秦翰前锋追及王均后队，这部分多属于"大蜀国"后勤补给人员。秦翰一战，斩首千余人，俘获七千人，缴获战马数千匹。

王均闻讯逃往陵州（今属四川仁寿），但还没有得到几天喘息，秦翰的大部队也到了。王均继续南窜，直到距离益州约五百里的富顺监（今属四川自贡），才略略得到一点安顿。

富顺监在沱江下游，此地生产井盐，富甲一方，但在宋时还属于边远地区，有很多"蛮族"居住。朝廷对边远异族实行"怀柔政策"，在富顺监，每年的正月或冬初，都要由地方官动用官银置酒摆宴，犒赏地方归附于大宋的"蛮酋"。王均逃到这里时，正赶上冬初犒赏。小地方没有大兵守卫，王均很轻易进入小城。于是就着这次"犒赏"，吃了一顿饱饭。而后，结扎木筏，准备渡过沱江，直趋"蛮族"之境。此时，杨怀忠的部队到了。

王均似乎有点瞧不上这位大宋朝廷的供奉官、知蜀州杨怀忠。

虽然杨怀忠率先组织地方官军和民兵与叛军战斗，但在多次交手中，双方互有胜负。听说杨怀忠追上来了，为了鼓舞士气，王均故意放出大言，说："很快就可以让杨怀忠投降！"而杨怀忠则很重视这位对手。在距离富顺监六七里的地方，有个杨家市，杨怀忠喜欢这个地名，自己姓杨，在杨家市，仿佛碰了头彩，就整军小憩。王均闻讯，派出叛军的后阵主动邀击杨怀忠部。

杨家市的一侧有一突出的高地，杨怀忠派出精干亲信五人，骑马登山，居高俯瞰敌情，远远地看到王均所部在江边整理木筏。

知道消息后，杨怀忠对左右说：

"纵贼渡江，后悔无及！石侯将至，当以奇兵取之！"

所谓"石侯"就是川峡两路捉贼招安使石普。按照军令，他将于两天后到达。杨怀忠认为叛军一旦渡江进入"蛮族"地界，那时剿匪难度将大大增加。于是，他与王均的后阵不作纠缠，当即从杨家市起行，快速赶到江边列阵进击。

叛军一战即溃，作鸟兽散。有人还仓促地登上小船或木筏，准备渡江。杨怀忠在岸边组织起强弩部队，做远距离射击。宋时强弩射程可达千米以上，很多船只在射击中出现混乱，一些船筏遭遇倾覆。富顺监的外围基本被扫荡一清。而城内还没有来得及布防。宋师开始大张旗鼓，耀武扬威地向城中开进。

王均此时在衙署中与"大蜀国"高官饮酒，党羽中很多人都带着醉意。王均的亲军们号称"天降虎翼"，恰恰遇到杨怀忠指挥的大宋"虎翼军"，很快被歼灭。王均终于意识到：这一票富贵，到头了。走投无路中，上吊自杀。史称王均"穷蹙缢死"。大宋虎翼军的一位校官鲁斌，将王均从吊绳下解下，砍了脑袋，送给杨怀忠。杨怀忠一部还擒获"大蜀国"朝官六十余人，各种僭伪法物、旌旗、甲马之类，俘获甚多。"大蜀国"的余部六千余人，也全部被杨怀忠俘虏。

至此，王均叛乱已定，朝廷大军已经无须前来。杨怀忠于是整军出富顺监北门，迎向后续的宋师诸部。

恰好石普一部刚刚来到富顺监，在北门外看到杨怀忠部有人提着头颅，知道这就是为害地方十个月的王均后，竟夺为己有，献给石普。石普就令人带着王均的脑袋飞奔回成都，悬挂在北门上。这样，石普就有了大功一件。朝廷也给了石普很高的奖赏。

但原益州招安使、东川都钤辖上官正与石普有矛盾，秦翰知道后，担心将帅不和，滋生变故，所以多次为二人调停。杨怀忠被石普抢夺首级之后，并不辩解，尽管战功被埋没。

上官正为此事抱打不平，他开始四处讲述事情真相，到最后，宋真宗也听到了一点风声，就派遣使者到战时现场勘验、调查，知道了事情的来龙去脉。正好赶上杨怀忠在蜀州的任职期满，被他人取代，回到朝廷等待新的任命，宋真宗就将他的朝官供备副使擢升为崇仪使，并领恩州刺史。虽然擢升的还都是"散官"，知州与领刺史也颇相近，但崇仪使、刺史的荣誉性质毕竟远远高于供备副使和知蜀州。

"王均之乱"的背后故实

平蜀战役，论战功，秦翰、杨怀忠最高；论道义，李继昌和马亮最值得表彰。

李继昌在所有的平蜀部队中，军纪最为整肃。

三月时，这支部队曾在益州城外破敌一寨，斩首千级，缴获叛军器仗甚多。攻破益州后，李继昌随大部队入城，史称"严戒部下，无扰民者"。

李继昌还注意收留战时最易受害的民众——妇女儿童。他派出将士，将他们安排在空空如也的寺庙里，等到益州战事已平，又派人将妇女儿童送还各自家中。此举凸显了军人本质和战时规则，是此役最高亮点，即使纳入现代文明战事案例中，也毫不逊色。

这件事也证明我素来的一个观点：同样的制度环境，人可以不同。大宋仁政制度下，雷有终部队进入益州，王师可以瞬间转为兵匪；但李继昌部队则始终保持仁义之师的风采。不过，此事与"制度"关系不大。文明管理是一个耦合系统工程，"政治制度"仅为其一，并不"决定性"地起作用；就像"圣贤精神"也为其一，并不"决定性"地起作用一样。起作用的是"众缘和合"。

马亮在朝中为兵部员外郎，平蜀战役中被任命为西川转运使。雷有终在战役结束后，继续追捕、杀戮叛军士兵，很多时刻不能辨别真伪时，就一体正法，往往会殃及无辜。马亮总是在这样的时刻为之甄别，史称"亮所全活逾千人"，马亮从刀下救活了上千人。更有一队叛军头目八十九人，被戴上刑具，解送京师。这些人多属于被王均、张锴胁迫的民众。知枢密院事周莹打算将这些人全部诛杀。马亮对他说："愚民无知，被胁从的人很多，抓住的这些不过百分之一二，更多人还窜伏在巴蜀山林之中。如果不能宽贷他们，那么所有被胁迫的民众听到消息后，就会更加疑惧。如果有人出头，在州郡中再次闹事，那是消灭了这一个王均，又生出另一个王均啊！"周莹将这些话说给真宗听，真宗本来就在"召天地之和气"，于是，更"敛天地之杀气"，全部赦免了这些叛乱者。

平蜀之后，益州城中无粮，因此导致粮价陡涨。马亮做转运使，手中有粮，就将各州郡转运而来的谷米平价出售，益州城内物价很快得到抑制，史称"人类以济"，民众因此得到救济。

李继昌、马亮，在乱局中展现了圣贤风采，是真宗朝初期两个有和气、无戾气的人物，值得为之永久喝彩。

王均并无多少见识，史称"（王）均起农夫，憨懦无谋"，最初是个庄稼汉，应该是个憨厚懦弱、无甚谋略的普通人，但做了都虞候之后，有了贪掠恶习。赵延顺作乱，他"发现"了张锴。张锴则属于"性狡狯"，且"粗习阴阳"的半仙式人物。在这一场"王均之乱"中，张锴比王均更坚定。据说王均起兵后，也曾有过准备接受"招安"的动摇，他曾对人自我表白道：

"大军若至，我当先路出迎，自陈被胁之状。"朝廷大军到了益州那一天，我应当首先迎接，向大军陈述之所以起兵"被胁迫"的状况。

张锴这时已经被任命为"大蜀国"宰相，就指使军中自己的亲信子弟，隶属于警卫班子，事实上专门盯着王均，架空王均，不让他与外人有更多来往。

真宗在王均起事之初，曾出于"召天地之和气"的国家管理理念，多次派遣精干臣僚找到王均的家属子侄之辈，来到益州城下设法招降王均。朝廷大军还将真宗的意见写成书面文件，用箭射入城中，开导王均。可惜这些充满和解的交流意见，没有被王均看到——张锴首先得到招降书。他的处理方式是：全部焚毁。不让王均知道朝廷的公义。王均于是始终处于绝望中——他的渴血戾气、亡命徒精神、偶尔迸发的黑色智慧，以及活命意志，无不来源于他的绝望。大宋帝国因此加重了平乱的生命流血代价。

张锴比王均，罪孽更深。

兵变达十个月的"王均之乱"结束，此事发生在大宋真宗咸平三年正月至十月，时当公元 1000 年。

土匪遭遇神捕

真宗一朝距离结束五代乱世已经三十多年，但"权反在下，阴谋拥戴"的藩镇造反模式仍然屡屡出现，刘旴之后，是王均；王均之后，是陈进。

在王均与陈进之间，还夹着一个王长寿，模式与藩镇造反模式略有不同。王长寿不打算拥戴什么主帅，他自己做主帅；他似乎没有自立王朝的打算，就想做一个绿林豪杰或江洋大盗。此人乃是大宋王朝名副其实的土匪。

史称王长寿本来是一个"亡命卒"，很可能是一个躲过了朝廷惩戒的逃亡士卒。他有勇力，心眼也多，活跃在京师附近。咸平年间，巴蜀王均事件刚刚平息，契丹有了南侵的动作，黄河两岸，百姓惊扰，王长寿认为时机已到。他也许听说过昔日石敬瑭的故实，勾结契丹是可以要挟中原的；但他不打算勾结契丹，只是借助契丹南侵的外来祸患，趁朝廷分身困难之际，做大做强自家的土匪事业。于是，他聚集了百余人，进入汴梁周边的陈留县，开始剽劫生涯。

陈留官民抓捕王长寿，未能如愿。

朝廷知晓后，当即增加平叛力量，在澶州、濮阳之间加强了防备。

但王长寿随着大宋与契丹对峙的紧张，加快了发展壮大自己力量的动作。他在很短时间内，将一个百余人的剪径队伍扩大到五千余人，而且全部进入胙城抢劫。胙城在今天的河南延津县，距离京师汴梁只有一百里。而这时的真宗皇帝已经离开京师，车驾正行走在通往澶渊的路上，因为已经有消息，契丹已经到达了澶渊之北。澶渊距离汴梁只有二三百里。国家形势已经相当严峻。王长寿祸害大宋、祸害士庶，利用异族入侵，选择了一个绝佳时机。

但他遇到了一个更强悍的神捕许均。

许均是汴梁人，太祖时应募为龙捷卒，曾随大军有过南征北战的经历。跟随大将曹彬收复江南时，率众攻克南唐一座水寨，流矢射穿了他的手掌。征讨河东时，扫荡太原周边小城，他率众第一个登上城楼，身中八处创伤。太宗时，他出屯杭州，参与平定过妖僧绍伦的结党叛乱。讨伐西夏时，大将李继隆擒敌酋，许均率兵看守。屯扎夏州时，敌兵犯境，一天之内发生十二次战事，他率兵击退来犯之敌。真宗朝巴蜀之乱，他隶属于雷有终麾下，曾跟从秦翰追杀叛军，收降敌众数千人。契丹来犯，真宗御驾亲征，到达河阳时，召见了许均。他被任命为"提总诸州巡检捕盗事"，负责京畿诸路治安工作。

随后，围剿王长寿的行动开始了。

过程简单。彪悍多诈的草寇土匪敌不过阅历丰富的大宋老将。

许均的部下得到激励，外患来临之际，必须肃清内乱。

史称许均的部下遇到王长寿这一伙土匪，皆"徒兵袒祖与斗"，步行赤膊与之搏斗。然后许均又施出"方略"，诱擒了王长寿这位试图发国难财的土匪头子，并"斩获恶党皆尽"，一网打尽全部恶匪。

许均为真宗在黄河北岸与契丹签订"澶渊之盟"，免除了后顾之忧。

真宗的战略眼光

"陈进之乱"在"澶渊之盟"后四年。

陈进是宜州（今属广西）一个普通军校。

宜州知州刘永规对待下人相当严厉、酷毒。他似乎不懂得体恤士卒。宜州府廨需要扩建修葺，刘永规为准备建筑材料，就让属下到附近山中伐木。有时砍伐的树木规格不符合要求，他就滥施杖刑。士卒们怕完不成任务，以至于有人带上自己的妻子家人入山伐木，即使遇到风雨天气，刘永规也不放假，劳役不止。

陈进对此早有不满。

真宗景德四年（1007）六月的一天，陈进借着众人发牢骚的机会，怂恿并率领士卒杀掉了刘永规等几个官员，拥戴宜州的通判卢成均为元帅，借着宜州的城池为根据地，开始叛乱生涯。

卢成均在"阴谋拥戴"中，惹不起"权反在下"的陈进，被迫上位，僭号"南平王"。五代乱世的藩镇割据故实，开始重演。

大宋的"省"级行政单位称为"路"。至道三年（997），定天下为十五路，两广及周边地区，设为两路：广南东路，约相当于今日之广东，治所在今广州；广南西路，约相当于今日之广西，治所在今桂林。

宋时，朝廷、诸路都设转运使。皇帝车驾出行，有行在转运使；将军外出征战，有随军转运使。诸路常设转运使，不仅负责地方财赋、运输，还负有监察地方官吏之责任。诸路转运使甚至可以开府，也即有高居于州郡以上的办公衙署，责、权、利都不轻。

陈进叛乱，因刘永规苛暴而起，事发在广西，故广南西路转运使舒贲知道，此事"失察"，干系重大。

未能防微杜渐，于是亡羊补牢。

他率先行动起来，向本路诸州地方官发出牒文，"招抚"叛军，同时动员几个州郡的乡兵奔赴宜州东部的柳城，讨伐陈进、卢成均。他期待能在朝廷大军到来之前，解决辖区叛乱，以功补过。

一个月后，朝廷得到消息，而舒贲并未解决陈进之乱，真宗于是会同大臣，做出了平叛部署。

东上阁门使、忠州刺史曹利用为广南东路安抚使，供备库使、贺州刺史张煦为广南西路安抚使。如京副使张从古、内殿崇班张继能，分别为安抚副使。同时安排虞部员外郎薛颜"勾当"（负责、管理）广南东、西两路转运使。这就等于在舒贲之上，另设一个总管两广的转运使，明示了朝廷对舒贲的不满。舒贲应该感到了压力。

宋真宗担心"南平王"势力过大，又责成距离两广较近的荆湖南路（治所在今湖南长沙）、荆湖北路（治所在今湖北荆州），先期驻屯中央禁军；并令附近几个州郡的厢兵开赴桂州参加训练演习，备战，史称"阅习行阵"。但这几部讨伐军都不得自行行动，一律等总司令曹利用到达桂州后，"合势攻讨"。

平叛部署后，真宗对大臣王旦说了一番话：

"司天屡上占候，言当有兵。方忧远地牧守不得其人，今此贼果作。廷议择官，且言利用精于方略，悉心王事；煦多历边任，尤熟用兵；从古颇知岭外山川险阨；继能勇敢可任。然朕料此贼不出三策：若保其家属，据城距守，一也；略城中货以趋山林，二也。用此二策，皆不足虑。若选募骁果，立谋主，直趋广州，此贼之上策也。然其知识必不及此，但虑为人诱教耳。"

司天监多次上奏占候的结果，说应当有战事发生。朕正在忧虑远方州郡的地方官管理不当，现在陈进这一伙贼人果然开始闹事。朝廷议论，选择讨伐的官员，说曹利用精于征讨方略，对朝廷很忠心尽力；张煦多次在边疆为官，尤其熟悉用兵；张从古很知道岭外两广地区的地理形势；张继能则很是勇毅，足可任用。此一番战事，朕预料叛军行动不出如下三策：保护他们的家属，就在宜州据城固守，是其一；搜掠城中财货，奔赴山林，是其二。如用这二策，朝廷都不用担忧。拣选、招募骁勇、果敢之士，再拥出一位军师，由广西带兵直趋广东，才是叛军的上策。但估计他们的知识还不足以有此见地，朕只是忧虑他们被人诱使、点拨啊！

真宗这一番话，透露的历史信息相当密集，展开分析可以作一篇大文章。要而言之，如下几点值得注意——

司天监在宋代与历代相似，都有介入当代史，讨论政治得失与吉凶的职责。故宋代司天监在神宗之后，改称太史局。

天文观测的目的是探讨宇宙秩序。在宋代，将宇宙秩序与天下秩序相比附，是汉代"天人感应"哲学的延续。历史来看，这种哲学具有警示的功能。

国之大事在"祀与戎"，祭祀敬天与攻防战争，对古代国家而言，都是大事（即使对现代国家而言，也非小事）。战争一起，或者"乾纲独断"，皇上一人说了算，或者"朝臣廷议"，由诸臣讨论作出安排。平叛两广战事，真宗朝采用了后者"廷议"的方式。宋真宗做大事，善于集思广益。

宋真宗不仅对大宋官员之德能有知人之明，对叛军首领之德能也有出色判断，当得一个"智"字。

宋真宗在此役中，不担心陈进、不担心卢成均，最为担心的是：叛军出现一位富有战略眼光的"谋主"。传统中国，地方上够得上规模和规格的变乱，一般有四个条件：

> 局部政治环境治理的恶化；
>
> 富有"人格魅力"，起而倡导叛乱的首领出现；
>
> 辅佐首领"组织"叛乱队伍、制定战略方向的谋主；
>
> 足以支持叛乱，离开土地或被裹胁离开土地的流民。

"陈进之乱"中，三个条件都具备了，只差一个像样的"谋主"。

宋真宗这个推演，是从大格局中看清了平叛中可能的要害所在。

为此，朝廷依据原有的各地驿站，特意增置一条自京师至宜州的快速通道：马递铺。马递铺与驿站的区别在于，马递铺既可以承担民间"邮传"功能，也可以供官方继续使用，相当于官民两用的公路节点、服务区。官方使用邮递，需要马匹，而马匹是战略物资，所以一些失去战斗力的马匹，往往都被拨到马递铺使用。当时公路之间，二十里或三十里即有"歇马亭"，六十里左右即有"馆"；水行则有"水驿"。但官方通邮，需要带有公文通行证，史称"驿券"，俗称"走马头子"，一般军事邮件要由枢密院签发。另有"急脚马递铺"，应该备有好一些的马匹。邮传文件多属机密，因此要当官实封，不写题目事件名称，只按照官方文书的序列排出字号和签发日期，用印后，以蜡固定保护，随后将文件装入皮筒或竹筒、纸筒。各个递铺都要签收，签收方式也有不同。一般由铺兵随身携带上铺签收文件，到下铺时批注接收时间。

真宗还派出了内侍周文质为广州驻泊都监，也即广南东路的钦差。周文质行前，真宗对他说：

"番禺宝货所聚，民庶久安。万一贼沿流东下，则其患深矣。尔亟往，与本州岛官吏密设备御，缓急寇至，即集近州兵马巡检使臣，控要路以扞之。"

广南一代财赋积累很多，当地人民长久居于安乐之中。万一陈进等叛军沿西江东下，有了财政支持，那两广的祸患可就太大了！你赶紧到广州去，迅速与本州地区官员秘密地预作安排，万一叛军由广西进入广东，你们就召集附近州郡负责治安的兵马巡检，在各

93

个要害地点设防，抵御叛军。

真宗允许周文质"便宜从事"，军情紧急时，可以不必上报，独立解决。

为了确保战役胜利，真宗还安排了潭州（今属湖南长沙）、桂州（今属广西）的驻泊都监。因为宜州用兵，这两个州郡都属于湖、广要地。与此同时，更下诏，要求久居广南两路的幕职和诸州、各县的官员，军校及发配、流放的待罪之人，都要接受曹利用等朝廷派出讨伐官员的"延问"，以此获取地方信息，寻求利便之方。如果有人能提供可以采用的意见，要尽快报到朝廷。到当时的两广岭南之地，接近罪犯，听取"利便"，等于给了他们立功的机会，这做法罕见。一方面体现了对罪犯的尊重，一方面也有防范罪犯因缘际会而附逆叛乱的可能。

诏书并告知曹利用和两广官员，将士必须整肃纪律，无得"妄伤平民、焚荡闾舍、蹂践田亩"。所有立功者，由所在地方，以"官物"而不是"民财"赏赐。诸州县官属，如果叛军到达所在地，能够规划战事，不逃逸，战而胜之者，由朝廷厚加酬赏。

天气炎热，南征不易。诏书特意说明：各随军将校，可以每日颁赏肴酒，而且要足够"丰饫"。真宗一朝的将士出征，考虑到恩格尔系数，饮食待遇优厚得可能不次于现代美国大兵。

真宗，此一役，防微杜渐，算无遗策。

战争，抛开天时、地利，具体的技术操作，以及与异族的协作及地缘政治不谈，很大程度上是双方主导者生命格局的竞争。美国南北战争，不仅是北方军统帅尤里西斯·格兰特与南方军统帅罗伯特·李的竞争，也是北方领导者林肯与南方领导者戴维斯的竞争。就像戴维斯遭遇林肯，没有胜算一样，陈进、卢成均之流，遭遇真宗赵恒，也是没有胜算的。

叛军奔袭包围象州

愿意"敛天地之杀气"而"召天地之和气"的真宗，像对待刘旰、王均一样，还是愿意为叛军网开一面。

在曹利用大军到达广西之前，真宗还派出了内侍带着诏书，飞马驰驿赶往宜州，劝降陈进、卢成均，告诉他们如能回归朝廷，当由地方长吏"倍加安抚"；如果违抗朝廷旨意，那时即派遣曹利用大兵征讨"进兵擒戮"。

陈进似乎没有接受，或没有来得及接受这份诏书，于是战事不可避免。

广南西路转运使舒贲向朝廷发来战报、战况说——

当月陈进、卢成均率众来攻取宜州旁的柳城县，有官军韩明、许贵、郝惟和等率领所部千余人抵御，结果韩明、许贵战死，郝惟和勉强逃生。战事结束后，卢成均却使人捧着宜州大印来见舒贲，说是要请求赦免罪行，接受招安。但舒贲认为这是假的，是诈降，根本不相信。更没有想到的是，当晚，叛军再一次来到柳城，最终官军不敌，柳城失陷。官军退保象州（今属广西来宾），期望朝廷赶紧发兵讨伐。

真宗得报，回复诏书说：

"此诚诈也。能解甲归降，尽赦其罪，仍加转补。"

卢成均求赦罪，固然可能是诈，但他们如果能够卸甲归降，还是要全部赦免他们的叛逆罪，给他们转官、补官的机会。

可以看出，真宗认为卢成均并不一定有诈，即使有诈，也还是要耐心等待，如果日后真的投诚，也还是要网开一面，甚至给他们做官的机会。政治家对叛逆者仁慈到这个地步，古今中外罕见。

随后，真宗在大军等待期间，派遣使者队伍到前线，赐给曹利用等将士衣服，这举动等于后世的战争间隙的慰问。

一个月后，真宗没有等来叛军"归降"的消息，这才下令曹利用会合诸路大军，向宜州出征。

叛军闻讯，开始从宜州向西北方向四十里许的怀远军发起攻击。此时新任知怀远军任吉，已经以朝廷阁门祗候、殿直的身份到任；附近诸州巡检张守荣与任吉互相支持，在险境中组织了有效城防，固守待援。叛军屡攻不下，史称"贼退而复集者累日"，多次退回又多次围集了很多天。显然，叛军希望拿下怀远军，与宜州形成所谓"掎角之势"，相互声援。

几个回合后，张守荣等人在守城中看到了叛军的半斤八两和小九九，认为他们虽然攻克了柳城，但也不是不可战胜的强寇。于是等到叛军再次来到城下时，张守荣带着早有准备的官军，开门迎击。叛军没有防备，没有预料到官军会出城死磕，大败。张守荣缴获了叛军不少器甲。

怀远军附近有一小城天河寨，驻兵很少。叛军城下失利，又转趋天河寨，试图攻取小城，提振军心。但知怀远军任吉闻讯后，整肃部队，亲自率众出击，天河寨内官军也遥相呼应，两下夹击，叛军再次被击败。

两次战役后，叛军开始有人向官军投降。

叛军首领担心军心动摇，人心溃散，于是，做出了一个大胆、沉毅而又智慧的决定：抛弃宜州，趋赴柳州、象州，固守梧州等地，而后，进袭广州。

但在实施这一"战略"部署时，叛军又做出了一个邪僻、愚蠢而又罪恶的决定：史称"沉家属之悼耄者五百人于江"，因为担心成为累赘，叛军在转移时，溺死叛军家属儿童和老人五百人。

"悼耄"，悼，指七岁孩童；耄，指九十岁老人。

随后，叛军来到了柳州，但看到大江横隔，对岸如果狙击，很难渡过。正犹豫间，柳州知州王昱看到叛军的旗帜，吓得不敢固守，竟然弃城逃遁。叛军不费吹灰之力，居然大摇大摆地渡江，玩笑般地得到了这座城池。此前两役的损失，在柳州城里得到了补充。

被拥戴的"南平王"卢成均心里有数：虽然有此一胜，但叛军面对正在强大起来的大宋王朝，必不能成气候！于是，卢成均带着自己家属，夜半逃出柳州城，准备渡过柳江，回到宜州，向官军投降。但他的眷属不少，财富又多，看到舟船太小，犹豫中，没有登船，又返回了柳州城里。

广南西路转运使舒贲将上述战况写成简报，由马递铺急送真宗。

真宗闻听柳州太守王昱，在有柳江天险的有利条件下，居然还是不战而逃，认为这是怯懦行为，更属于"所任非才"，所任命的这位地方官不是管理人才。至于卢成均再次请降，叛军这类动态，可能很容易令官军萌生轻敌情绪。当叛军遇到官军后，一旦奔逃进入山林，实现真宗当初判断陈进、卢成均的第二策，那时也会为平叛带来困难。所以，真宗认为，叛军逃遁，当然需要追逐，但"不可便无节制"。因为毕竟是北军打南军，而北军对南方地形地物并不熟悉，"不测山川险易，地理远近，苟师人劳顿，则事益可虑也"。不熟悉当地山川的险要平易，不知道地方各处的远近，万一大兵行军劳顿，那事情就更要忧虑了。所以，真宗主张：大军远行，要恪守万全之策。现在的万全之策就是：叛军已经走投无路，尽量推演有利形势，让叛军"自溃"。

真宗将这些想法写成手诏，让使者递送给曹利用等人。

一个利好的消息是：几月前真宗派往广州的驻泊都监周文质，正在增筑城垒，缮修器甲，并召集东西海巡检战棹、渔船，在珠江上游扼守峡口，严密防备"南平王"东进。而"南平王"听说周文质有防备后，也放弃了袭取广州的念头。这样，真宗最担心的叛军优势就消弭于无形之中。

叛军的主力这时只有几千人，于是集中几个占据点的兵力，看住后方几个小城，开始攻取象州。

象州在广西中部，境内有柳江、运江、水晶河等可航水路，其中柳江可南下、东向，威胁梧州、广州。陆路也有多条可通往广西各处。此地物产也颇丰富，足以养活几千军马。叛军如果攻克象州，还是能够有机会在喘息中翻盘的。

曹利用和舒贲都决计要保象州。

他们采取了积极防御措施，派出了内侍于德润带领精兵千人，从小路迎击叛军。叛军屡败，已经夺气，与官军略一接触，即退回柳州等附近小城，一段时间不敢再出。

消息报给真宗，真宗对左右说：

"这些叛贼不能离开自己的巢穴，简直就是自我放弃！"

真宗言下之意，认为"南平王"叛乱事，已不足为虑，因为这格局，正是当初判断的叛军行动之下下策。

朝中大臣在分析叛军前途时，看法大致相近，同意真宗意见。

王旦认为："叛军如果离开据点，没有人心支持，几乎没有一粒粮食可以供给他们。"因此叛军除了待在据点，无处可去。

冯拯认为："有人猜测，叛军可能有趋向交趾的意图，但那是不可能的——叛军去了也是死路。因为交趾的兵甲远远胜过叛军。现在叛军就在柳州附近，很好，正好可以集中主力打击叛军主力。万一王师到了，他们剽掠其他州郡，不再固守一地，那就麻烦，就要考虑持久打算了。"

王旦认为这一伙子"凶党"肯定不能长久，不可能再去剽掠其他州郡，现在固守几个州郡，不过是在苟延残喘而已。

真宗愿意在叛军的最后时刻，继续给予他们机会，又派出使者去"诏谕"叛军，放下武器，归顺朝廷。

大约过去了一个多月，叛军除了三三两两的投诚者之外，陈进、卢成均等还在恐惧中恪守军团危难时刻的特殊控制力，叛卒一时没有集体溃散的动静。

已经到了深秋九月。真宗得到消息，就对辅臣们说：

"宜州贼闻官军至桂州（此处桂州泛指广西），势颇穷蹙。可令曹利用等分兵追捕，以便宜从事。"宜州的叛军听说官军到了广西，已经走投无路。现在可以命令曹利用等分兵追捕，并可以便宜从事。

真宗并为此降下"敕榜"四十张，要曹利用等张贴在叛军出没的要隘、路口，并派人直接送往叛军阵营。

所谓"敕榜"，也即皇帝发出的招安榜文。榜文需要公开，要尽可能地传播开来。榜文内容就是寄希望于最后，要叛军洗心革面、痛改前非、归顺大宋帝国，不要做割据岭南的梦想，以此争取"免于屠戮"。

"敕榜"最后影响了卢成均，但没有影响陈进。陈进还是担心不可测的后果，因此最后一次出城，奔袭并包围了象州。按陈进"战略"部署，如果攻克象州，就可以与柳州形成"掎角之势"，或可侥幸于一时；如果再能拖到官军疲惫，退师，那时再做打算似乎也还不迟。所以象州，势在必取。

但象州，对官军而言，也势在必保。曹利用闻听叛军围象州后，不久即派出大军前来救援。

很快，官军与叛军在柳州属下的武仙县附近一个小镇相遇了。

"南平王"卢成均投诚

叛军发现官军后，卢成均没有动，陈进独自率领一群装备奇特的队伍来迎击，颇有一点雄赳赳的模样。

曹利用见叛军一个个身穿顺水甲胄，手执巨大盾牌，即令麾下指挥骑兵分左右两路纵击。

骑兵们前锋与叛军远远相遇后，即开始发箭射击，但飞矢在叛军身边纷纷掉落，箭射不入。那所谓"顺水甲胄"设计巧妙，箭镞射中后，即迅速滑落。官军一时也没有准备强弩，所以远距离武器失效。曹利用前锋见状，即组织起第一轮冲锋，准备近距离格杀。但两军相遇后，长槊、大戟被叛军的大盾牌挡住，枪戳不进。

前锋回马，向曹利用汇报战况。

曹利用与将士们研究后，当即从军中调拨大砍刀、开山斧，交于军中身强力壮的甲士，组织起一支特殊队伍，与叛军的顺水甲、大盾牌搏斗。很多盾牌被一劈两半，但叛军虽然心慌，却在陈进的有效指挥下，拼命死战，不退。

两军于是在开阔地之间有了进进退退的对峙。

曹利用麾下的一位内侍使史崇贵见两军胶着，厮杀得难解难分，发现近处有一座孤零零凸起的高丘，他灵机一动，就快步登了上去，大声呼喊道：

"贼走矣，急杀之！"

叛贼逃跑啦，快快追杀啊！

这一声呼喊堪称瓦解敌心、鼓舞我心的经典。呼喊中，只说"敌人逃跑"，不说"我军来援"，这就给不明真相的敌我推演了一种虚假的真实：敌人正在开始逃跑。如此，敌人恐慌，就要争先逃命；我军振奋，更想追杀立功。于是，宽大正面几千米的战场，在高丘附近这个局部战场，发生了形势变化——听到史崇贵呼喊的敌军，一时心惊，有人就开始逃跑，这就像传染病一样，迅速扩大开来，影响到更大范围；而官军局部也发现了敌方的动摇，开始奋力追杀。战场有了形势变化。史称"贼心动，众遂溃"，叛军士气被夺，敌众开始溃败。

曹利用的大军一直将敌人追击到象州城下。

陈进躲进营寨固守，稍事休息后，还有人在寨中登上瞭望塔，俯瞰象州城。官军发现，他们似乎还想继续攻取象州，作垂死一搏。

这时，"南平王"卢成均得到一个机会。

他应该在叛军营寨中，设计出了一块安全地带，避开了陈进。而后，官军看到敌垒一侧打出了白色的降幡，手持"敕榜"的"南平王"卢成均，向官军大营走来，他的身后，跟着卢氏的族人老少。

曹利用接纳了卢成均。随后，趁着敌营混乱，不失时机，就向着卢成均投诚的营垒一侧，展开攻击。此地已经无人守卫。很快，敌营破，擒杀了陈进等"贼帅"六十余人，获得器甲、战马甚众。

叛军作鸟兽散。

官军进入象州，四方发文安抚地方；且分兵追捕余寇；同时派出于德润飞马驰奏朝廷，让真宗宽心。

真宗得报，很高兴，下诏褒奖有功将士，广南西路转运使舒贲虽然有功，但因为没有察觉原来的知宜州刘永规有"虐政"，被御史台弹劾，最后在宜州任上被罢免。卢成均的后来，则史无明文，各种记录，单说"斩陈进"，不说"斩卢成均"。这位被胁迫称王、手持"敕榜"的叛乱者和归降者，应该平安。

我判断卢成均没有被"正法"处理，缘于对真宗"敛天地之杀气"，

"召天地之和气"管理哲学的理解；也缘于真宗对平定"陈进之乱"多次下诏以"招安"为主、进剿为辅的敕令。后来，在大中祥符年间发生的另一场叛乱处理结果，也为我这个推演做了实例证据——

那时，泸州有"蛮夷"作乱，杀害了地方上一位相当于公安局局长的巡检，真宗派出一位朝官名叫侍其旭去平叛。侍其旭用漂亮的衣服和绸缎作为诱饵，诱降了"蛮夷"的首领和部下。随后，打算按照叛乱罪诛杀这些人。有人向真宗汇报此事，真宗当即下诏，晓谕侍其旭等：

"有来招安者勿杀。如敢抗拒，即进兵讨伐。"

真宗的诚信，有其一贯性。他比太祖、太宗还要仁慈。所以，我宁愿相信：卢成均没有死。

贰

打仗！打仗！

　　到了初冬季节，有情报告知：契丹将过去抓俘的宋卒若干人捆绑在木柱上，向他们射箭。宋卒被射死后，身上插满了箭镞。这在契丹名为"射鬼箭"，是出征前的一种仪式。又有消息告知：契丹国主耶律隆绪已经到达了幽州，并以他的兄弟耶律隆庆为先锋，率师"南伐"。

　　这一情报意味着：契丹不宣而战，"五年战争"开始了。

契丹不宣而战

真宗时代，是契丹率先挑起了"五年战争"。

契丹的借口就是收复瀛州（今河北河间）、莫州（今河北任丘）"故地"。

而真宗在战争发生之前，正在开始谋划和平。

咸平二年（999）的夏天，大宋第一名将曹彬病重，真宗带上了万两白银，到曹府去看望他。

曹彬此时正做着枢密使，是国家国防大臣，当真宗问他"后事"时，曹彬回答说："臣无事可言。臣子璨、玮，材器皆堪任将帅。"臣没有私事要求。但臣的两个儿子曹璨、曹玮，他们都属于军事人才，可以担任将帅职责。

真宗相信这位大宋的功臣。就问他曹璨、曹玮比较，谁优谁劣？曹彬回答说："曹璨不如曹玮。"

知子莫如父。以后的战事证明了曹彬判断的正确。

此时，河北雄州前线司令官何承矩已经有情报，说契丹有"谋入边"，谋划侵入边界的动作。真宗就来问曹彬，该如何应对。

曹彬给出了一个战略意见，他说：

"太祖英武定天下，犹委孙全兴经营和好。陛下初登极时，承矩常发书道意，臣料北鄙终复成和好。"

孙全兴，是太祖赵匡胤时代的雄州太守。那时节，他得到了契丹边帅的"主和"信件，向太祖汇报，太祖命他以个人名义答对。后来，契丹派使者"交聘"，主动与大宋和好。何承矩为三朝边帅。到了真宗时代，也多次有书信表明契丹"非战"的意图。曹彬更从昔日"北伐"失利的教训中知道：契丹，是一个不可能消灭的劲敌；而契丹也无法颠覆大宋。如此，战略上的平衡就只有一条路：和好停战。所以，他向真宗表示：

"臣预料：北边的这个草原民族，最终会与我们大宋恢复太祖时代的和好。"

曹彬有洞识。对大宋与契丹未来的前瞻性思考具有政治家的现实主义品格，不简单。但真宗更不简单，他回应曹彬，举重若轻，说出了一番闪耀着圣贤精神的政治家意见：

此事朕当屈节为天下苍生，然须执纪纲，存大体，即久远之利也。

这件事朕会为了天下苍生而自我委屈，可以与契丹和好；但必须恪守衣冠文明之纲领法度，坚持大宋社稷之义理尊严，求得国家长远的根本利益。

《诗经》有名句："吁谟定命，远猷辰告"，国家的大政方针、长远国策，须按时公告天下。真宗此言，可以当得此义。用魏晋人的话语评论此境，真宗很有"雅人深致"。真宗之"雅"，是圣贤之"雅"；真宗之"深"，是圣贤之深。"执纪纲，存大体"，是对帝国文明、中原本体之政治伦理的深切肯认与自信。一场超级政治游戏，如此博弈，才有了规则性质的竞争——各自规则不同，在力量、智慧与耐心的较量中，互相趋近，守住底线，即为赢家；博弈中，双方皆守住底线，就是互赢。未来的"澶渊之盟"就是最终结果互赢的一场军政大游戏。在这场游戏中，真宗赵恒始终没有放弃他的底线规则：执纪纲，存大体。

曹彬在农历六月的夏夜病逝。

陕北宁夏方向的西夏开始频繁入侵。

到了七月，秋季来临，契丹有了动作。

大宋开始两面应敌。

西夏在灵武（今属宁夏银川）附近飘忽来往，宋廷有了"守卫灵武"和"放弃灵武"的争论。

争论中，真宗拿不定主意；但契丹这边正在危及国家安全，于是真宗安排了西夏的攻防任命后，重点还是放在了契丹方向。他任命马步军都虞候傅潜为河北前线镇州（今属河北正定）、定州（今属河北保定）和高阳关（今河北高阳东）行营都部署，即关南前线总司令，又派出了一位刺史张昭允为前线都钤辖。钤辖，是行营军中负责屯戌、警捕、营防、守御的武官，略相当于分管行政与安全的副总司令，但也可以带兵攻防。

现在看，派傅潜为前敌总司令，用人不当。

大敌在前，真宗似乎并不忧惧紧张，他还好整以暇，召来学士讲《尚书》，并设置"翰林侍读学士""翰林侍讲学士"。当初，太宗赵炅时代，就有"翰林侍读"，但没有给予较高职官，真宗命为"学士"，在宫禁中设"秘阁"，学士们轮番值班，讲读或顾问，每天都给"珍膳"。真宗读书，有不明白的地方，就召来咨询、访问，有时会到夜半。如此，"学士"就成为一种荣誉性质的职务职衔，还有俸禄。读圣贤书的学士们，待遇超过了太宗时代。

真宗还接受朝官意见，给外任官员"职田"。

职田，是大宋一项特殊的官员俸禄制度。简单说，就是官员在外省任职期间，可以拥有部分私田，离官，私田即归国有，分配给下一任官员。这部分私田，有些原本就是官方的土地，也有一些是多年无主的荒地。经营这部分土地，收入归自己，国家免赋税。这种职田制度，很大程度上改善了地方官的日常生活。但职田有多有少，有丰有薄，所以地方官就有"肥""瘠"的差异。一般来说，谁都愿意到一个"肥"地去，但官员们似乎大多境界不低，很少挑肥拣瘦（制度也不允许），也很少有人为"职田"优劣而庆幸或牢骚。更有圣贤官员，不取职田收入，或列为官方经费。这类美谈不少。

大宋官员，确较少有铜臭味。

到了初冬季节，有情报告知：契丹将过去抓俘的宋卒若干人捆绑在木柱上，向他们射箭。宋卒被射死后，身上插满了箭镞。这在契丹名为"射鬼箭"，是出征前的一种仪式。又有消息告知：契丹国主耶律隆绪已经到达了幽州，并以他的兄弟耶律隆庆为先锋，率师"南伐"。

这一情报意味着：契丹不宣而战，"五年战争"开始了。谋划和平的宋真宗，没有阻挡住战争的开始。

杨延朗冰水浇城

第一阶段的战役可以命名为"契丹夺取关南之战"，简称"关南之战"。

大宋朝官王继英认为情况紧急，向真宗提出建议：北巡，即御驾亲征。王继英时任枢密都承旨，这是枢密院的行政官员，负责院内官吏考核之事，也随时侍立皇帝身边，有临机陈奏的权力。

远在山西忻州的太守、文人柳开，也在契丹动作之前，判断敌人将会大举入侵，也飞书朝廷，要求御驾亲征。

真宗接受了他们的意见，并派人乘驿站车马传旨到关南，安排行宫，准备亲征事宜，并顺便宣慰将士。

此时，宋人得到一个消息：契丹北院枢密使、时任魏王的草原名将耶律斜轸，在南下途中病故。耶律斜轸威名仅次于耶律休哥。此时耶律休哥已经亡故，耶律斜轸素有"草原军神"的声望，他的死，对萧太后和契丹国主来说，都是极大损失。此人还是另一位"草原军神"萧挞凛的上级，他一死，萧挞凛的权威更凸显出来。契丹的军威"主心骨"，由耶律休哥转到耶律斜轸，再转到萧挞凛，代不乏人，对大宋，始终是一种威胁和压力。

契丹在萧太后的直接指挥下，大有"不屈不挠"的劲头，无论如何失利，都不管不顾，继续战斗，往互回还，或南或北，纵横在大宋边境州郡。不仅"不屈不挠"，似乎还"愈战愈勇"，不仅"愈战愈勇"，还屡屡做"惊险蛙跳"。第一个回合，契丹就越过了大宋边境要塞遂城（今属河北徐水），"蛙跳"至南部保州（今属河北保定）。

驻守保州的大宋武官似有轻敌倾向。关南总司令傅潜曾安排先锋官田绍斌、石普去戍守保州。石普很想争功，就避开田绍斌，与保州知州杨嗣秘密商定：主动出兵攻击契丹。这么大动静，田绍斌不可能不知道。等二人出师后，至夜半未回，田绍斌就判断：这两人遇到麻烦了。于是，率领本部出城驰援。

果然，石普、杨嗣在一个叫廉良河的地方，已经被契丹包围，军士伤亡不少，余众正在苦斗。田绍斌来到后，宋师势力合为一处，契丹不知底细，听到夜半呐喊之声，瞬间夺气，溃散中，被宋师斩首二千余级，缴获战马五百匹。

"保州之战"后，契丹大军居然又置保州于不顾，拐弯北上至遂城，试图攻克这个边境要塞后，小作休整。

大名鼎鼎的杨延朗，也即杨老令公之子，恰在此地。

他任缘边都巡检使，也即边境治安巡逻部队总司令。

遂城不大，土墙不固，没有预料到契丹忽然来到，城中有了恐慌。杨延朗临阵不慌，迅即组织起城中所有丁壮，上城守卫。

当时正赶上滴水成冰的季节，杨延朗就命人夜半汲取井水，从城里向外墙浇注。等到天亮后，外墙一片晶亮，城下一片冰坨，冰坚城滑，这样的一座"水晶城"，是无法攻克的。萧太后看到后，也是大吃一惊，以为此事似有神仙助阵，史称"辽师解去"，契丹大军解围而去。《三国演义》谓一隐士献计，帮助曹操在朔风条件下，垒土浇水，层层而起，结为冰土城，抵御西凉马超，很可能就源于杨延朗冰水浇城的故实。

杨延朗还组织了追击，获得契丹遗弃的盔甲器仗不少。

遂城、保州西南约二百里的定州老城也有了警讯——契丹一支正在向此地运动。关南总司令傅潜的总部就设在这里。显然，契丹试图捣毁大宋前线指挥中枢，一旦攻克，继续南下就没有了后顾之忧。

真宗得到消息，就令朝官南作坊使李继宣领兵三千奔袭、救援。

李继宣的到来，令"关南之战"顿增亮色。

他到达定州南部一条河流时，发现契丹已经将桥梁毁坏，试图以此阻滞宋师援军。但李继宣不是凡人，他当即组织工兵架桥，顺利渡河。此时，契丹已经准备攻城。宋师迅即发起敌后攻击。三千猛士一战克敌，契丹北遁。宋师追杀五十里，直到常山。这是一条东北－西南走向的山岭，再往北就是契丹辖境。常山下的唐河有两座桥，契丹过河后，临水扎营。但听到李继宣到来后，吓得将两座桥梁焚烧后，"拔寨遁去"，收拾营寨逃跑了。李继宣继续架桥，先头小分队过河后反身接住主力，做出了随时追击作战的姿态。

这时候，李继宣得到关南总司令傅潜的命令：停止追击。

史称李继宣"锐于击敌"，乃是一员悍将，当年太宗时代，雍熙北伐，大宋第一名将曹彬被契丹"战神"耶律休哥追击，几十万大军溃散，李继宣独独带领本部，在已经溃散的宋师之中组织起来，逆向迎击来犯之敌，居然将锐气正盛的草原铁骑击退，还追出百余里，成为掩护曹彬大军败退的功臣。这位被我誉为"敦刻尔克大撤退的安德鲁上尉"的李继宣将军（参见本书系第二部《载入史册的驴车》)，在关南之地，要受关南司令傅潜"节制"。他多次面见傅潜，要求领兵袭击契丹，都被傅潜抑制住，不令前行。

历史上的李继宣没有在大战中建立不世功勋，与傅潜的"节制"有关。

任命傅潜为关南总司令，确是真宗布局的一大失误。

大帅傅潜的离谱行动

说话间到了这年的冬天十二月。真宗祭天祭地，大宴从臣后，开始亲征，先锋官乃是大将王超。真宗还给王超看了"阵图"，要他知道本部与大军所在位置。不久，大军离开京师到达河北南端的大名府。此时，真宗一身戎装，坐镇中军，枢密使王显、枢密副使宋湜押后阵。中央禁军连绵数十里，声威甚壮。

此际，西夏在陕北捣乱，而四川也在发生规模达十余万人的王均兵变。契丹则在几次失利后，转战于关南各地，在一个叫狼山镇的地方，攻克了宋军的一处军事要塞。大名府行在收到了这些不利消息，但真宗很镇定。

狼山镇一战，契丹一位不被人看好的将军耶律铎轸为草原民族政权立了功。

此人生性疏狂、简易，不拘小节，所在草原各帐不被人器重。萧太后令他统领羸弱士卒跟着大军南行。狼山镇战中，他取来一抹红布裹在头上，特意标显自我。将军掠阵，目标突出，是军中一忌，刀枪剑戟都会冲着显眼目标来，但他偏偏不怕。这位从未有过尊严的草原骑将，在马上挥舞弯刀，驰突而入，驰突而出，他的麾下也跟着将军进进出出，如暴风骤雨，史称"格杀甚众"。宋师吃了亏。萧太后阵后看得清楚，大喜。战后召他说："卿勠力如此，何患不济！"爱卿如此尽力，还有什么做不到的！厚厚地赏赐了他。

草原铁骑的第一场胜仗虽然规模不大，却令萧太后和耶律隆绪大受鼓舞，但宋师前线司令傅潜，则出现了令人疑窦丛生的举动。

大敌当前，傅潜在元帅的位置上，却看不到元帅样子。他的辖区拥有八万宋师，堪称兵多将广，这在当时可能是大宋最雄壮的一支队伍。他这一生，最有名的事迹就是"拥兵自重，坚守不战"。

史上记载，说河北转运使裴庄最早看到傅潜"无将略"，认为将他安排在关南总司令的位置上，"恐失机会"。于是多次"条奏"，掰开了揉碎了分析傅潜这个人，给真宗皇帝听，要他收回成命，改派他人守御关南。

这个意见似并没有被真宗接受。当时的枢密使王显与傅潜有私交，于是力保傅潜。这样，裴庄等人所上奏章往往到枢密院，就被王显按住不报，所以真宗一时没有听到反对意见，依旧任命了傅潜。大宋与契丹在真宗朝的第一场战役，出现局部失利，这个人员安排就成为直接的原因。傅潜，甚至是个隐患。

傅潜的司令部在定州，定州北部的几个边塞，多次飞书告急，拥有八万大宋精兵的傅总司令，却只管将定州城门关得紧紧的，不发救兵。麾下将军们只要慷慨请战，傅潜就"丑言詈之"，用羞辱的语言骂人。契丹攻破狼山镇之后，随后即引兵在方圆百里的地界开始抄略、抢夺，一些游动的草原骑兵似乎与傅潜有了默契，居然敢于放心大胆地进入河北纵深之处，史称"百姓惊扰"。这一片土地上的农民于是相互间扶老携幼避入城镇，四野看不到大宋乡民，农村，俨然成了契丹控制的区域，乃至朝廷的邮递也几乎不能通达问讯。

真宗了解到这个态势，多次派出使者从小道进入定州（大道不敢走，担心契丹游骑半路劫掠），督促傅潜会合诸路兵马合击契丹。关南大军的都监乃是名将秦翰，定州行营都部署（略相当于关南战时指挥部办公室主任）乃是享有威名的范廷召，二人都看不惯傅潜拥兵不前的做派，曾多次催促出兵，寻机歼敌。傅潜一概不听，反而"丑言"不少。惹得范廷召发火，也开始"丑言"反击顶头上司，他对傅潜说：

"公恇怯乃不如一妪耳！"司令您胆小怯懦还不如一个老娘们儿！

傅潜似乎并不与之计较。

但范廷召不停地督促司令发兵。傅潜想来想去，从八万众中，分出八千骑兵、二千步兵给范廷召，要他从高阳关出兵，迎击来犯之敌。并商议定：只要前锋遇敌，定州这边就出动援军。——但后来的事实证明：傅潜根本就没有打算派出援军。我于是倾向于认为：

115

傅潜这种做法，无异于为渊驱鱼、为丛驱雀。他就是要断送范廷召、断送大宋帝国这一万优秀儿女。

这做法很奇怪。

继裴庄之后，时任工部侍郎、集贤院学士的名臣钱若水，也从前线发来的战报中窥探出了傅潜的危害。正好赶上真宗下诏要百官上章直言边塞之事，钱若水就上了一封奏章，直接弹劾傅司令。

他说：

"傅潜领数万雄师，闭门不出，坐视契丹俘掠生民，上则辜委注之恩（辜负重托信任的朝廷恩典），下则挫锐师之气。军法曰：'临阵不用命（不效力听命）者斩。'今若申明军法，斩潜以徇（将傅潜正法，宣示天下），然后擢取（提拔）如杨延朗、杨嗣者五七人，增其爵秩（加官封爵），分授兵柄，不出半月，可以坐清边塞。然后銮辂还京（真宗大驾可以从大名返回京师汴梁），则天威慑于四海矣。"

钱若水这一番话，应该是挽救后来局部败绩的唯一正确良方。

但真宗不愿意这么做。

时任右司谏的言官梁颢也有类似上言。他说：

"用兵之道，在明赏罚。兵法曰：'罚不行，则譬如骄子，不可用也。'昨者命将出师，乘秋备塞（趁秋天之际在边塞备战），而傅潜奉明诏，握重兵，逗挠无谋（逗留、匍匐，怯懦而没有退敌之谋），迁延玩寇（拖延，视退敌如儿戏），以致边尘昼惊，圣主栉沐（皇上在风雨中梳头洗浴，辛苦奔波），此所谓以贼遗君父者也（让贼寇直接面对君父）。以军法论，合斩潜以徇军中（应该斩傅潜向全

116

军宣示），降诏以示天下。"

裴庄、梁颢、钱若水，都已经看出了傅潜的奇怪，但他们在傅潜投敌尚无行迹时，不愿意"诛心"猜测，只好将他异乎常态的举动归咎于"不用命""无谋"。傅潜为何如此怪异？为何敢于"不用命"？

如果了解"五代史"，了解后唐末年的石敬瑭、后晋末年的杜重威、后周末年的樊爱能（《赵匡胤时间》已经分别写到这几位"规律性出现的人物"），就不会奇怪傅潜的各种离谱行动。

傅潜的"投名状"

我不免强烈怀疑傅潜试图要做石敬瑭第二。

此人心术不正，大有"怀贰"的嫌疑。行笔至此，我无法抑制看透此人心肝肺之后的惊惧。此人万一得逞，大宋危矣。站在历史的后面，看着已经逝去的时光，倒推此人小九九，我有理由认为：傅潜试图以河北八万宋师为赌注，引起契丹注意。如果他与萧太后、耶律隆绪间没有某种难为人知的勾结，没有某种默契，很难获致契丹对他的注意。所以，他的反常举动，主要是做给契丹看的。投敌事大，不可走漏风声。契丹是否有过对傅潜的策反，现在已经不可知，但还是不难透过蛛丝马迹，看到傅潜的"怀贰"心迹。那种认为傅潜不过是"胆小怯懦"的说法，可能不是真判断。说来此人在太宗时代，也颇勇悍，曾有不俗的战绩。

他跟从太宗收复河东时，曾两次中箭而勇毅不减，展现了悍将风格。随后在征幽州时，他先到涿州，与契丹先锋相遇，一战，杀伤甚众，擒获五百余人。第二天，太宗路过他的营寨附近，看到敌人留下的尸体和器仗，知道这一战打得艰苦，就赞叹着嘉奖了他。随后，傅潜得到太宗、真宗的信任，一路被提拔，进入了高级武官行列。

史上认为：傅潜"无将略"，是那种指挥无能的人物。这是连史家都没有觑透复杂人物的"盖棺论定"，不确。

世间万物，人之复杂几乎超越宇宙之结构。这之中最大的变量是人心，而人心的变异往往自己都无法预料，甚至无法察觉。看透一个人物实在不是简单的事，古来圣贤也常常为此而困惑。傅潜，哪里"无将略"！他是在边塞做封疆大吏，了解到契丹的国力、人力；也知道太宗时两次北伐的失利；更知道真宗践祚之际，往日的大将如曹彬等人都已经凋零。很可能，有一个属于他的"天赋之夜"，令他陡然间"雄心勃发"。石敬瑭做得的事，我傅潜如何做不得？

后晋时的杜重威，就曾在河北前线"拥兵自重"，在后晋与契丹胶着的关键，放出坚决请战的几千将士，被契丹聚歼，而他就坐镇河边，不发一兵一卒去救援，以此向契丹做了投名状。

果然，随后与契丹达成"合作协议"，得到了虚幻中的那一袭赭黄袍。虽然他最后没有做成"中原之主"，但那心迹与行迹，已经显露无疑。

后周时的樊爱能，在周世宗指挥的高平之战中，负责指挥右翼，但他未战而逃。按照王夫之先生的推测，他就是要置周世宗柴荣于险地，借契丹和北汉之手，灭了后周，他就可以在乱局中窥伺方向，以求一逞——说不定契丹也能赏他一个中原之主干干。而后周大军之右翼，就是他的投名状。

而傅潜，更向契丹呈上一个个连环般的投名状——

傅潜为何在边烽频频告急时，按兵不动，似乎有意让边塞沦陷？

傅潜为何在边将屡屡督促中，詈骂边将，就是不出兵？

傅潜为何挫抑名将李继宣，不使他立功？

傅潜为何在朝廷发令合兵退敌时，继续抗命？

傅潜为何在不得已情况下，只派出八分之一的兵力给范廷召，要他去独自"退敌"？而且答应好的一旦开战，即发兵救援，最后却一卒不发？

……

显然，这一切都有可能是他献给契丹的秘密心包。所以契丹敢于"蛙跳"，置后方宋师于不顾，多次深入河北内地；所以契丹敢于抄略四野，如入无人之境。如果不是事先有某种勾结的话，契丹很可能已经猜测到了傅潜放弃军人守土保民的职责，其动机何在！

萧太后、耶律隆绪不是凡人。

我行文一向不喜欢"诛心"，不喜欢猜测人的动机，但傅潜你如此做，教我如何不疑心你的"怀贰"？

黄太尉寨战役

与傅潜不同，远在西北的折家军，却在契丹与大宋胶着之际，主动出击，袭取契丹后方，有力地配合了大宋帝国的卫国战争。

所谓"折家军"，事实上乃是大宋册封的异族军政独立体。说它是"独立体"，一个基本判断就是：它的政权世袭。这是一个特殊意义的"藩镇"。唐代以来，黄河上游陕、甘、宁、内蒙古、青海一带，族群关系复杂，矛盾对立严峻，地区态势紧张，大略来说，是汉族、羌族、突厥、契丹、吐蕃等几大族群争夺的战略要地。这一地区，长久影响着中原地区的安定。折氏家族就在这个四战之地横亘于黄河以西，并且越来越强盛。

令中原庆幸的是，折氏家族从大唐帝国时代，就倾心结好中原，并在世袭中，心甘情愿地接受中原册封，因此，这个藩镇，事实上形同中原王朝设置于西北地区的一个省级行政区域。

更令中原欣慰的是，每当中原与其他族群发生战事时，折氏家族总是毫不犹豫地站在中原一边，从未有过漂移。

尤其令中原感动的是，中原与北部、西部异族的历次战事中，折氏家族总是能够在最合适的时机组织起"折家军"来主动而不是被动袭击敌军的后方，策应、配合中原的战争战役。

最令中原钦佩的是，"折家军"在配合中原发起的攻袭中，从来不败。

所以《宋史》称赏折氏家族"独据府州，控扼西北，中国赖之"。

府州，在今天的陕西府谷县，后周时给予了府州节度使的地位。

此地靠近内蒙古，北视草原，南接中原，是"内屏中国，外攘夷狄"的战略要地。

宋太宗赵炅时代，折氏家族的府州观察使、永安军（治所就在府州）节度使折御卿就曾主动出击西夏和契丹。在太宗北伐时，更有著名的"子河汊战役"，一战，击败了契丹名将韩德威，斩杀草原入侵者五千余人，其中包括知名大臣、高级将领二十多人，堪称功勋卓著。

折御卿之后，是他的儿子折惟昌袭任府州知州。

此时，契丹南下河北，傅潜拥兵不前，而折惟昌则会同府州的驻屯军司令宋思恭、钤辖刘文质，带领本部兵马浩浩荡荡开往契丹辖境，在一个叫五合川的地方，攻克了军事要塞黄太尉寨，将此地契丹守军悉数扫灭，焚烧了敌帐一千五百多所，缴获牛马羊一万多只，铠甲、弓箭等上千副。

大宋派驻府州的朝官卫居实向真宗皇帝快马飞报了这一战事。

折惟昌的军事动作如同乃父折御卿一样，看似不过一个不大不小的战役，但属于整体战争的一部分，且由于主动袭扰契丹本土大后方，一下子将战线展开到千里之外，契丹对来自后院的威胁不得不顾，这样，黄太尉寨战役就有了战略意义。

真宗闻报很高兴。他知道此役意义何在，于是重重地赏赐了折惟昌等人。

康保裔身陷敌阵

真宗大驾驻扎到大名府之后，诏令大将高琼等分屯冀州、邢州等地。此举意在巩固河北边防，等于在傅潜之外，另外安排了一道防御阵线。

范廷召为宋方主将的一场大战即将开始。

这一场大战，有关宋史的若干材料，记录中出现了混乱。梳理史料，可以大略得到如下"复盘"结果。

此役与一位名叫康保裔的大宋将军有关。

康保裔此时官职是高阳关都部署，相当于常设机构高阳关边防总司令；傅潜是镇州、定州和高阳关行营都部署，相当于临时机构河北前线战时总司令。"关南之战"中，康保裔应该接受傅潜的调遣，但有相对独立的机动性。所以范廷召在出师前，无法调用傅潜的兵马，但可以邀请康保裔参战。

范廷召与康保裔，似有共同的神功——箭术了得。

范廷召从军四十余年，从后周显德年间以来，就因骑射而知名。他有怪癖，不喜欢听驴叫，凡听到驴叫，必杀驴。还厌恶飞鸟，所到之处，见到禽鸟就射杀之，住宿之地几乎能把禽鸟射杀干净。他射鸟技艺绝伦，有一次出猎，见到天上飞鸟，他运气、发矢，一箭居然串联三只飞鸟落地。史称"观者骇异"。

康保裔为人谨慎、厚重，喜欢结交宾客。他的善骑射更有绝活，射飞鸟走兽几乎没有失手的时候。这倒也罢了，有一次他表演神射，手中先后握住三十支箭，拉满弓依次射出，那结果是"筈镝相连而坠"，箭头、箭尾连缀为一条线般落地。史称"人服其妙"。

康保裔的祖父、父亲都是中原英雄，已经先后战死沙场。太祖赵匡胤时，他曾经参加过著名的石岭关战役，随诸将大破契丹。因为父祖之荫、自身之功，到了真宗朝，他升任为并、代二州的都部署。并州、代州在山西中北部，属于河北之外的另一处北部边防。守边又有功，就被真宗擢升为高阳关都部署。

果然是英雄惜英雄。康保裔得到范廷召助战消息，当即率一万精兵奔赴瀛州。

瀛州在莫州之南百里，高阳关在莫州西南五十里，三地围合在河间府北境，略成一个倒置的锐角三角形，面积略相当于今日北京六环内之区域。但就是这一点点狭小平原，竟屯驻着契丹的主力。三角形的北部，就是大宋的保州、雄州、霸州；西部，是大宋的永宁军（今属河北蠡县）；南部，是大宋的永静军（今属河北东光）；东部，就是大宋重兵所在的沧州。从纯粹军事角度看，契丹从本土"蛙跳"到四边皆有大宋武装守卫、随时都有可能被宋师"包饺子"的纵深险恶之地，如果没有某种难言的"默契"，他敢？

傅潜，在这种有利战机的条件下，不动。

但康保裔则看出了战机，他动。

兵贵在奇。康保裔决计绕出契丹屯驻之三角形地带，到瀛州之南，北上仰攻；他给范廷召回复信息，要他南下夹击；如此可以一战破敌。

但康保裔到达瀛州之南后，范廷召没有到。有一种说法认为范廷召到了瀛州西南，看到契丹之后，偷偷逃遁，我不信此说。理由有三：一、有很多史料并未记录范廷召逃遁事；二、真宗后来惩罚败将，但没有惩罚范廷召；三、范廷召种种事迹表明：他没有那么厬。

但范廷召确实没有在康保裔约定的时间到达，这应有技术性原因：康保裔速度太快了；范廷召收到他的信息太晚了。

所以，当康保裔在瀛州之南扎营时，数倍于康部的契丹大军，已经从三角地带缓缓地，坚定地围了上来。

第二天拂晓，康保裔打开营门，观敌瞭阵，发现一夜之间，他已经被契丹"包了饺子"。麾下见势不妙，就有人建议康保裔换了甲胄突出重围——事实上就是突围逃跑。

康保裔神色严峻，他拒绝了这个建议。

他说："'临难毋苟免'，此吾效死之日矣！"

"临难毋苟免"，是古来圣贤教诲，语出《礼记》。与之相连的还有一句话："临财毋苟得"。这两句话串联起来，意思就是：陡然面临钱财，不要苟且贪取；陡然面临危难，不要苟且偷生。此语看似简单，但践履极难。古来成就圣贤，必先过得"财""命"二字关口。南宋时，金瓯残缺，天下不宁，有人问岳飞"何时太平"？岳飞回答："文臣不爱钱，武臣不惜死，天下太平矣！"着眼处也在"财""命"二字。此二字非对庶民诉求，乃是对圣贤诉求。康保裔身为武将，深通圣贤道理，危难来临之际，"不惜死"。

宋师在康保裔的激励下，也有了赴死的勇气，于是随着主帅大声呼喊"决战！决战！决战！……"在契丹铁骑重重围困中，突入突出几十个回合。他们并不南遁，尽管那里有大宋辽阔的后方，真宗皇帝就在大名府；他们也不北逃，尽管那里有大宋著名的军事要塞，杨嗣、杨延朗就在北境；他们也不东进西退，尽管那里都是大宋重兵防御之地。

此一役，康保裔的战法很像千年以后孟良崮一役的张灵甫。他试图在契丹的合围中，中心开花，由内向外，四面突击；如果宋师足够机动，且心领神会，有能力从契丹之外，以反包围的态势向内攻击，耶律隆绪、萧太后，很可能不过是一盘菜。为了坚持推演这一战略优势，康保裔坚持了一个整天。夜晚扎营，双方息战，到了第二天黎明，继续战斗时，宋师将士们手中的武器已经在反复驰突中失去，史称"兵尽"；他们可以射出的羽箭也已经用光，史称"矢穷"；于是将士们手持劲弩继续格斗，史称"杀伤甚众"。他们在刀光剑影中格杀了两个整天，援军没有来，四围没有动，一万宋师在孤独中阵亡。

康保裔，还有一位将军宋顺，被契丹俘获。

古稀老将范廷召

战役结束时，范廷召从高阳关派出的援军，高阳关副部署李重贵、铃辖张凝，从"三角地带"的北部接应康保裔，但已经错过了战机。契丹借余勇再次包围了他们，李重贵等人与契丹"力战"，侥幸突围而去。

而范廷召也率本部兵马，在瀛州西与契丹死磕。他与契丹相遇后，扎住营盘，结成方阵，分兵御敌。

对手是契丹先锋耶律隆庆。

此人乃是契丹景宗耶律贤的次子、耶律隆绪的二弟。据说此人"生而岐嶷"，出生年幼时就有聪明之相，曾经多次与小儿们游戏，自己会指挥伙伴们排列为阵，居然没有人敢于违背他的命令。景宗耶律贤看了奇怪，对人说："此吾家生马驹也。"现在，这位"生马驹"面对范廷召的万人方阵，有了幼时指挥战阵、克敌取胜的感觉。他环顾左右说道：

"谁敢当者？"

谁敢面对大宋这位老将范廷召呢？

耶律隆庆麾下一员大将名叫萧柳，闻言回道：

"若得骏马，则愿为之先！"

耶律隆庆大喜，当即从军中调出一匹骏马给他。

萧柳试马，似感到坐下战马不俗，于是揽辔对耶律隆庆和诸将说：

"我去掠阵。待到宋师阵脚有了动摇，你们就赶快率军来攻击！"

这一幕，仿佛演义小说中的场景，但《辽史》中确有此场景之记录。

《辽史》还说这萧柳乃是契丹皇族后裔，也确为一代名流。做地方官时，"政济宽猛"，为政或宽或猛，相辅而行，所以部落中的人对他又爱又怕。到了他该升迁移镇时，当地百姓都愿意他继续留下不走。

他还曾跟随契丹大军讨伐高丽，路上遇到大蛇，有人主张避开，萧柳说一句"壮士安惧此",勇壮战士哪有怕这玩意儿的,于是拔剑斩蛇。

有意味的是,此人文采还不错,曾有一部《岁寒集》,收录他写的一千多首诗。他为人滑稽,即使君臣在一起饮宴,他也玩笑话不断,且多有讽喻,无所顾忌。有人将他比喻为"俳优",也即戏子。事实上,他是看到了契丹在强盛中的隐患,试图在逗笑中批评时弊,用心很像大汉强盛时的东方朔。所以他后来病重时对人说:"吾少有致君志,不能直遂,故以谐进,冀万有一补,俳优名何避!"我年轻时就有辅佐君王到尧舜境界的志向,但不能直言,所以用诙谐的办法来申述我的政见,希望能对国事万一有点补救作用,就是得了"俳优"这个名号,我也不会回避。

说他死的时候也颇传奇。他穿上睡觉的衣服,端端正正地坐起来,大叫一声:"吾去矣!"话音一落,众人看时,已经逝去。

与范廷召的一战,是他从军生涯中的巅峰时刻。

话说他骑上耶律隆庆给他的骏马,率领本部,驰突而前。他的速度很快,范廷召没有来得及稳住阵脚,史称宋师"少却",稍稍有了退却。但布阵后,军士乃是一个整体结构,没有天纵英才,很难不被局部"少却"而牵连。结果整个方阵有了动摇。耶律隆庆远远地看到,乘势挥军冲阵,史称"南军遂乱",宋师大阵于是出现混乱。

范廷召组织起来的弓弩手乱箭齐发,其中一枝流矢射中萧柳,但他在战斗中临时包扎了伤口,跳上马继续战斗,宋师大败。

说话间到了咸平二年(999)年底,连续多日,契丹打败了康保裔,又打败了李重贵，这一番又打败了名将范廷召，不免有了傲慢轻敌之气。于是，在冬日凛冽寒风中，南下奔袭几百里，直到德州、棣州（今属山东滨州），过河，抄略了山东的淄州、齐州，很可能还准备继续南下。但是他们听到了真宗御驾亲征，已经到达河北大名的消息，这才不情愿地带着裹胁起来的士民、缴获的器甲、劫掠的财富，开始撤退。辗转几个月，契丹在大宋境内，在傅潜防区，如入无人之境。

真宗到大名府后，得到契丹在山东退兵的消息，马上下令驻守贝州、冀州（今分属河北邢台、衡水）的行营副部署王荣率五千骑"追蹑之"，待契丹北去，就跟踪追击他们的殿后部队。但这位王荣得到命令后，很害怕，连续好几天不敢前行。等到契丹反身渡河北上，这才有了动作，但也不过在大河的南岸做做追击的样子，就慢慢回来了。

契丹北撤的部队带着从山东掠夺来的战利品，晃晃悠悠就回到了瀛州之西。这时候已经是真宗咸平三年正月，公元1000年初。

令契丹没有想到的是，此地再见范廷召。

原来，范廷召败退后，在契丹南下期间得到了休整。这期间，他激励士气，以逸待劳，横在了这支试图溜溜达达北返的草原兵之前。

当契丹缓过神来，试图决战时，他们发现，这是一支"哀兵"——范廷召正在为日前的战败雪耻，正在为阵亡的将士复仇。史有名言："哀兵必胜。"复仇雪耻中，那种惊天动地的呐喊；料峭春寒时，那种散发着血腥与汗臭味道的凶悍，让草原兵们再一次看到了中原将士"不惜死"的风景。而连续十几天的抢劫，也早已让这一支虎虎生风的草原骑兵滋生了惰气。再加上南北奔波的劳碌和疲倦，契丹，已经丧失了战斗力。

于是，瀛州西一战，成为老将范廷召一世辉煌的顶点。他以古稀之年，败将之身，率领不屈不挠的血性儿女，在帝国统治者真宗领导的卫国战争中，一举击溃傲慢的契丹大军，斩杀二万余众；又追击百余里，到莫州不止，再往东追击三十里，一路上再斩首一万余众。并将契丹在河北、山东掳掠而来的"战利品"，包括老幼人口数万人，悉数夺回。此一役，史称"莫州之战"。

莫州之战后，契丹遁去。

真宗得到捷报，特别高兴，所以范廷召还师后，真宗给了他朝廷的最高荣誉：录功加检校太傅。这是三公的位置，从周秦汉唐以来就是极高的尊荣。真宗还为此役专门创作了《喜捷诗》，群臣称贺，一时间成为大宋帝国的年度大事。

可惜的是，老将范廷召于第二年，咸平四年（1001）正月病逝，享年七十五岁。

"关南之战"，由一系列战役组成，包括田绍斌参与的"保州之战"、杨延朗主持的"遂城之战"、李继宣主攻的"定州之战"、康保裔支撑的"瀛州之战"、范廷召组织的"莫州之战"，以及折惟昌策应的"府谷之战"等。宋师胜多负少，契丹先后折损近四万人，宋师先后折损一万多人。

"命帅"的战争部署

契丹为何战争不止？

当初宋太宗攻取北汉之前，警告契丹：你们契丹不来援助北汉则罢了，如果来援，那就一句话——"唯有战耳"！这话让契丹蒙羞。但随后太宗对契丹先后发动的两次战争，都以失败告终；晚年还主动向契丹求和，契丹没有答应。可以说，终太祖一朝，契丹基本保持了与大宋的口头盟好关系；终太宗一朝，契丹则与大宋互为敌国。现在是真宗时代，契丹继续与大宋为敌，多次主动挑起战事，是何居心？难不成他们一定要夺取关南之地？

事实上，整个真宗咸平年间，契丹已经有了寻求和解的动机，不然就不能理解后来的"澶渊之盟"整个链条的流畅。

大宋期待和解。

契丹期待和解。

双方都需要一个高调，也需要一个姿态。

契丹是在攻击中寻求和解的机遇，大宋是在防御中等待机遇。双方都没有试图吃掉对方的野心，知道那力量达不到。

契丹在找机会。

大宋在等机会。

契丹比大宋更需要一个"澶渊之盟"，但他们要做出攻击的姿态，以求在和解中赢得更多有力的筹码。

所以契丹就在一个接一个的战役中，巩固内部的力量，试探外部的诚意。

随后，咸平四年，公元1001年，契丹发动了这一场"长城口之战"。

宋代的野战军主力部队史称"禁军"，隶属于"三衙"，也即殿前司、侍卫亲军马军司、侍卫亲军步军司管理。所谓"三衙"，是从唐、五代藩镇习称而来。"三衙"的首长可分别简称殿帅、马帅、步帅，史称"三帅"。之中的马帅掌管骑兵和马政。历史上中原王朝都很重视马政。冷兵器时代的马政，是军事方向具有重大战略意义的管理制度。大汉继承秦代边郡设"牧马苑"的马政制度，更扩大这类军马场，提高养殖数量，并以制度性规定鼓励民间养马，所以到了汉武帝时，可以动辄十几万战马出塞与匈奴死磕。汉代的战马存量很可能已经超过了匈奴。唐代战马存量也超过突厥，高峰时达到七十万匹以上。汉唐在对北方异族的战斗中，屡屡获胜，原因种种，其中之一是：有质量的马匹保持了足够数量。王夫之在他的著名思想史专著《噩梦》中就提出一个精当意见：

汉唐之所以张者，皆唯畜牧之盛也。

大宋就没有这么幸运。

蒙古马战斗力很强，但在五代时，后晋石敬瑭割让燕云十六州，令中原牧养、获取蒙古马的渠道几乎中断，只有西北一带尚留有可以交易的窗口。延续到了宋代，西北的西夏也开始捣乱，战马进口渠道越趋紧张。此外，也要知道，大宋豢养战马的能力也不如汉唐，这是宋代马政的问题。总之，可以用于战斗的马匹很珍贵，但大宋能得到的战马有限，全国存量数额远远低于汉唐。

但在这一次"长城口之战"中，大宋动员起了近五万骑兵参战。

从这年的七月开始，契丹在边境地区或静或动，反复出没，最后的情报显示：契丹很有可能从威虏军南下。

大宋枢密使王显此时出任河北边防战时总司令。朝廷给他规定的任务是：在近边地区布防，并负责应援北平寨，控制、扼守契丹来犯之路。

北平寨，今属河北顺平县，在威虏军西偏南不足百里；威虏军又称广信军，今属河北徐水，治所在遂城；长城口，在徐水西北。这样，北平寨、威虏军、长城口又构成一个小三角地带。战役中，契丹前锋已经越过这个小三角设置的亭障，向东攻击威虏军。按照宋廷命令规定，王显没有阻挡住契丹进入中原的锋头，属于失职。但根据后来的战事推测，张斌在长城口的退守，很可能是总司令王显的战略安排，也在事实上成为有利于宋师的态势布局：王显很有可能试图在威虏军，而不是长城口，也不是北平寨，吸引契丹主力，寻机决战。

史上记录的"威虏军之战"，以及此前的"长城口之战"，此后的"羊山之战"，线条不清晰。但有几个事实可以看出，与太宗时代比较，宋师作战更为理性、自信、沉着，也能在敌情变化之际，迅速应对，机动性更强。

此役，宋师前线指挥机构组织得当。

战争开始于咸平四年（1001）九月，但在七月时，宋师获悉契丹"射鬼箭"，试图南下后，就做出了"命帅"的战争部署：

山南东道节度使、同平章事王显为镇、定、高阳关三路都总管；

侍卫马步军都虞候、天平军节度使王超为副都总管；

黄州刺史魏能为镇、定、高阳关三路前阵钤辖；

殿前副都指挥使、保静军节度使王汉忠为都排阵使；

殿前都虞候、云州观察使王继忠为都钤辖；

西上阁门使韩崇训为钤辖；

宫苑使、入内都知韩守英为排阵钤辖；

保州团练使杨嗣、莫州团练使杨延朗、西上阁门使李继宣、赵州刺史张凝、入内副都知秦翰等人，并为前锋钤辖；

如京副使高素、内殿崇班岑保正同为押先锋；

冀州团练使石普、六宅副使王德钧同为押策先锋。

王显同时兼任定州都总管，王超兼镇州都总管，王汉忠兼高阳关都总管，韩崇训兼镇州驻泊钤辖，武守英兼高阳关驻泊钤辖。

以上安排完毕后，朝廷又更细致地筹划诸部策应方案，做出如下部署：

侍卫马步军副都指挥使、河西军节度使桑赞为莫州驻泊都总管；供备库使杨永遵、内殿崇班张继勋并为都监。

马步军都军头荆嗣、供备库副使赵彬、步军都军头刘光世并为北平寨驻泊。

宪州刺史、沧州驻泊副总管陈兴兼雄、霸路缘界河海口都巡检使，内殿崇班阁门祗候王汀也兼做都巡检使；供奉官阁门祗候冯若拙、侍禁阁门祗候刘知训并为都监。

霸州防御使李福为镇州副都总管；

祁州团练使刘用为高阳关副都总管；

德州团练使张斌为定州副都总管；

南作坊使、昭州刺史张旻为镇州钤辖；

崇仪使、顺州刺史蔚昭敏，供备库使、带御器械白守素并为定州钤辖；

西京左藏库使刘廷伟，西京作坊使、带御器械石知并为高阳关钤辖。

事后分析，这个组织系统除了个别例外，应该说是部署得当。这是"长城口战役"获胜的"干部保证"。

这一个战时临时指挥机构，极为灵活。

长城口战役

从七月开始，宋廷组织大军在威房军布防，但契丹似乎知晓宋师部署，一个多月的时间没有动。大军从河北内地诸州调往边境地区的威房军，就要粮草转运，动用的人力物力令朝廷心疼。虽然以逸待劳，但未免空耗粮饷，九月初，宋师只留下了三万五千骑兵，其余步兵主力开始后撤，回到镇州、定州屯驻。

宋师主力刚刚撤走，契丹就到了。

于是有长城口之战。

张斌主动反攻契丹，获胜，但后来又主动退守威房军。

契丹又有将近两个月时间没有动。

契丹不动，宋师也不动。

显然，契丹在袭用过去耶律休哥的战术，他们试图用边境骚扰的方式，调动大宋主力，来回布防、撤防，试图要宋师疲于奔命，而后寻求南下战机。但宋师并不上当。边境无事时，前线将士一律在要塞屯驻，以逸待劳；有事时，则由边境守军抵挡，随后按照预定方案，由后续部队做出快速增援反应。心理上有预案，一切不慌。

此外，宋廷也意识到，契丹在等待时机。

这个时机就是大宋的"内患"。

契丹一直在期待真宗践祚后，国内有变。而刘旰、王均、王长寿等人的变乱就是借着契丹的威胁而生事，试图在"国难"中以求一逞。早在太宗朝就任枢密使也即国防大臣的王显看到了内乱与外侮的关系，曾对太宗主张：国家对付内部变乱，要"密谋兴举"，不能让契丹知道本朝军事行动，否则，"则长外寇之奸谋矣"。

契丹南侵，祭天祭地，动员十万兵甲，是草原第一大事。何时出兵，就成为一种军机性质的战略选择。大宋内部变乱，是契丹最期待的风景。但大宋保密工作做得不错，内战中，除了战区之外，全境几乎都静悄悄的。大宋从不做大众动员，从不要求民众参与战争。所以大宋的战斗人员事实上皆为职业军人。这样，尽管王均之辈很有借助异族威胁而成就自家泼天"事业"的野心，但契丹可能不一定知晓这类地方叛乱。

不过契丹知道西夏。

西夏与中原的战争，也是契丹的机遇。

契丹期待西夏与大宋发生战争，那样，就可以在地缘方向上分担契丹南下的压力。"澶渊之盟"以前，西夏能够"崛起"的现实原因在此。西夏纵横捭阖于大宋与契丹之间，有时接受契丹册封，有时接受大宋册封，它期待的是：以此要挟两大强敌——谁也别对我太凶！而大宋出于仁德的政治哲学，也出于地缘的政治现实，屡屡对西夏采用"怀柔"政策。契丹则为了牵制大宋，尽管向西掠地不止，但一般不与西夏发生战争，而且还多次拉拢。

事实上，西夏也确实与大宋战事不断。契丹南下之后，西夏更开始频频袭扰大宋，先后攻克大宋西北几个州郡，以至于宋廷不得不从北征的部队中调出一部分用于西征。与杨嗣、杨延朗、李继宣等并为北征大军的前锋钤辖、赵州刺史张凝，就临时被调往平定西夏的西征军去了。

尽管宋廷一直试图保密，不向外界透露西征的消息，以免被契丹利用，但契丹还是获悉中原西北有战事。于是，南下。

到了十一月，契丹国主耶律隆绪的兄弟耶律隆庆，以南下侵宋的先锋司令身份，忽然越过涿州，向威虏军开来。

面对契丹"闪电行动"，宋师镇定地调整部署，也做出了"闪电回应"：

镇、定、高阳关三路前阵钤辖魏能、秦翰，涿州刺史田敏等人迅速组织起王显留下的数万骑兵，做好随时打仗的防御准备；西上閤门使、领康州刺史、前阵钤辖李继宣等人则带领本部，出城，背靠威虏军城墙排兵布阵，这是准备与辽军正面决战的态势。与此同时，莫州刺史杨延朗、保州刺史杨嗣，这两位边塞名将，则悄悄地率领六千骑兵迂回到威虏军西北的羊山设伏，一面准备契丹撤退时伏击，一面也准备伺机从契丹之后发起袭击。

这是宋师在朝廷规定之外的"便宜行事"。

此时的宋师边防军，各个部门那种相互配合的感觉特别到位。敌人一动，我即动，方圆近十万平方千米的土地上，信息传递之灵敏，令人惊异。

王显曾经偏袒傅潜，导致宋师局部失利。现在他出任前线总司令，应该对往事有反省，关南之战与长城口之战不同，王显总司令给予了诸将较大灵活处置边事的权力，并一直在寻机决战。他很可能看到了威虏军此地的战机，因此，他宁肯放契丹进来，配合诸将的机动，以期求得战略决胜。

我猜想王显必有"雪耻"的君子动机。

而张斌长城口之后，引诱契丹到达威虏军，也应该有王显的谋略参与。

宋师威武。

与傅潜主导的关南之战不同，此一役，宋师相互配合堪称天衣无缝，而又各自机动寻战。在千变万化的战场上，宋师指挥官们几乎抓住了所有的机会，在草原铁骑的弯刀之下，突入突出，全无惧色。

老天也庇佑宋师。

第一阶段的长城口战役，很大程度上，是一场淫雨帮助了宋师。契丹弓弦受潮，无法施射，被张斌首战击败。但宋师弓弦也应该受潮，为何未受影响，反而成为一大战机呢？理由可能有两个：一个是宋师的弓弦大多采用青麻绳，而不是牛筋。昔日制弩，曾有用青麻绳的记录。而青麻绳越是遇水越是抽紧，所以宋师不怕雨。这个推理如果成立，可以解释此役中为何"天佑大宋"。第二个原因，宋师是攻击部队，不用弓弩；而契丹是在宋师攻击中，试图用弓弩稳住阵脚，但弓弩一旦失效，宋师的攻击就显得更加凌厉。本来契丹是侵略者，战略上属于攻击一方，但契丹一旦屯扎下来，张斌发起主动攻击，契丹在这一个节点变成防御方。失去了弓箭的效能，是无法阻挡进攻部队的。

张斌得手，陡然有了立大功的念头，于是挥动本部直取契丹大阵中军，显然是试图擒住或斩杀耶律隆庆。但契丹毕竟久经战阵，在慌乱中组织反击，总算遏制住了张斌的攻势。张斌或主动或被动，退却百余里，与其余宋师一道扼守威虏军。于是有了长城口之战的第二阶段：威虏军战役。

威虏军战役

在威虏军城西，宋师与契丹再次相遇。

面对契丹的是宋师魏能所部骑兵主力。而大将秦翰和田敏，更率所部从遂城也即威虏军出动，作大迂回，分别在魏能左右翼也即南北方向，成为准备突袭的援军。名将李继宣所部原来是作为主力部队与契丹正面碰撞的，但在具体作战中，李继宣一部不动，屯扎在一个叫齐罗的小地方隐蔽起来。齐罗，也称赤虏，应该是地名音译的差异，地在长城口、羊山和威虏军小三角地带。此地不显眼，便于机动。根据战后行动推断，李部很可能转换了职能，成为此役一支保障战役必胜的预备队。加上杨嗣、杨延朗已经在羊山待命，此阵也可以理解为：宋师已经对来犯之敌形成了事实上战略包围的态势，而契丹浑然不觉。

傅潜这个可能的"隐患"不在了，宋师恢复了活力。

契丹派出了"铁鹞子"骑兵，也称"铁林军"。

这是草原战斗力最强的精骑兵，统帅称为"铁林相公"。但面对这支凶悍的铁骑，魏能没有流露一点恐慌，史称"无惮色"。当契丹骑兵呼啸着冲锋而来时，宋师也齐喊一声，开始反冲锋。

魏能没有坚守宋太宗以来的车阵战法。

宋人马匹金贵，获致不易。与骑兵对决，处于下风。所以，从太宗时代开始，与契丹的大战，基本采用车阵法，也即由随军的辎重车辆布置为互为策应的方阵，等待草原骑兵来袭击。与此同时，宋师则在方阵内施放弓箭，并伺机在方阵空隙间突出骑兵和步兵，在阵前或阵中与契丹对决。太宗为此还专门制定了"万全平戎阵图"，要求全军按此打仗。真宗时代也如此，每有战争，就将"阵图"出示给统兵将军。王显也应该得到了这份"阵图"，也应该对将士们有"按图打仗"的要求。但王显与历任统帅相比，更具灵活性。根据现有史料重行推演历史现场，还没有发现他用"阵图"的记录。

魏能就在这种宽松的前线战事管理中，获得了机动性。

他不布阵，因此用不着等敌人来掠阵，而是直接与敌方骑兵对撞。

这种战法本来稀松平常，但纳入整个北宋太祖、太宗、真宗三朝"阵战"历史上，是较为罕见的。

敌我两支冲锋部队奔腾着越过一片平原，互相撞碎进攻的锋面，形成犬牙交错状态时，很像后世的坦克大战。于是，数万精甲铁骑迎头相遇，那一瞬间的撞击，金属与金属带着力量碰出了脆亮的密集声响，无数肉体被金属撞出了沉重的钝响，切出了闷裂的爆鸣。

一个个生命，在流血。

正当两军胶着厮杀时，秦翰与田敏的援军适时到达。

敌我双方都已经听到了宋师远远的蹄声与呐喊，且越来越近。这动静，在魏能部队听来，雄壮而又坚定；在契丹部队听来，沉闷而又恐怖。

任何战役，适时到达的援军都是富有奇效的生力军。契丹就在这种不曾料及的战场变化中出现了恐慌。"铁林相公"感觉到了危险的临近。但他试图以个人的勇武转变颓势。于是，他也发出了呐喊，并开始向宋师中军做一场希望渺茫的冲锋，史称"薄阵"，迫近宋师中军阵地。魏能看到这位孤胆首领从草原铁骑中凸显出来，于是张弓搭箭，在密集的战场混乱中，定心、运气，一箭命中，阻止了这位"铁林相公"的个人运动，史称魏能"发矢殪之"。殪，就是杀死的意思。主帅命毙，大宋援兵到达，草原骑兵的战斗意志瞬间坍塌。最初一部分草原骑兵开始勒转马头逃遁时，他们成了一道流动的传染源：全部草原骑兵开始了先后逃遁。契丹大势已去。

身负统军责任的"铁林军"其他指挥官，似乎很想扭转士气，在草原骑兵潮水般退却时，他们不退，且声嘶力竭地呼喊，全力督战。

此役如从空中俯瞰，应是一场震撼人心的风景——

方圆几十里的沙场上，数万草原骑兵调转马头，争先恐后地向北、向西、向东奔逃，而契丹指挥官们散布在逃兵中，一个个很像"中流砥柱"，败兵之潮向他们身后流去，他们还立在原地，气急败坏，声嘶力竭，试图挽狂澜于既倒。而北边的大宋援军也迅速向两翼也即东、西两面展开，前锋形成一个扇形突击面，拦截并砍杀败亡中的契丹骑兵。南边的大宋援军则如一枚巨大的楔子，在魏能一部让开的战场走廊中，从后嵌入战场、追击逃敌。魏能率先发现了散处于契丹军阵中的"铁林军"指挥官，于是宋师神臂弓在此役中当即立功——他们在乱阵中负责辨识并击毙不肯退却的"箭靶"。

战后统计，除"铁林相公"之外，魏能一部还射杀了契丹十五名高级将领。

最后，契丹留下了两万具骑兵尸体、无数军马器械，以及多枚代表权力的军中大印，遁去。

羊山战役

耶律隆庆经此大败，无颜面对萧太后和耶律隆绪。但他收拾余众，调动其他后续部队，重新组织起来，待宋师援军退去时，又亲自率领主力，寻得一个机会，再次入侵威虏军。

魏能得到紧急情报，来不及与宋师其他部队商议，仓促间无法调动援军，当即派出他的儿子魏正、都监刘知训，分出一部骑兵，从小道绕行到耶律隆庆的背后，断敌后路，又向大宋前敌司令部和诸州镇发出情报。

在威虏军南关门，魏能与耶律隆庆遭遇。

这一仗，魏能打得极为艰苦，史称"战数十合"。双方都不退却，互相突入、突出，几十个回合，那是需要时间的。而时间作为一种资源，眼下对大宋有利。魏能尽力拖延时间，待援。这就需要咬牙撑持。当魏能与契丹在宽大的战场平面拉锯时，魏正、刘知训率领的一支人数不多的骑兵，至少绕出百余里路，出现在敌后。他们来不及休息，直接入阵参战，从契丹背后发起了袭击；而大宋的援军，先锋部队也正在马不停蹄地匆匆赶来。

四野围合，天边隐隐传来大宋骑兵勇悍威武的杀声。

耶律隆庆感觉大事不妙，留下了沉重的辎重器甲十八万件，向西山也即边境方向的羊山逃去。

于是，有了长城口之战的第三阶段羊山战役。

羊山，在今河北徐水偏西几十里。羊山战役在史上记录中尤为混乱，很多线索互相抵牾。现在知道的是，保州团练使杨嗣、莫州团练使杨延朗，曾"轻骑先赴羊山"，也即带领轻装骑兵先到羊山山下屯驻。显然，这是预先知晓契丹退路后的设伏拦截。

杨嗣、杨延朗，史称"二杨"，是真宗一朝比较能战的将领，杨延朗又名杨延昭，是杨老令公的儿子，后世戏曲中对此人多有褒扬。但在"羊山之战"中，这一支有准备的轻骑兵，没有阻拦住败退的契丹铁骑，反而被敌人击败，史称"为敌所乘"。

杨延朗带领余部退出战场，向齐罗李继宣部靠拢；杨嗣的一部扼守要塞，阵亡大半，一部也在后面退出战场。整个长城口之战中，"二杨"损失最重。他们只有六千骑兵，而耶律隆庆有几万骑兵，且都属于战败后的"哀兵",逃命心切,故必冒死一搏——只有突破"二杨"的阻击,他们才能幸存北逃。困兽之斗是极为凶悍的。他们打败了北宋名将"二杨"。但"二杨"也成功地消耗了契丹的生力。这就为后来的李继宣"大破"契丹,做了重要铺垫。

但也有史料认为,杨延朗没有败,反而战胜,并斩获了契丹的统军将军,还把这位将军的首级装入木盒献给朝廷。但《续资治通鉴长编》则明白记载李继宣替代"二杨"终结了羊山战役。并记载真宗在战后还召"二杨"到廷,"引见诘责"斥问了他们,很有要将二人"治罪"的倾向。但最后,真宗对殿前都指挥使高琼等人说:

"嗣、延朗素勤苊,勇于战斗,今特宥之,庶收其后效也。"

杨嗣、杨延朗一向勤勉而忠诚,勇于战斗,这一次特意宽宥了他俩,希望他们以后能将功折罪。

胜败乃是兵家常事,羊山一役,不影响杨延朗传说中的威名。

且说李继宣。

负有预备部队战时使命的李继宣接住了"二杨"。

战事初起,李继宣即派出联络官与追击敌兵的宋师联系,保持信息通畅。他要随时知晓契丹"铁林军"的行动方向,以便策应诸部。

在这一场大战中,宋师各路将军都在呈现主动精神。

雄州(今属河北雄县)的藩帅何承矩在战役之初,就提出了一个大胆建议:从今属天津塘沽的海河南岸过河北上,或派出水军沿渤海东北行,可乘"刀鱼船"也即小型快船,伺机登陆,袭击今属河北东北、辽宁西南的契丹本土。这是史上"围魏救赵"的谋略。

真宗答应了这一请求。现在推想,何承矩的这一构想,战略目标主要是牵制契丹南下，并非实际攻取。所以，这一部水军不过是做了战取的佯动，并没有发生战事。不过，由此可见宋师各部主动配合主战场的情怀与智慧。

李继宣得到快马情报是：

"二杨"战败，契丹现在羊山南麓，正在与秦翰、田敏所部作困兽之斗。

李继宣闻讯当即起兵，与秦翰、田敏合为一处，契丹不支，开始奔逃。

李继宣则适时展开追击。他动作比契丹要快。

很可能，他在奔袭羊山之前，就已经发出命令，要麾下一部黏住敌军，另一部则绕开羊山南麓，提前登山，截击敌军退路。这样，当契丹开始败退时，在羊山之巅遇到了宋师。李继宣就这样从山麓追击到山顶，又从山上翻越，追击到山阴也即羊山北面。山北有相对开阔的谷地。契丹在恐惧中组织起密集的弓弩射击追兵，宋师全面散开，俯冲。冲锋中，李继宣战马被射中倒毙，他换了战马继续指挥、冲锋——在指挥中冲锋，在冲锋中指挥。他的坐骑连着被射倒三匹，也连着换了三次战马。

李继宣和他的麾下日前驻扎在齐罗，安静得无人知晓；一旦动作起来，山呼海啸。他的军事作风，确可用到"静则如林立，动则如山倒"十字褒评。

在羊山北这片谷地，契丹不敢再招架，于是，于威虏军战役战败之后，再次战败，李继宣鼓勇追击，史称"大破之"。

契丹逃回了草原。

有一种说法认为契丹从羊山退往威虏军，而不是从威虏军退往羊山；"二杨"被契丹击败，退保威虏军，李继宣独自与契丹大战，黄昏时也到达威虏军。这样就将羊山战役视为长城口之战的第二阶段，而我认为威虏军战役才是第二阶段，否则，史上很多记录无法逻辑自洽。

长城口之战三大战役，结束。

这场战役，契丹损失两万多精甲骑兵和数不清的军用物资。

但这一战果在史上记录中，分别记在王显、王超、魏能、秦翰等人名下。有些史料认为，这一战果是威虏军战役或长城口战役的独立成果。这是不确切的。"重行推演"历史现场，这一战果应该是长城口之战三场大战暨长城口战役、威虏军战役、羊山战役的综合成果，指挥官是王显，主战场是威虏军，战功最大的是张斌、魏能和李继宣。张斌独立完成了长城口战役；魏能则在威虏军战役中发挥了决定性主导作用；李继宣则在大兵团互相配合作战的羊山战役中，最后击溃了侵略者。

这样理解，长城口之战就清晰起来。

当然，主帅王显功不可没。

宋时将士在外，命令规定一般比较具体，甚至如何布防、列阵，都要按朝廷指示处理。这种做法固然死板，固然会失去歼敌机会，但可以防范边将做大，降低边将转为藩镇之害的可能性，终大宋三百年，效果不错。大宋始终没有出现藩镇割据的成功者，与朝廷这类控御边将得法有直接关系。

"藩镇割据"

了解五代史，了解大汉、盛唐甚至春秋战国以来，类型相近的"藩镇割据"，带给民生的无边无量之劫难，再来看大宋对待武将之姿态，至少可以完成五个判断：

一、武将们"兵强马壮"即试图与中央分庭抗礼，行"藩镇割据"之实，是史上规律性出现的军政现象。

殷商末年的岐山周人、周朝初期的封邑郑国、春秋末年的三家分晋、秦代胡亥时的六国贵族、大汉初年的吴王刘濞、东汉末年的节度使世袭、晋朝的八王之乱、隋朝的边将拥兵自重、大唐盛世的安禄山史思明、唐末演绎而来的五代十国，都是在做"藩镇割据"的大梦。大宋时，太祖时代有泽潞李筠、淮南李重进。太宗时代除了被平定的北汉王国外，还有纳土归宋的吴越王国和清源军，也是事实上的"割据"着的"藩镇"；更有川蜀王小波、李顺之乱，还有佞人李飞雄之乱等。到了真宗时代，刘旴、王均还在做梦。

野心家那里有一个小九九：造反，"成本"固然太高，但一旦成功，那"利润"也是天下第一丰厚；所以，出自五代后晋成德节度使安重荣之口的那句话："天子，兵强马壮者当为之！宁有种耶！"堪称一语道出了野心勃勃的武将们的黑暗心思。当然不是所有的武将有了权力都会造反；但造反的都是有了权力的武将是事实。

二、"藩镇割据"直接造成"民生"苦难。藩帅们要的是富贵，与"天下为公"无关。因此，"无法无天"成为最为真实的藩镇地区写照。"无法"即无规则；"无天"即无敬畏。如此，官即匪，于是有财产掠夺、生命戕害。藩帅们的作威作福给地方士庶带来的痛苦，难以言表。

三、"偃武修文"，控御武将，尤其不使边将"专权"，作为防患于未然的军政第一大战略，大宋比中国古代历史中的任何王朝都做得更成功。大宋作为负责任的军政政府，有责任剪灭历史上的"藩镇割据"之可能性（不仅剪灭"藩镇割据"，更曲突徙薪，剪灭"藩镇割据之可能性"）。大宋做到了。

四、警惕"藩镇割据"，消除其可能性，不仅结束了五代乱世，也结束了历代乱世，并使大宋政权得以存在三百年之久，更使这一时期的"民生"获得极大改善。大宋之所以繁荣昌盛、士庶幸福，遏制"藩镇割据"成功，是第一保障性条件。而"民生"，按照孙文先生的说法，是"一切政治的中心"。

五、大宋将消除"藩镇割据之可能性"视为第一大战略，束缚了军事指挥官的机动能力之自主呈现，导致军事天才的被埋没。另一个更为严重的失误是：地方武装力量从结构上被削弱。这就导致了两个无法弥补的决定性后果：北宋末年，地方没有可以"勤王"的武装力量来拯救大宋；南宋末年，地方也没有可以"勤王"的武装力量来拯救大宋。大宋遇到了此前中国历史上从未有过的地缘劣势，北境的异族太过凶悍了。

"聪明"点的大宋将军往往明白朝廷和皇上的良苦用心，一般都能遵守规定任务，知道奉命比战功更有意味。如大将曹彬，在雍熙北伐中，之所以失败，就与恪守太宗规定任务有关。但优秀的大宋将军更能在规定任务之外，战机忽然出现时，置"规定"于度外，承担可能的失败之责，勇毅对敌。如大将崔翰、李继隆、赵延进等，在满城之战中，就敢于违抗太宗"万全平戎阵图"，重新布阵，获得击败契丹的大捷。

大宋君主心明此理，所以对武将因为奉命而失败，不予惩戒，或薄薄惩戒，或先惩戒后奖赏。同理，对武将"偶尔"的抗命，一般也都比较优容，不会过分惩戒，有时甚至还给予表彰。太宗时的崔翰就得到了表彰。

长城口之战，真宗曾有御敌于国门之外的诏令，并曾向部队出示"阵图"，要求总司令王显在边境部署扼守力量，不能放契丹进入北平寨以南，并在战时按"阵图"作战。但王显随机应变，甚至放契丹南下几百里，直到威虏军，也没有向诸将展示"阵图"。事后取胜，真宗赏赐时，王显还心怀忧悸，担心受处分，于是主动承认"违诏"。但真宗安慰了他。

筑京观

长城口之战结束后，王显做了一件大事。

他在边境线上，选择一条道路，将两万多具契丹精甲骑兵的尸体收拢起来，堆积在道路两旁，而后盖上泥土，层层夯实。由于需要夯实，所以堆积起来的这一景观顶部呈现为平整状。这样，远远看去，就像两个高大的门阙（而不是一般史料中讲述的呈金字塔状）。此即史不绝书的所谓"京观"。

"京"是高大的意思;"观"是门阙的意思。用阵亡者的尸体"筑京观",是上古以来即有的战争行为。史上所谓"坑杀",就是杀戮之后"筑京观"而不是"挖坑活埋"。"京观"的主要功能是向战败者夸耀武功,试图以此达致震慑效果。这个做法不脱野蛮习气,终大宋三百年,见于记录的"筑京观",我仅见此一次。

但王显此举大有深意。

他在向契丹示威,也算是一种战争报复。

太宗时代,契丹"战神"耶律休哥,战败大宋名将曹彬后,就曾在易州边境"筑京观",堆积了数万大宋阵亡将士,向宋廷示威。

那时节,大宋悲风号啕。现在,轮到契丹哭泣了。

史称契丹在留下两万多具尸体之后,逃北者不禁"号恸满野"。

示威,在战争时期,是正当的。战争报复,也是合理的。但"筑京观"则是野蛮的,反人道的。但王显不管这些,他需要让契丹知道:天道好还!

向契丹展示实力,告诉契丹:你们能做的,只要我大宋愿意,也可以做。

以这种纯粹暴虐渴血的方式谋求未来的和平,是战争规则之一,尤其是"霸道"(而不是"王道")规则之一。与敌对邦国谋求和平,一般只能处于势均力敌条件之下,必须双方都能认识到对方的凶悍。双方必须同时认识到:如果不和平,这种"筑京观"没有人能保证以后不再发生。如果大宋不够凶悍,不能震慑草原,契丹没有理由推演和平。

王显此举的意义在此。

真宗一朝，王显是少数富有战略思考的统帅人物，但他同时也是富有国家命运担当，宁可自我负起恶名，也要为国家谋取安全利益的人物。从赵普开始，大宋王朝三百年，不乏"以天下为己任"的大臣，但王显这种以"自我下地狱"的模式推演大宋最佳前途的做法，还是太罕见了。

有一个故实说王显。说还在太宗做晋王的时代，他曾在晋王府邸工作。有一天，门卫递上个道士名片，说要求见。王显见了他，只见这个道士，穿着破衣服、戴着破帽子，一笑起来嘴角能拉到耳根，鬓发胡须倒着长，像一根根钢刺儿。此人自称是"酆都观主"。酆都，乃是阴曹地府之鬼城，显然，这位道士乃是一位做着冥间"事业"的人物。道士对王显说：

"昨天我看到上天的牒文，说有蕃人的灵魂两万，要到我酆都观来。人数这么多，我还没有敢将他们直接列入'冥籍'（死人名单）。现在来问问你：这些人可以死在你手里，如果你一定要杀他们，那你会成就大名，堪称功冠于世，但你的阳岁要减去十年。杀，不杀？这俩选项，你现在挑。"

王显认为这位道士乃是一个疯子，就呵斥他离开了。

后来的事，就是王显指挥的"长城口之战"，斩杀蕃人（契丹）两万。这个故实后来说：王显"筑京观"，还将此事写成不缄封的文书，也即"露布"，一路上递送到京师。说朝廷知道消息后，召他回汴梁，但他没有来得及到京，走在路上几天后死去。

这个故实说王显之死的时间不对。史载王显病死于1007年，而"长城口之战"发生于1001年。但这个故实作为"神话传说"

除了揭示因果意义之外，更转达了一种价值观，也即"筑京观"是不道德的，是"人神共愤"的。王显应该明了此理，但他宁肯有损阴德，提前下地狱，也要"筑京观"，就是以个人之"损"回报大宋以"益"。

王显的战略谋划

王显是一个性格"谨介"，谨慎而又耿介的人物。他"不好狎"，无恶习，甚至不愿意到市肆中去。他本来也是儒家子弟，但年少时遭遇五代动乱，未曾读书学习。太平兴国年间，太宗赵炅让他熟读《军戒》三篇，算是有了文化。太宗可能看到了他的才干，所以提拔他很快，不久就做到枢密使的位置。当时的枢密副使有寇准等人。寇准乃是一个词锋锐利的人物，嘴上不饶人，对王显或有不恭；而王显工作也有失误，寇准就抓住他辫子讥讽他，但他"护短"不肯改。太宗知道他这个毛病，多次批评他。

王显并不是完人。他做枢密使时，太祖时代的老臣张永德也同时为枢密使，但在朝廷宣读任命书时，王显的名字居然在张永德之上，史称"时人讶之"，当时名流很惊讶为何会这样。据说王显为了"自固"其位，常常矫情，厚待下属买好。他在出任藩镇时，也曾有过纵容部下扰民的记录，史称"论者非之"。宋代的清议，在说到当朝人物时，对他的作风有所非议。在我看来，王显最大的错误是与傅潜互相攀附，以至于蒙蔽了时人对傅潜的批评。导致傅潜一直在河北前线充任总司令，折了大将康保裔，更将契丹放过防线，令其纵马中原，甚至越过黄河，抄略了山东。

但他在治理地方时，也有政绩。

咸平三年（1000）春，他被改授山南东道节度、同中书门下平章事、定州路行营都部署、河北都转运使兼知定州。就在这里，他将前线的边镇治理得井井有条。到了任期满时，当地吏民都跑到朝廷派驻在当地的驻泊都部署孔守正那里，去自发表扬王显的治理成果，并表示愿意让王显继续留在定州。

孔守正珍惜人才，就将王显的事迹上报，第二年，真宗就任命王显做了镇、定、高阳关三路都部署，并允许他"便宜从事"。而王显果然领导了一场真宗朝最重要的卫国战争——长城口之战。

战后，他"筑京观"一事，也可以看到他对契丹有足够估计，应该属于他战略性思考的一部分。

说他有"战略性思考"，也有佐证。

当初，他在西北做地方官时，西夏李继迁曾于太宗淳化、至道年间，两次"归附"大宋，但两次背叛大宋。当他"归附"大宋时，王显就表示对此人的不信任。他给太宗上书认为，虽然朝廷允许他"内附"也即"归附"大宋，但此人"狼子野心，未可深信"。必须继续谨守屯戍力量，加固边境城防，继续准备战略物资，遴选武勇人才，赋予守边责任，以此来提防李继迁的反复无常。后来的事实证明王显已经将李继迁看透。

王小波、李顺之乱时，王显率先向太宗建议：兵贵神速，速期荡平。并且严格保密，不得令北方契丹知晓国家内乱。同时，他还发现，巴蜀物产殷富，派往征剿的将士很有可能在"骄怠"中"迟留顾恋"。对此，他提出建议：不要怕往来之劳累，尽快派出新的将士前往"更代"，轮流征剿。这样，既可以"均其劳逸"，也可以"免于迁延"。

王显并非恋栈之人。"关南之战"前，他再次被任命为枢密使，后又领河阳三城节度。他曾经提出"致仕"，也即退休，真宗不允。而这时傅潜正在做前线总司令。王显一方面包庇傅潜，一方面也在关心前线战事。当时有人提议真宗御驾亲征，并完成太宗一朝的未竟事业：收复燕蓟旧地。应该说，这是一个"严重的时刻"。如果真宗接受这一意见，未来实在凶险莫测。而在双方势均力敌情况下，收复旧地的主张可能并不现实。于是，围绕这一重大战略决策，朝中出现了"主战""主和"两大政治派系。

王显是"主和"派，他向真宗提出了他的建议性意见。

他认为当今西夏未灭，西部不宁；如果北边契丹与西边夏人结援，那中原的祸患，实在难以度量。所以，朝中有议论说"于此时请复幽蓟"，不是个妥当的战略意见。国中有建议大事，应该上下同心协力，这样才能一举成功；但现在公卿大夫以至于庶民百姓，对此事何时启动，还存在着不同意见，这可不是"万全之举"。现在只应该选择将帅，训练士卒，完固城垒，修缮甲兵，等待时机。如果一定要收复燕蓟旧地，就必须先修文德、养勇锐，人和以后，选择天时地利，那时才可奉行"天罚"。

这个意见不是泛泛而谈，其主题词是"天罚"，也即征讨的合理性、合法性和正当性问题。几十年来，契丹拥有燕蓟之地，已经将生地做成了熟地；且草原政权也在认同中原文化；并对私人财产和法制理念，有了不同于以往的认知。简言之，契丹，自称辽国，已经是一个与大宋并存的国家政权。地缘分割，作为历史，不是这一代人能够解决的问题。事实上，大宋始终没有忘记燕蓟旧地，到了北宋末年，认为"天罚"时机已到，就会同金兵灭了大辽王朝，但那后来的政治现实是：北宋灭亡。战争，实在是"圣人不得已而用之"的凶器。因此，如果"天罚"的理由不够充分且必要，发起战争的一方就是问题重重的。王显看到了这一步。因此，他的意见，在此时此地，就是"中庸之道"，也即最合适、合宜的平衡之道。也可以换一种说法：没有比王显这个意见更合适、合宜的平衡之道了——无论从政治哲学还是政治现实考虑。

长城口之战后，景德年初，王显又提出一个迥异于寻常的荐举意见。

他认为以后任命大臣统领军旅，应该选择通晓边事的"近臣"。因为这样的"近臣"位置高、威名著、见识远，容易立功。但"近臣"中往往有因为罪过而遭遇贬黜的人物，这时，应该加以宽贷，不要因为一个罪错而废掉国家人才。如果这样的人再能得到起用，"必得其死力"。王显因此而提出一个意味深长的建议："使功不如使过。"这个意见在古代曾有案例。春秋时期的秦国就多次起用西乞术、白乙丙等几位败将，最后打败了宿敌晋国。所以王显所言可称有根有据，也应该有效。此外，针对大宋临敌命将，往往随时撤换，不能专任的往事，他提出必须"专任"。这就与大宋朝廷一力防备武将发展为藩镇割据的心结有了冲突。严格说，有千年武将造反的无数案例在，谁也不敢保证给予武将足够权力之后，武将能够高尚到视权力如敝屣，不动心。但大敌当前，如果不能"专任"，则无法提升战斗力，这也是事实。王显对此提出的解决方案是：主帅"专任"之后，必须从制度上令他"出师应敌"。这一条意见显而易见是针对他曾庇护过的傅潜而言。"出师应敌"，就可以保证主帅不能援引敌国为筹码，再做石敬瑭第二，不能再出现像傅潜那样"拥兵自重"的现象。而历史上的藩镇割据之始，往往就是"拥兵自重"。为了保证主帅"出师应敌"，无后顾之后，还必须从制度上（军法上）"约束将校，使相应援"，避免下级将校不听号令，拒绝应援的故实发生——而在过去，这样的故实很多。著名的"君子馆之战"，就因为大将李继隆拒绝"应援"，而导致整个战役失败。

王显认为，能够做到这三条，也即起用懂边事的"近臣"，并"专任"之，同时约束将校听令"应援"，则一定会收到"军威倍壮，人心增勇"之效。

后来契丹南下，"澶渊之盟"的前夜，王显七十三岁高龄，已经垂垂老矣，还有着"沙场秋点兵"的勃勃雄心。他提出三个解决方案：

一、御驾亲征，但只驻屯在澶渊，要镇州、定州前线将士出兵，会合河南的中央禁军，合击之。这是常规套路，但稳妥。

二、如果契丹萧太后与儿子耶律隆绪这娘俩"虚张声势"派出尖刀部队来澶渊袭扰我圣驾前的诸军，则令镇州、定州之师从契丹背后发起袭击，配合中央禁军，直取敌兵中军大营，如此，则黄河北岸的草原兵就将不战而降了。

三、直接派遣精甲骑兵一千人、步兵三千人，在澶渊渡河，横掠澶州之北，后面则以中央禁军跟进追击，动作要快，这也是"出其不意"，敌兵必溃。

现在看，最具战略意义的是第二策。历史上的"澶渊之战"没有动用镇州、定州的屯戍部队，直接放过契丹兵众来到澶渊，是一大吊诡案例。这个暂不去说，要说的是，王显在与契丹的国家对垒层面是智慧的"主和派"，但在具体战争之时，则是坚定的"主战派"。这种个人内在的紧张也好解释：一切以大宋利益为重。所有的思考，都源于大宋的根本利益。

"澶渊之盟"三年后，王显病逝，年七十六。他的儿子王希逸借助"父荫"，补了供奉官，史称"好学"，尤其对唐代历史很熟悉，家中藏书万余卷，还参与了编修宋代的四部大书之一《册府元龟》的工作。他为老王家赢来的文化光荣，让老王家又回到了书香门第。

叁

李沆

李沆，是传统史学评价极高的一个人物。

有意味的是，他与"敢以天下为己任"的名相们不同，他一生几乎没有什么建树，相反，往往都是其他官员试图有所建树时，被他抑制、按下不动。这样的人物也算"名相"吗？

大宋地图室

真宗内殿四壁都有地图。长城口之战前，真宗曾多次在"地图室"里，面对地图与辅臣讨论天下形势。

有一次，他展示陕西二十三州的地图给辅臣看，指点着一个个地名，讨论西北地区各州郡山川的险易，以及异族居住区域。他考虑的是，在这一片土地上，如何与异族和平共处。当他指点到今属甘肃天水的秦州时，对辅臣说：

"秦州在陇山之外，号称富庶，且此地与羌戎部落接壤，应该是族群关系比较复杂的地区。目前已经派出户部侍郎、知审刑院张雍前往出守，希望他能在此地治理有方。"

张雍乃是一介儒臣，虽然生性不免"鄙吝""苛察"，但重名誉，做事"勤恪"，敏于公事，有恪守。选他来守秦州，合适。

真宗曾指着北壁与西夏有关的《灵州图》对辅臣说：

"你们看灵州地势山川，如此险要，怎样才能得到智勇之士为朕守卫此地呢？"

显然，真宗经制西夏，为始终没有得到合适的人才而嗟叹。

他又指着南壁挂着的甘州、凉州等府州地图讨论了半天。

最后，他引辅臣来到东壁，指着幽州以北的《契丹图》说：

"契丹据守之地，南北一千五百里，东西九百里，封域面积并不广大，但是我们的燕蓟地区却遭遇沦陷。这真是太可惜啦！"

史上这一故实记录，可以令今人了解到：真宗在他的"地图室"讨论天下形势，有三个忧虑：第一，他担心汉人与蕃人的族群关系，他期待能在族群杂居地区相安无事、和睦相处；第二，他一直忧虑，守卫西北、遏制西夏的人才在哪里？第三，石敬瑭割地以来，给中原造成的地缘压力太大啦！

尤其是燕蓟，这个中原北部的广袤地区，现在不属于中原！此事让富有天下意识的宋真宗赵恒寝食难安。

长城口之战后，大宋渐渐滋生了一点轻敌情绪；真宗也有了试图收复失地、剪灭燕蓟之敌的念头。毕竟，那是中原王朝一个久远而又正大之梦。

按照儒学理念，以战争手段，恢复旧地、巩固金瓯，乃是圣贤精神结构中，不可省略之正道符号；但战争事大，有如五帝三王的变易，阴阳大道的转旋，自有其"运"，此"运"可称之为"礼运"（实即"战略机运"）。

古有"五礼"，军礼是其中之一。邦国有战事，与之相应的国家行为皆与"礼"有关。战时，统计人口，调节赋税，为"大均"之礼；检阅车马，演习田猎，为"大田"之礼；完善城垒、兴举战备，为"大役"之礼，此外还有"命将""出师"之前的"告太庙""马祭"等，都与"礼"有关。所以，战争，在古代（今天亦然），是一种规则化的"严肃游戏"，也是一种"礼"。

儒学认为，"礼"，名正言顺很重要，此之谓"称"；

比"称"更重要的是妥当、合适，此之谓"宜"；

比"宜"更重要的是国家纲纪、文明原则，此之谓"体"；

比"体"更重要的是正当性、合理性、合法性，也即行动符合人心，此之谓"顺"；

在这一切之上，还有一个东西，就是机运，也即一切具备，但机运未临，即使人心所向，但没有到达应运时机，也即没有感觉到天命之召唤，也不宜有变易、旋转之大动作，此之谓"时"。

尧将天子之位禅让给舜，舜禅让给禹，商汤流放夏桀，武王讨伐殷纣，这类革故鼎新的大事件，就是因为"时"之所至。

综合而言，儒学将这种"礼运"也即"战略机运"的次第顺序表述如下：

礼，时为大；顺次之；体次之；宜次之；称次之。

——《礼记·礼器》

大宋此时讨伐契丹，名正言顺，符合"称"道；收复失地，符合"宜"道；保存文明，符合"体"道；顺应人心，符合"顺"道；唯一不符合的是：机运未临，不符合"时"道。

"时"道与"天命"有关。"天命"未到革故鼎新之际，怀抱希望，韬晦等待，是圣贤姿态。

周武王征伐殷商，曾在黄河边孟津这个地方，会集了天下同盟军八百诸侯。盟邦所有的首领都认为"纣可伐矣"，但周武王感觉到"天命"还没有来临，也即机运之"时"未到，于是改变了征伐规划，"还师"，回到封地。两年之后，再次兴兵，一举克灭殷商（此类故实有传说成分，不论）。

现在已经可以看清楚：公元1937年，国民政府如果不是迫于国内或邪或正之种种激情压力，对日战争再晚几年，譬如，晚两年，到1939年9月，德军袭击波兰，英法对德宣战时，中国再对日宣战；甚至可以更晚，到1941年12月，日军袭击珍珠港，美国对日宣战，中国再开始对日宣战；如此，更加成熟的中国军队在兵精粮足的准备下，乘时而动，也许将会有更大战果；吾土吾民也许不必付出那么惨重的代价；中国也许有望在战后"雅尔塔体系"格局中，获得更重要的政治利益。

懂得何时动，何时不动，是一种极高智慧。乘时，是顶级政治谋略。它需要理性清明的"政治成熟"。这种理性，潜隐之际，在坊间、在庸常之辈看来，往往被认为是"怯懦"或"软弱"。

天机秘运，阴阳潜施，非寻常头脑可以感觉，更不是血脉偾张、激情四射、一味豪迈的人士可以感觉。理解机运，也即"时"之所至，需要天才洞察力。人类，智力方向的差异是经验事实，普通人达不到的洞察力和大智慧，对普通人而言，就是令人眩晕的深渊。不承认这种差异，论"复仇"、论"机运"、论"战略"，甚至论"正义"、论"责任"、论"国家利益民族利益"，瞬间即可呈现"平庸的深刻"，此情此景，茶余饭后之坊间常见，传媒评论之专栏常见。快意中慷慨陈词莫甚于此，泛起的群情激奋往往如此，但它不是洞察力和大智慧所在。近代以来，被"民意"裹挟的政治败笔并不少见。

所以《尚书·大禹谟》一面承认民意不可违，一面又坚持天道不可违，统合这两个富有张力的思想，就是这两句著名的古训：

罔违道以干百姓之誉，罔咈百姓以从己之欲。

不可违背天道以求民意的赞誉，不可违背民意以满足一己之私欲。

第二句话，人多耳熟能详，第一句话，则知而行之者寥寥。

"天道"与"民意"可以是一致的，如"天听自我民听，天视自我民视"就是这种一致性的表述；但有些时刻，可能是不一致的。当此之际，圣贤人物就要有所担当，宁肯担负起可能的骂名，也要求得政治的平衡。"天津教案"中，"民意"认为教堂"祸害"婴儿，所以传教士该杀，但曾国藩明知"民意"如斯，也要将杀害传教士的"壮士"正法，就是"罔违道以干百姓之誉"。

显然，当其时，"民意"是靠不住的；而曾国藩的处理，虽然违背"民意"，却是符合"天道"的。这类"顺时"而不"顺民"的道义担当，非有洞察力和大智慧不可得。

但这种担当也证明，"顺时"如果与泛起的"民意"对峙，往往极为艰难，甚至在多年之后，还会因此而承担骂名、恶名。

在很多时刻，洞察力和大智慧，与知识结构和经验阅历有关。

这方面，即使智者和英雄，洞察力和大智慧也不能永远降临。

世界史上最出色的智者和英雄之一，拿破仑·波拿巴，他可以有辉煌的奥斯特里茨、耶拿－奥尔施泰特，但也有人所熟知的滑铁卢。

滑铁卢一役，表象观察，他没有洞察到淫雨天气下的泥泞对炮阵不利（这是洞察力和大智慧的不足）。事实上，淫雨天气不过是拿破仑败役很外在的原因。那个时期，大英帝国正在崛起中，尤其是金融帝国的确立，让大不列颠的综合国力有了非同寻常的机运。这不是拿破仑能够控御的格局。所以，滑铁卢一役是拿破仑失去洞察力，非"时"而动的一场命运沦陷。

太宗赵炅，两次北伐，特别是第二次北伐，雍熙北伐，准备充分，力量达到太祖以来最强，收复失地的旗号名正言顺，捍卫中原文明的理念顺应人心；但契丹此际正在国运上升，萧太后主导下的草原民族正在一点一滴地接纳中原衣冠文化，政治管理流畅运转；且周世宗从"燕云十六州"中夺回瀛州、莫州之后，契丹上下更有了"悲情"，也在励志"恢复旧疆"，所以契丹的战争动员系统极为有效。所以，太宗北伐，也是非"时"而动的一次悲剧选择。

此际，当真宗赵恒有了非"时"而动的念头时，明了"时为大"的辅臣王显、钱若水等人，展开了劝谏。幸运的是，真宗不是拿破仑，不是宋太宗，没有坚持击破"反法联盟"或"乘胜取幽蓟"的激情决策。他应该意识到：战争，不是当下最佳选择；大宋，眼下还打不赢契丹，更无法"消灭"。

但真正让真宗认识到契丹无法"被消灭"，还是在后来的又一场大战，"望都之战"。

员外郎的"车战之法"

长城口之战，契丹损失两万多精甲骑兵，大宋也损失近一万。但契丹战争成本比大宋低，草原境内有的是马匹，补充起来很容易；大宋辖境基本不产马，所有马匹都需要从有限的关卡购置进口，如此，马匹补充则困难得多。所以，就马战而言，大宋成本昂贵。一役之后，补充原来的整编骑兵部队，需要时间。这样分析，就知道：长城口之战，契丹虽然失败，但并未伤筋动骨；大宋虽然战胜，但已经伤耗元气。

所以当真宗在战后向朝廷官员问询"御戎策"也即对敌战略规划时，一位名叫吴淑的职方员外郎，上疏数千言，要求恢复古代"车战之法"。

职方员外郎，相当于枢密院下属兵部的参谋官员，吴淑是太祖收复江南时，从南唐过来的才子，历仕南唐后主李煜及大宋太祖、太宗和真宗，经多见广、通古知今。他看到了马战的奢侈，于是在太宗"万全平戎阵图"基础上，将"车战"提高到国家战略的高度。

严格说，"车战"，在实战中可攻可守。作为守势，以战车围合为军阵，对防备契丹骑兵的"驰突"有优势；作为攻势，如果契丹骑兵不多，马车布阵后，腾出辕马为预备战马，也可以与契丹骑兵对决；这样，似乎可以解决马匹稀缺的被动局面。吴淑的意义在此。

但如采用守势，则必须提前布阵；遇到敌骑来袭，仓促之际的混乱，战车远远比战马严重。而实战中，遭遇战是经常发生的。如果采用攻势，则战车又不如骑兵灵活。战国时赵武灵王之所以采用"胡服骑射"，实在是基于实战的思考。实战中如果需要展开战术追击，车是跑不过马的。而且，拉车的辕马转换为坐骑，有一系列技术问题要处理，很麻烦。且辕马与战马几乎就是两个品种。辕马由厩夫管理，战马由骑士训练，并非一个系统。吴淑的建议有实操难通之处，所以真宗没有采纳他的意见，但称赞了他所上奏章的"博赡"，文采渊博而丰富。

"望都之战"前一年，大宋预感到边境有事。但真宗已经开始考虑和平之后的安排。民生问题，始终是真宗大帝思考问题的核心。有一天，他在崇和殿开始阅读名臣张去华所著的《元元论》和《授田图》。张去华是当朝大臣，是宋代最为重视民生的政治家、思想家之一。这两部书，就是张去华对民生问题思考后的文本。真宗读后，很感动，对近臣说：

"经国之道，必以养民务穑为先。朕常冀边鄙稍宁，兵革粗足，则可以力行其事，使吾民富庶也！"

治理国家之道，第一要务就是养民、重农。朕常常期待着边境烽火稍稍宁静，国防力量稍稍足用，就可以尽力推行这件事，要让我的国民富庶起来！

随后，张去华得到真宗嘉奖，真宗还让他将两部书誊录在绢上，装帧为十八轴，挂在龙图阁四面墙壁上。龙图阁，真宗一朝建立，专门用来收藏太宗的墨迹以及与太宗有关的典籍、图画、文物，具有皇室档案馆性质。

即使在西夏屡屡骚扰西北，契丹已经开始南侵之际，真宗还是坚持"偃武修文"的国策。他瞩目的不是一时一地，而是万世太平。

国家开科取士，真宗亲试礼部举人，得到以王曾为首的进士三十八人，《九经》诸科一百八十一人，全部赐"及第"。所谓"及第"，就是中选。古人考试得中后，要排名，这个叫"次第"也即顺序。"及第"就是"进入了这个次第之中"的意思。这之中有一个来自代州（今属山西）的进士李光辅，此人善于击剑，到了面见皇帝时，唱名，礼仪官介绍他"有何特长"，真宗知道了他的武功。真宗一朝虽然已经有了"武举"的考试，但他还是希望文武分开，不希望文官习枪弄棒、耍刀舞剑。真宗说："如果奖励重用这样的人，天下百姓都好耍剑术了。"所以，坚持不用，李光辅被遣返回乡。

而这时候，西夏李继迁已经攻陷了西北重镇灵州。知州裴济独守孤城多日，给朝廷写血书求援，朝廷派出名将石普、秦翰等多人率骑兵数万去援，但到达之前，灵州沦陷。

随后，契丹又一次开始南下，为首者乃是北府宰相萧继远。契丹国主耶律隆绪则从草原深处到达今属河北张北县的鸳鸯泺（音落）。鸳鸯泺，又称鸳鸯泊，此地南北有两个湖泊，故有此称（另一说法是此地多有鸳鸯聚集，故名）。草原帝王狩猎之地往往在此。而狩猎，又有军事演习的性质。契丹国主如此迫近中原，等于在南侵之前向大宋耀武扬威，意思是随时可以御驾南下。

国家正在用武之际，真宗却做出一个姿态：不用尚武的进士李光辅。不仅不用李光辅，甚至还专门表彰了一个隐士种放（姓种，音崇）。历史上的隐士们，都是"高尚其事，不事王侯"的人物。尽管此人后来颇有劣迹，但此际真宗奖励他自有深意。

"三纲五常"的规则

咸平五年（1002）的正月，真宗一边听取辅臣"御戎"的意见，还一边宴请当朝儒臣、淮南两浙巡抚使、国子祭酒、翰林侍讲学士邢昺。

邢昺乃是中国经学史、儒学史上的一流学者。三国魏国的何晏曾著有《论语注》，邢昺在此基础上再为之作"疏"，故史称《论语注疏》。邢昺还另外著有《尔雅注疏》《孝经注疏》，都是儒学史上经学之重要专著，三书都流传至今，并收入儒学最主要的合刊《十三经注疏》。

这一次宴请是因为邢昺"侍讲"《左氏春秋》完毕，真宗听后很受用，于是为他举办了一场隆重的宴会，将皇室的宗亲、翰林侍讲学士、王府的官员、辅臣等，都召集到崇政殿，当面赏赐给邢昺器币、衣服、金带，并加官工部侍郎。还对辅臣们说：

"从此以后，可以要南北宅将军而下，各选纯儒，授以儒学经义，这样希望能让他们都知道'三纲五常之道'也。"

"三纲五常"，是近代激进思潮以来备受知识界诟病的儒学理念，为时下知识界误解最深。所谓"三纲"，就是"君为臣纲，父为子纲，夫为妻纲"；所谓"五常"，就是"仁、义、礼、智、信"。在这个系列中，"五常"已经作为正价值，渐渐被时下接受——"仁、义、礼、智、信"的反面，稍作考察就不难发现它的反道德性质，故理解"五常"不难。"三纲"，假如愿意回到人类责任伦理，分层考察社会分工，就会发现，"三纲"道出的乃是人类分工之经验事实。所谓"纲"，最初的语源学意思就是一片网具之"网目"相对的"纲绳"。提起一片网时，如果一个个网目去提，网会乱；所以提网要提纲绳。故古人有言："一引其纲，万目皆张。"所谓"三纲"说，是引用这个语源学意思，将"纲"讲述为事物之关键，事理之要领，也即在一组关系中的主要责任方。

生存，总有困境，总有"严重时刻"。"三纲"就是讲述人类在困境中、在"严重时刻"的责任伦理和责任原理。

一国之间，国君必须负起主要责任，此之谓"纲"；不可能想象，国家在困境中，在面临"严重时刻"之际，国君放弃责任，听凭臣下承担责任。

一室之家，父亲必须负起主要责任，此之谓"纲"；不可能想象，家室在困境中，在面临"严重时刻"之际，父亲放弃责任，听凭儿女承担责任。

夫妻之间，丈夫必须负起主要责任，此之谓"纲"；不可能想象，夫妻在困境中，在面临"严重时刻"之际，丈夫放弃责任，听凭妻子承担责任。

所以，"纲"是一组关系中，责任方明确责任的意思。

而责任方之所以必须承担责任，乃是一组关系中共同利益的自然法契约。违背这个契约，就是"搅局"。因此，"三纲"事实上是一种规则，一种进入人类族群应对困境、应对"严重时刻"的严肃的"游戏规则"。

按照荷兰文化史学者约翰·赫伊津哈的意见，各种文化都可以呈现为"游戏"，而文明则是在游戏中并作为游戏而兴起、而展开的。文化需要经验世界与精神世界的"均衡"，失衡，就会导致社会危机。这样，就需要"游戏规则"。而规则的衰退或破毁，则危及社会的存亡。

假如"三纲"中的主要责任方不再承担责任，即意味着规则的衰退或破毁。但幸运的是，即使在百年激进思潮不断诋毁"三纲"的运行中，"三纲"还是静静地伫立，如砥石般不动，任凭流水冲过。

为何如此显而易见的经验形态，却遭遇百年激进思潮贬抑呢？这是试图全面否定"封建社会"（事实上，连这个"封建社会"描述也不准确：秦以后，是郡县制，而非封建制）而推演的一场思想混乱。

谢德权改造京城

暂且打住这个话题，且说大宋真宗皇帝。

真宗在契丹、西夏两面侵扰中，似有足够自信，认为不必依靠民间力量，不必动员全民尚勇，不必鼓励官员讲武，就依靠国家税收武装起来的边境屯戍部队和中央禁军，足可以抵御外族侵扰。终大宋南北两朝，除了必要的"武举"考试，一般不从制度上鼓励"武风"——当然，也不取缔"武风"。也可以换一个说法：民间好武，朝廷不干涉，但无论武功怎样高强，朝廷也不表彰。不但不鼓励武风，还奖励隐士，更倡导修习儒家经学，明了"三纲五常之道"。

大宋君主和辅臣都相信：文能统武，而武不能统文。国家力量必须掌握在文人而不是武人手中。

这一次"望都之战"前，朝廷开科取士，虽然没有用李光辅，但最重要的成果是得到了王曾。

王曾是本届科考，解试、省试、殿试皆"及第"并取得第一名的头牌状元，史称"连中三元"。当时的主考官是吏部侍郎，也即组织部长陈恕。陈恕乃是一代名臣，他取士不多，但赞赏王曾的文采，取为第一。科考为求公正，又有"糊名考校"，相当于初试过后，将试卷卷首部分封住后，再次评卷。如此，考官看不到考生的姓名、籍贯，以及初考的"及第"等级，从制度上杜绝了徇私舞弊的可能性。但王曾连这一关也过了，还是第一名。陈恕为此很得意地叹息道："王曾，名世之大才也，我得到王曾，不愧有'知人'之名啦！"

有人来祝贺王曾说："嘿，你中了状元，一生吃着不尽啦！"

王曾"正色"回答道："平生之志，不在温饱！"

就是这个王曾，在后来的日子里，扳倒了权相丁谓，让大宋平安度过了潜在的危机，有了仁宗一朝的天下太平。历史上看，王曾是一个消弭隐患的大智者；是那种少数不被人清晰理解、但有办法旋转机运、燮理阴阳的大智者，是政治舵手级别的人物。此人故实，容后慢表。

且说真宗。

真宗在西夏、契丹两面夹击中，焦虑或有，但并不慌张。读真宗一朝历史，我特别钦佩他那种自信国家安全、"该干吗干吗"的从容镇定。

这年河北闹灾，出现了流民。真宗派出使者队伍，到闹灾比较严重的雄州、霸州、瀛州、莫州、深州、沧州等地救灾，并设粥棚，救济饥民。

京师汴梁人口越来越多，成为那个时代的超级大城市，但街道衢巷就显得越来越狭窄了。真宗就派朝官谢德权去搞拆迁，拓宽道路。

说来这个谢德权也是人物。他善于搞工程，咸阳桥出了问题，别人弄不好，他在两岸筑土，夯实堤岸，又用石块为砖，将堤岸包起来，再用古来"河中铁牛之制"，也即临水浇铸铁牛状柱础，这铁牛腹下有铁柱，一直深入桥柱底仓丈余。最后用竹编缆索横跨渭水两岸。大功告成了。

京师草场囤积草料，但地下潮湿，多有腐烂，常年解决不了。他"累甓为台"，将烧制的砖瓦做成矮台，用于通风，问题解决了。

京城汴河常有淤积，每年都要疏浚河道，用工达三十万人。但主事者因循旧法，只不过在枯水期将河中细沙往两岸转移而已。但涨水期来，细沙被冲击，重新回到河道。谢德权命令将河床细沙全部挖出，倾倒于河堤外侧，直到见沙下泥土为止。工程采用"包干制"，规定完工时间，并派出官员分段负责。验收时，他制作了一个大铁椎，往下穿凿，沙软土硬，一试便知。那些不好好干活的官员因此而遭到遣免。又植树数十万株，用来固定堤岸。事就这样成了。

这次又负责京城改造，遇到的第一个大问题就是拆迁。他从权贵宅邸开始动手，一时不免议论纷纷，权贵们到处放风，说他的不是。真宗闻讯后，下诏停止拆迁。谢德权于是面奏说：

"臣已受命，不可中止。今沮事者皆权豪辈，各屋室僦资耳，非有他也。"臣已经接受命令，不能中止啊。现在干扰这件事的都是权贵豪强之辈，他们很多房产在出租，现在不过是舍不得那些房屋租金而已，没有什么其他大事。

真宗接受了他的意见。

京师汴梁，就在战争威胁中，再一次得到拓宽改造。

杨覃上奏蠲免国税

真宗似从不慌张。

遇到败仗也不慌张。

耶律隆绪到达鸳鸯泺之后，契丹就进入了河北前线，由文班太保达哩斯和南京（也即幽州）统军使萧挞凛率领的两标草原铁骑，与宋师接触，在梁门和泰州（皆属今河北保定）两战，皆有斩获，宋师败退，据守城池，小心设防。

契丹退回草原。

有一种记录，说萧挞凛南侵之"梁门泰州之战"，乃是"望都之战"的组成部分，但考《续资治通鉴》，两战之间相隔整整一年。前者发生在咸平五年（1002）夏四月，后者发生在咸平六年（1003）夏四月。按照契丹善于"侵扰"的习惯，《续资治通鉴》记录可能是准确的。

真宗在得到前线败报后，给边防军的诏命是：好好将边境田野改造成阡陌纵横的"方田"，用这个来限制草原骑兵的驰突。

随后，又开始"简政"，首先从河北开始，减免太祖以来的"冗官"。

两个月后，已经到了夏季五月，有一位负责督催诸州欠款欠税的正局级"催欠司"财政官员杨覃，给真宗上奏，要求蠲免全国各地欠缴的"国税"八百万。真宗批准了这个建议。事实上，此前一年，也即咸平四年（1001）时，"催欠司"曾将各地欠缴"国税"，也即"官物"的官民带到京师，并进入大殿，由真宗亲自"辨问"，当面核对、辨析、问讯。这样的"辨问"进行了七天，结果是：释放二千六百余人，蠲免"国税"二百六十余万。

一般来说，负担这些"国税"的地方官民士庶，可能遇到了缴税困难，故多年抗税不缴。此事如果遇到无道邦国，那是无论如何也要缴纳的，不论你是否缴纳得出，拆房卖地砸锅卖铁还是其次，酷毒用刑百般凌虐都是常事。在无道邦国，督债官吏的狠毒往往令债务人生不如死。

不仅如此，无道邦国还有"加赋"的恶习。所谓"加赋"，往往都打着国家的旗号，强行搜刮民间，钱粮入官，用以支撑皇室开支、朝廷开支、官员开支，以及战争开支、大典开支。后晋的"括率"、马楚的"加税"、西蜀的"追督"，都是五代乱世以来的催债兼加赋的案例，那种血腥行径，是大宋无论如何都做不来的。

胜出无道邦国的政策，不仅是大宋不加赋，甚至在正常税收之际，遇到实在缴税困难的地方州郡，无论官民士庶，朝廷还网开一面，往往予以蠲免，即使面临着契丹、西夏两面的战争威胁，需要庞大的军费开支，大宋瞩目于民生的政策也丝毫不动摇。大宋从不宣扬崇高，尤其不以宣扬崇高为旗帜、为借口而动用民间私财。大宋一直在做应该做的事，从不自我旌表。

这是大宋文明的展开中至为动人的一面。

但大宋也有制定制度时，"仁政"过头，最后不得不修正的地方。

就在这年五月，西夏闹得厉害，边兵不足，辅臣要求从河北召集"强壮"也即"乡兵"充任禁军职能，开赴前线。但真宗回答说：

"初置强壮，尝谕以永不充军。"

当初在地方招募乡兵，曾告诉他们：永远不以乡兵充军前线打仗。

所谓"强壮"，就是地方兵。由地方招募，地方管理，守卫地方。一般情况下，敌人来了，"强壮"们就被召集起来入城守卫；敌人走了，就退出城中，回家务农。

但真宗这一条"谕旨"就"仁政""仁"得过了头。国家野战军（禁军）总要捍卫国防，四境有事，必要打仗；打仗，就有兵员损失；有损失，就要补充。这是"国家性质"决定的合理性、合法性与正当性。当然，国家应有预备军队，但紧急情况下，临时征兵，是任何合法政府都不可免的意外法案。从"强壮"中征调正式国家野战军，也是顺理成章的事。真宗有"克念作圣"之心，在这个重大问题上，当初许愿过头，显然是"政治不成熟"的表现。所以当朝大臣吕蒙正反驳真宗道：

"阙（缺）兵非取于民，不可得也！"

如果缺少兵员，不到民间去征用，那是不可能得到的！

吕蒙正捍卫了政治家的责任伦理，并令真宗付出"食言"的代价，让他改变了当初的"谕旨"。

最后的结果是：折中一下，没有改变当初对河北乡兵的许愿，改用了河南乡兵，补充西北兵员。

即使如此，还是遭遇朝中其他大臣的抨击。一位叫田锡的朝臣就对皇上上言说："点集乡兵，人情不安，实伤和气！"这话说的，对致力于"敛天地之杀气""召天地之和气"的真宗来说，实在是伤害太大了。但真宗无奈，他知道吕蒙正是正确的。田锡是一个敢言的朝官，史上也确有不俗的见解贡献，但在这个问题上，与大宋三百年各种"主和派"的官员犯有同一个毛病：胶柱鼓瑟。接受一个正确的理念，时时宣称，不论宣称的时机妥当与否、合适与否。所以，儒学有一个极为精湛的方法论演绎：权变。

《论语》记载孔子语录："可与共学，未可与适道；可与适道，未可与立；可与立，未可与权。"可以同学，未可以到达"道"的境界；可以到达"道"的境界，未可以事事依礼而行；可以依礼而行，未可以与他一道通权达变。

这是孔子儒学，也是传统文化中特别出色的一种思想。"权"就是秤砣，是可以用来衡量轻重的砝码。所谓"权变"也即应时而变，特殊境况中，不固守一义之隅。所以后人称颂"政治成熟"的圣人有言："圣人者应时权变，见形施宜。"现代管理学将此展开为"权变理论"，影响世界深巨；但这个源头来自孔夫子。中国圣贤，其义理，往往有莫测之高深。不能"通权达变"，就是"胶柱鼓瑟"。

史上的"腐儒"就是这样炼成的。

两宋,乃至传统中国,当朝辅相,往往"一言兴邦",他们往往只有一句话,却改变了国运的走向。这样的辅相,被称为"大臣""社稷臣"。吕蒙正,就是这样的"大臣""社稷臣"。而田锡,虽然史上贡献不俗,也常有真知灼见,但在这一个回合中,他所"附呈"也即连带着呈献的,则是一个寻常可见的"腐儒"姿态:高贵,但是颟顸。

地方分权与中央集权

现在是咸平五年(1002)夏末。

契丹始终保持边境压力。而西北李继迁攻陷灵州后,又派出两万骑兵进围麟州(今陕北神木)。大宋不得不派出附近州郡屯戍部队增援。与此同时,为了防备契丹南下,又提前安排大将王超为河北定州路驻泊行营都部署,王继忠为副都部署,韩守英为钤辖。但还有个高阳关,缺少一个都部署。朝廷选将,以知枢密院事周莹充任永清军(今属河北邢台)节度使,并兼任高阳关都部署。

周莹麾下有一仆从借势与一位虎翼小校争气斗胜。这事在军旅中属于"扰乱军政",统帅周莹负有控御不力的责任。大宋有互相监督、按程序弹劾的制度性规定,于是,此事被人放大,成为一个案件报到朝廷。

真宗了解详情后,下诏告知枢密院与御史台部门,不必继续追究，只将这个仆从调离，到其他军中服役。

真宗自有大事化小之手段。

河北前线按照真宗谕旨，讨论后提出了御敌方案。基本意见是：

如果契丹国主率大军来袭，河北宋师就在保州（今属河北保定）以北的徐水、曹水之间列寨，以防御为主，在防御中寻机歼敌；如果契丹国主不来，只派统军来袭，就令保州、徐水、曹水三路兵呈"掎角之势"，主动邀击。与此同时，河北边境当根据敌来形势，伺机派选"骁将锐旅"从东路入攻北境，在契丹本土实施打击。

现在来看宋师的这个战略安排，并无出奇之处。战略奇谋，不是战前就可以随意规划的。实战往往平易。

但这个夏季传来了两个好消息。

西夏李继迁终于没有攻克麟州，在宋师打击下，损失一万多人，逃遁了。

契丹属地大林砦（地点不详）的守卫司令王昭敏率部下投降了大宋。

真宗很高兴，再一次召集辅臣到"地图室"，拿出《河北东路图》来讨论前线形势。

宋代，"路"是略相当于省一级的行政单位称。太宗时，全国分为十五路，在此基础上，后代又有析分，神宗时为二十三路。南宋丢了北部大半，保住了这二十三路的十五路，又将浙江分为东西两路，总十六路。路越分越多，辖区也就越来越小。

为何有"路"？"路"为何不断析分？原来也与抑制藩镇有关。

"路"在唐代称"道"，也是朝廷下设的监察区域，所谓"藩镇"，就是诸"道"的节度使"监察"之下的行政单位。但节度使权力越来越大，垄断了地方的行政、军事、钱粮、司法大权，渐成"独立王国"，甚至出现世袭。史上之"藩镇割据"，直接的源头就是这类"省部级"官员权力太过集中——既是"省长"又是"省军区司令""省财政厅厅长""省法院院长""省公安厅厅长""省检察院检察长"，还是"省监察厅厅长"，等等。"绝对的权力，绝对导致腐败"这一政治哲学名言，在藩镇割据史上得到丝毫不爽的印证。

大宋决计杜绝这种腐败。于是，宋太祖后，开始限制并分化节度使权力。宋太宗后，改称"道"为"路"，节度使权力被继续分解，并由中央派出，除了西北少数地方之外，一概不允许世袭。而路一级单位又渐渐分化为不同职能权力的四个职官执掌，史称"帅、漕、宪、仓"。安抚使，掌军事与民政，简称"帅司"；转运使，掌财赋与运输，简称"漕司"；提点刑狱，掌地方司法与刑狱，简称"宪司"；提举常平，掌地方钱谷与水利等，简称"仓司"。

就分权和集权之矛盾而言，这种设计可谓达到最佳平衡。

大宋"路制"有三个巧妙之处。

第一，"帅、漕、宪、仓"四司，同时负有监察地方之责，故有时又统称"监司"。各监司之监察权极重，几乎握有地方之生杀大权，但谁也不敢滥用监司职权。四司的第一长官，几乎相当于现今省级单位的"一把手"，但由于四司分权，譬如，诸司之"使"也即主要长官，有"经略使"与"转运使"之不同，这样，诸司就带有了监察方向不必言明的竞争性。因此，四司之间，也存在着互相监察的功能。

第二，诸路各司，往往与诸路辖境并不重叠吻合。如"帅司"负责统管区域有时会小于"路"一级单位，而"宪司"负责统管区域有时会大于"路"一级单位。这样做的目的是：朝廷派出的诸司长官，仅仅带有临时性质，随时可以收回；任命之际，也可以临时划定权力范围，这个权力范围并不作为国家行政单位长期存在。这样，诸司们就不大可能将"生地"做成"熟地"，诸路演绎为"地方独立王国"的可能性几乎为零。

第三，虽然全国划分为十几路、二十几路，但地方之具体治理，仍实行州、县二级制。这个意思是说：路一级，只是相当于省级单位，但不是省级单位。四司，也仅仅是临时派出的"省部级"官员，州、县级的地方官员仍然直接对朝廷负责而不是对四司负责，有事时，知州、知县仍有权力直接与朝廷对话。

这样的设计，体现了传统中国文官治理天下，地方分权与中央集权的巧妙平衡。大宋三百年，无藩镇之祸，与这种设计关联极大。

真宗拿出《河北东路图》来讨论，是因为这一"路"太过重要。

河北，史上就存在着东西两路，宋仁宗时将其合并为一路，神宗时，再次划分为东西两路（有人认为神宗时始将河北划为两路，不确）。河北东路，包括了今天河北省的拒马河与天津的海河以南、滹沱河以西大半个河北省，向南，包括了河南濮阳和山东北部地区，东部到渤海。从东到西，从今天的天津塘沽区、河西区，到河北的霸县、雄县、容城、徐水、保定满城区，迤逦近五百里，是为大宋紧邻契丹之边界重镇。这一区域，地势平坦，为华北最大面积之冲积平原，利于骑兵驰突，故契丹入侵，往往选择此"路"，甚至一直驰突到平原的南端，进入山东、河南之北部区域。"澶渊之盟"，契丹的铁骑就一直驰突到河北东路的最南端，濮阳。历史上，太宗、真宗两朝，与契丹的主要战事，也多在此"路"发生。故大宋在河北东路投入了最为重要的地缘防御力量。

但大宋倾尽朝廷全力，由于道义方向的原因，不愿意穷兵黩武，不愿意做民间大众动员，不愿意"加赋"；也由于政策上的原因，不愿意崇尚武功，不愿意要边帅做大成为石敬瑭第二，不愿意天下再出现汉唐以来藩镇割据的噩梦。在面临凶悍的草原民族时，大宋除了强化防御、除了御驾亲征，似乎也没有更出色的"良策"。可以讲，终大宋三百年，没有"良策"。

这一次，真宗面对《河北东路图》，对辅臣们指点山川要害处说道：

"契丹侵入，一直到滨州、棣州（皆位于今山东北部，宋时属于河北东路），让此地人农业损失很大。今冬如果他们再来，朕一定要北上邢州（今属河北邢台）、洺州（今属河北邯郸永年区），再往北，一直驱逐他们出境，以此来安定生民，保护他们的生命财产安全。"

但吕蒙正等辅臣一致要求真宗不要御驾亲征，只需要精选将帅，要求他们完成战争成效，皇上车驾则不必北上。

真宗对辅臣们说：

"若此，卿等宜各画必然之策以闻。"

如果是这样，爱卿等人每人都规划一个万全必胜的意见给我看。

真宗在他那个时代，是一等一的头脑。在整个大宋历史上，真宗也是文武双全的天才，他想不出"必然之策"来，辅臣们也如此。

事实上，在此之前，真宗已经多次向朝臣们问询御敌"良策"，甚至还专门与吕蒙正有过一次推心置腹的交谈，期待着这位当朝第一辅臣能有超一流头脑，琢磨一个"良策"出来。

史上记录了咸平五年（1002）开春，真宗在便殿与吕蒙正的一番话：

"每岁防秋，全师聚于定州，此国家旧制也。若散屯士马，分路进讨，又恐兵力不一，难遏贼锋。去岁会兵列阵，逼近边陲，议者又称飞挽刍粟不易偕行。朕每遇将臣，未尝不与细论利害，然多是众所共知及已行之事，未有能出奇策者。国家甲兵之数，卿等具知。今已复春时，汲汲经营，至将来犹虑不及。中书、枢密院可各述所见，且今岁防边宜如何制置，条例以闻。"

每年到了防卫契丹最重要的秋季，全国精兵都集中在河北定州一线，这是国家多年来的惯例。如果不这样，将屯戍部队散置，分路进讨，又担心兵力不集中，难以遏制契丹兵锋。去年长城口大会战，我们就将战线推进到边境，没有放契丹进来，但朝臣们又议论向边境输送粮草很难，不容易与大军同时展开。所以朕多次与朝臣们讨论此事的细节利害关系。但朕听到的，都是众所周知的道理，或者是已经行之的意见，没有什么人能拿出奇谋良策来。国家有多少兵马，这些数据你都知道，现在又到了春天，即使现在就细细谋划，到了秋季，还恐怕来不及。你带着中书省文官和枢密院的武官，一起来讨论这事，看看今年的边防大事如何设计。可以将讨论后的结果制成文书一条条地向我汇报。

吕蒙正能够想到的是：第一，反正不能御驾亲征，当初隋炀帝、唐太宗都曾御驾亲征，都失败了。所以，真宗不能亲自出马，再蹈覆辙。第二，河北东路乃是战略要地，战时转运辎重很仓促，因此，应该预为筹谋，在边境地区屯戍足够支持一场大战的粮草。

其他辅臣包括钱若水、田锡等当朝一流头脑，能够想到的也只是：一、修德，做好大宋内功；二、积蓄粮草，训练士卒；三、选将，任命合适的统帅，信任他，给他足够自主权力。

辅臣们认为"时"未到，所以大多不主张与契丹全面决战。这个心理背景是符合圣贤理念，也是富有现实精神的。这个"时"未到，不仅是说帝国力量未到，契丹衰落未到，也隐含着帝国还没有出现一个秦皇汉武那样的铁血统治者。

战争，是国力之拼，也是统治者格局、气质之拼。大宋帝国经济发达之际，如果遇到嬴政、刘彻那样的统治者，对付契丹，大约会选择全民总动员，拼尽国家底气的激情国策与战略。秦代男子十七岁后，即开始服兵役，每人都有一年以上的役期，做"更卒"或"正卒"，随时准备劳役、屯驻、戍守、打仗。退役后即为"预备役"士兵，遇到战争，还可以临时征调。各种罪人也往往列入战斗序列。汉代承袭秦制，都是全民皆兵制度，不过从二十三岁开始服兵役。但汉代兵种大略可分为禁军、戍卒、地方兵，地方兵主要做劳役，从二十岁开始。汉代还有花钱请人代服兵役的习惯法。很多人家不愿意服兵役，就投靠富有人家，要富户出钱另雇他人。这些投靠者，就成为所谓"奴隶"，其实是自愿卖身的穷人。

秦皇汉武要开疆拓土，不惜最大国民牺牲。这种事历来有两种评价：一种是承认其合理性、合法性、正当性，认为国家要强大，必须有牺牲；一种是以民生为核心，以仁政为诉求，宁肯屈己，也要仁民。大宋帝国君臣选择的是后者，故以牺牲民生为代价的开疆拓土，终大宋三百一十九年，他们做不到。

所以，帝国之"时"未到，也意味着帝国以牺牲民生为代价而开疆拓土之国策，制定之"时"未到。在这样的政治政策、政治生态条件下，要大宋帝国君臣们想出"奇谋良策"，是不现实的。

"战殁将军"王继忠

就在帝国君臣费尽心思谋划"奇谋良策"时，契丹进入了河北边境，"望都之战"开始了。

咸平六年（1003）四月，西夏李继迁正在袭扰大宋陕北的时候，契丹南府宰相耶律诺衮、南京（也即幽州，今属北京）统军使萧挞凛，率草原铁骑数万人，来攻河北定州。定州是大宋部署在河北的行营指挥部所在地。都部署王超，闻讯当即起兵，先派出精锐步兵一千五百人，北上百余里，到望都狙击来犯之敌。

望都，在北平寨与定州之间。

这一千五百宋师，当头遇到的是契丹的先锋骑兵，一战，契丹败绩。史称"杀戮甚众"，契丹被斩杀很多。

而契丹另一支骑兵到达定州附近要塞康邨，在这里遇到了大宋领云州观察使、定州副都部署王继忠。

耶律诺衮与王继忠的遭遇战，从日落时开始，一直战斗到二更天，史称"敌势小却"，契丹的兵势有了小小的退却。天黑不战，似乎是古时阵地战不成文惯例，双方收兵，扎寨。到了天亮，继续战斗，但这时契丹的后续部队已经陆续到达。耶律诺衮发现这支宋师很有战斗力，就集中兵力专门攻击王继忠大阵的东偏方向，并派出精锐骑兵从阵后包抄，焚烧宋师粮草，一时间由南往北临时开通的运输线，被契丹卡断。这样，王继忠部当晚就将没有饭吃。形势危急，王继忠率领麾下对契丹实行反包抄，跃马驰赴粮道，接应转运部队。

但王继忠的穿着打扮与众不同，一身统帅将军戎服，靓丽得很。契丹辨认出来这人是个军中大员，于是将这支驰援部队隔断，调动各处草原兵，包围了数十重。草原兵一层层压过来，王继忠部与敌人作"殊死战"，杀掉一层，又围一层，层层都是草原生力军。而附近的王超、桑赞部队，都没有在大阵之南做策应。更危险的是，与王部协同作战的镇州副部署李福、拱圣都指挥使王升，远远地发现形势不利，竟然率众撤出战场。他们放弃了救援副总司令王继忠的战场职责。王部成为孤军，渐渐不支，于是回战，试图与原来部队会合。但契丹铁骑裹挟着这支人数不多的宋师精锐，往东、再往北，绕开了王继忠留在康邨的主力。王继忠在败退中，且战且行，试图跳出包围圈，但"数十重"草原骑兵，似乎志在必得，王继忠跳不出。于是东北败退百余里，直到一个叫白城的地方，筋疲力尽，士马皆困，被契丹击败、擒获。

随后，契丹退出宋境。

王超等闻讯，带领战场上的士兵回到定州，并派出使者向真宗汇报战况，王超以为王继忠已经战死。

　　真宗听到前线副总司令战败且战死的消息，受到震动。下诏赠王继忠大同军节度，并加侍中，送给家属钱财公费办理丧事，还封赏了他的四个儿子袭父荫为官。王继忠得到了"战殁将军"的待遇。

　　一直到第二年，真宗和朝廷才知道王继忠没有死，他不但没有死，还在草原见了契丹的萧太后，萧太后爱他的才干，授给了他户部使的大官；不但做了契丹的大官，还接受了契丹的封赏，做了"楚王"；不但做了"楚王"，还接受了契丹女人做妻室，成了人家的异国女婿；不但做了异国女婿，还"激昂"宣称，愿意为草原"尽力"；不但宣称"尽力"，还改了契丹族的名字，叫什么耶律显忠（后来又改为耶律宗信）。

　　王继忠与四年前"关南之战"的康保裔，几乎是同一个故实，都是"先死后生"——朝廷得到的消息是"战死"，后来知道是"投降"。

　　康保裔在战前慷慨激昂，激励将士"不惜死"，但战败后被俘，也得到了契丹的封赏，据《辽史》记载："……以所俘宋将康昭裔为昭顺军节度使。"已经有人说明：康昭裔，就是康保裔。昭顺军，今属安徽合肥，当时由契丹封康保裔为这个地方的节度使，乃是"遥领"，也即荣誉头衔，并非实职。事实上，王继忠在大宋为"云州观察使"，这个"云州"，在当时也属于契丹领地，因此，王继忠也是"遥领"，而非实授。

　　当时康保裔"失踪"后，生死不明。真宗为了论功行赏，需要了解实情，就责成远在太原的"走马承受"，也即朝廷安排在地方的公开的耳目夏守赟，秘密调查康保裔下落。

夏守赟调查后，坚持认为康保裔"定死"，一定会不屈而死。

真宗接受了这个调查意见。

康保裔父祖都是烈士。真宗认为康氏一门忠烈，于是厚待了他的家人，给了康保裔赠官的荣誉；让他的儿子康继英袭父荫为官；褒奖了他的母亲。但康继英得到这些荣誉后，哭着说："臣的父亲不能在战场上决胜而死，朝廷如能免除我们家人的罪过，我们已经非常庆幸，哪里还敢蒙受这样非常的恩典！"

其他将士也有不同的恩赏。到了赏赐高阳关副都部署李重贵时，这位将军叹息道："大将陷殁而吾辈计功，何面目也！"大将康保裔等人陷没敌阵，而对我辈赏功，我们有何面目来接受这份荣誉呢！

大宋士人，经由几十年道义熏陶，渐渐有了耻感。可以感觉得到，真宗一朝的文臣武将士大夫，与五代十国时的乱世那种道义沦丧的风景比较，有了全新的面目。耻感，是道德展开的一种标志。

但这个消息透露出：当时对康保裔的生死问题，就存在着两种意见。

但真宗不听康继英的哭诉，还是按照功臣的待遇慰劳了康氏一家。

后来，真宗知道了康保裔、王继忠的真相，依然不对"投降者"做惩罚性处理。康保裔后来的事迹不明，王继忠后来则得到了真宗的赏赐。显然，真宗对战败后的"投降将军"，处理起来与历史上的其他帝王不同，譬如，与汉武帝比较，手段就要柔和、仁慈得多。

汉武帝诛灭了战败投降匈奴的名将李陵一家，那种血腥，是宋真宗不愿意做的。

静戎军（今属河北徐水）周靖是本军副指挥使。契丹入寇静戎军时，周靖据守公孙桥，率众击退契丹。但在戍守黑卢口时，再次与敌人战斗，被俘。几年后，他设法脱身来归，真宗不但没有责罚他，反而擢任他为兵马使。

战场投降现象，纳入政治伦理讨论，会有不同于时论的"游戏规则"。简言之，在文明邦国，军人经由战斗而失去战斗能力，投降，是一种选择。在这类条件下的"投降者"，选择成为"战俘"，而不是选择战死或自杀，对自身而言，确属于"耻辱的选择"；但在文明邦国，一旦迎回这些"战俘"时，他们会得到"英雄"凯旋般的鲜花。这之中有一种习惯于极权主义激进思潮无法理解的伦理：生命可贵。对任何人而言，都是一死为难。康保裔和王继忠都曾在战前有过不惜一死的决心，但是事到临头，还是放弃了一死。尽管这种放弃，充满了屈辱。"贪生"而"怕死"，实在是造物赋予生物（包括所有动物与植物）的根性。没有任何生物、任何人，愿意无条件放弃"生"而选择"死"。需要的是"尽力"。"尽力"就是"忠诚"。对已经"尽力"但在死亡关头选择"投降"的战士，文明邦国并不轻视他们、侮辱他们。

当然，愿意选择战死和自杀的战士更伟大。——不过文明邦国并不鼓励战斗人员必须选择战死和自杀。"敛天地之杀气""召天地之和气"的大宋，就从不如此鼓励将士，尽管不少威武的大宋将士选择了战死或自杀。

但宋真宗优厚对待降将王继忠，还另有原因。

王继忠，是直接促成了"澶渊之盟"的有功人士。

他是开封人，父亲就曾戍守过瓦桥关，因此也算得上是将门之后。宋真宗在王府时，他曾在府中做事，生性"恭谨厚道"，因此受到王府赏识。真宗践祚后，他渐次升官，最后做到定州一路的副都部署。十几年来，他与真宗赵恒有私人交谊，能够对真宗知无不言。他对大宋和真宗的忠诚是一以贯之的。

这一次"望都之战"，他的投降与历史上的李陵很相似。

司马迁就曾为李陵辩护说："李陵对待亲人很孝敬，对待将士讲诚信。常常在国家紧急状态下奋不顾身（成语'奋不顾身'即出自此）。他平常习性所养，有国士之风。……这一仗，李陵带领步卒不满五千，深入北方戎马之地，与数万精甲骑兵斗战，当其时，甚至来不及救死扶伤（'救死扶伤'这个成语也出自此），全部张弓搭箭与匈奴血战。这样转战千里之地，最后用光了箭矢，走进了深谷，还冒着敌人的钢刃，张空拳，战斗不止。如此得到将士拼出'死力'，即使是古代的名将也不过如此。李陵虽然败降，但他所摧败的匈奴也足以让天下人知道。他现在不死，应该是要寻找机会来报答我大汉啊！"

司马迁这一番话，移用到王继忠身上，也是合适的。

王继忠在战斗中主动迎击来犯之敌，又以孤军轻骑去救援粮道，在"殊死战"中杀获甚众，这些都与李陵相似。而更相似的是，王继忠也很想在投降契丹后，继续报效中原。

他比李陵幸运。李陵遭遇了汉武帝朝中的嫉妒和中伤，结果没有得到报效大汉的机会；而王继忠得到了。

一年以后，"澶渊之盟"前夕，契丹有了和议的实际行动，要王继忠向大宋联系和议之事。王继忠当仁不让，承担起了这个责任。他在契丹一年，也明了契丹的综合国力，明了契丹不是大宋可以战胜的，当然大宋也不是契丹可以战胜的。他也能审时度势，知道中国应该有一个新的格局。于是，他以过去曾在王府工作的旧人身份，对真宗有了诚恳的建议：大宋、契丹两国，和了吧。

　　真宗这才知道王继忠原来还活着！

　　据说真宗还在做开封尹时，曾令府邸的旧人张耆、夏守赟、杨崇勋、王继忠等人，到开封街市上一个"揣听声骨"盲人卜者那里去算命，当作游戏。说道诸人，有的很准，有的不准，倒也罢了，独独为王继忠摸相时，盲人卜者大吃一惊，说："此人可讶，半生食汉禄，半生食胡禄。"真宗当作笑话一听。

　　事未必可信，但投降契丹，还能一生平安，得到两边的优待，这在熟悉"政治仇恨"与"政治恐惧"的习惯下，理解起来，还需要一点别样的思想资源。

　　种种因缘，开始和合，王继忠的意见和存在是诸缘之一，在后来的日子里，契丹、大宋，和了，从此南北息兵。朝廷认为王继忠有功，于是，每年派使者到契丹，都要给王继忠带上一份礼品，包括袭衣、金带、器币、茶叶、药物等。而王继忠，对着大宋来使，也一定会流泪。泪水里充满了羞愧、庆幸、感恩。他还曾附奏给真宗，要求召他回到中原。但朝廷认为与契丹的盟约中有一条规定："双方各无所求"，因此不想背盟，就赐给他诏书，要他在"盟邦"契丹安度晚年。

　　大宋的"和气"，在在皆是。

但"望都之战"失利后，真宗的"和气"多了一点凌厉。他吸取傅潜"拥兵自重"惩处不严的教训，开始总结此役的经验教训。

他对近臣说："用兵当然会有胜败，但我听说此役临阵时，有人公然不保护主帅，还带着兵众率先逃跑。这事如果不推究治理，如何可以惩戒后来者！"

于是命令朝官专案调查。结果镇州副部署李福、拱圣都指挥使王升，因为没有救援王继忠而受到严厉惩罚：一个被削去官职流放封州（今属广东），一个被决杖配隶琼州（今属海南）。还用这个案例诏告、警戒诸路将帅。

王夫之的史论

"望都之战"中，战死的将士不少，朝廷对战死者家属做了妥善安排，所有战殁者的子孙都得到优厚抚恤。户部正在忙着为烈士们制定表格、调拨物资时，朝廷得到一个噩耗：名相李沆病死。

李沆，是传统史学评价极高的一个人物。

有意味的是，他与"敢以天下为己任"的名相们不同，他一生几乎没有什么建树，相反，往往都是其他官员试图有所建树时，被他抑制、按下不动。这样的人物也算"名相"吗？熟悉张子房"运筹帷幄之中,决胜千里之外"的智者型宰相,熟悉诸葛亮"鞠躬尽瘁,死而后已"的苦干型宰相,熟悉张居正"福国利民之事,挺然为之"的改革型宰相，诸如此类，未必熟悉李沆这种类型的宰相。他的特点就是"无为而治""清静无为"。

理解李沆，与史上人物比类，可以说到顾雍。

理解顾雍，就要说到王夫之，说到他的《读通鉴论》和《宋论》。《读通鉴论》是王夫之评价战国到五代时期的人物、事件的史论集，《宋论》则是评价宋代三百一十九年的人物、事件的史论集。两书皆有令人惊叹的真知灼见。《读通鉴论》对顾雍的评价，就令人耳目一新。

在王夫之看来，三国之际，蜀汉因为奉行光复汉室政策，所以"义正"；曹魏因为挟天子以令诸侯，所以"势强"；而东吴夹在中间，"义"不如蜀汉，"势"不如曹魏，但居然能与蜀、魏鼎足而三，这是因为东吴"有人"，而这个"人"最重要的就是顾雍。

顾雍就是史上居于相国之位的"天子之大臣"，可惜屈于时势，只能服务于偏安之邦。从史上为人称道的三代夏商周往下数，检点"大臣"能够做到像顾雍这样的，太少了。

顾雍平时"寡言慎动"，一般不做自我旌表，很低调。据说他因功封侯之后，很长时间连家人都不知道。过了好久，家人听说咱家户主做了侯爷，不禁大吃一惊。但顾雍还是恬不为意的样子。他沉默寡言，用人却非常公正，任免官员不分亲疏；看到民间利病，就秘密地向国君汇报并提出改良建议，不自家垄断恩威，一般官员提出改革意见，要弄个小利小功什么的，他都压下不动。国防上有些"便宜之策"看上去可以有收效，但往往手段不正，他也废置不动，一切都从道义远大目标考虑。顾雍的行为很像西汉丞相曹参的简易无为，但又不忽略法度；很像大唐宋璟的静肃公正，但又不丢掉廉介。

从顾雍以后，东吴几十年间没有屠杀劫掠之民生悲剧，也没有苛刻繁杂之朝廷虐政，在整个三国时代，东吴是很独特的。

王夫之慨叹：可惜东吴没有蜀汉之"义正"、曹魏之"势强"，最终处于东南一隅；不然，以有顾雍这样的人物，"平定天下而有余"。

王夫之对顾雍的评价就是如此之高。

说到后来的宰相，能够与顾雍相提并论的，就是李沆。

王夫之说："求其德之相若者，旷世而下，唯李沆为近之。"但他同时也认为，顾雍所处的时代是一个"兵争之世"，所侍奉的君王是一个"雄猜之主"。这样看，同为"天子之大臣"，顾雍比李沆难度要大。但这话也从侧面证明了，大宋李沆遇到的真宗赵恒，是一位道义德能远远超过东吴孙权的明君。

王夫之将李沆与顾雍比较的这个史论信息极为密集。简言之，这个案例预表了圣贤理念之下的执政模型应该是什么样的。

就像世人很少知道顾雍有何成功不朽的业绩，或激动人心的"建设性意见"一样，世人也几乎不知道李沆究竟做了什么了不起的大事。

"圣相"李沆

李沆在太宗时期就已经有了清名，史称此人"器度宏远"，是一个气场很强大的人物。太宗时，他判吏部铨，算是个组织部的司局级干部。太宗爱饮酒，常有"曲宴"，也即宫廷中帝王召集的私人性质的宴饮。李沆有一次参加，宴罢，诸臣退下，太宗看着他的背影很久，赞叹道：

"你们看李沆这风度，端庄而又稳正，他确实是显贵之人啊！"

所以太宗要他和李至做太子即未来的真宗的老师，"太子宾客"，并要太子向老师跪拜。李至与李沆都是生性严肃、不苟言笑的人物。按太宗意愿，就是要培养自己的儿子养成端正的风格，所以对"二李"很有期待。宋人笔记曾记录，李至做过一篇文章，说自己曾有一梦，梦到在一个道观里游赏，进入一座大殿，看到一个宝床，床上有一个金色的大龙盘踞。有一个道士两眼像放电一样，对李至说："你马上下拜——以后你要侍奉这个金龙。"李至正要下拜，没想到金龙却从床上下来，先向李至下拜。这个故实很可能是后来的文人附会，但其起意，是真宗做太子时，向两位太子宾客下拜的史实。太子向老师下拜，历代罕见。这一故实预表了宋代"偃武修文""尊师重道"的太平景象。

真宗践祚后，李沆升官，做到宰辅级别。契丹来犯，御驾亲征，真宗就要李沆做京师留守。留守，相当于"监国"，在过去传统中，都是由太子来充任。现在由李沆来做，可见君臣一体的那种信任和托付。而李沆也确实不负所托，皇帝不在京师，李沆不杀一人，而将偌大一个京师治理得井井有条，不见任何动乱迹象，史称"京城肃然"。

真宗曾向李沆询问治国方略，李沆说：

"不用浮薄新进喜事之人，此最为先。"最重要的是不能重用那些浮华浅薄和好大喜功的人。

真宗问他，当朝，谁是"浮薄新进喜事之人"？李沆一向不愿意言人之非，但是事关国家命运，于是不客气，提到了三个人：梅询、曾致尧、李夷庚。真宗认为他说得对，因此，一直到晚年，都没有重用这三个人。

事实上，按这三人的表现，当时也并没有大恶。但这就是"识人"的本领。当然，三人后来也没有大恶，李沆一番话，等于"断送"了三人的更好前程。

梅询，曾做进士考官，得到真宗召见，君臣有过尽兴的谈论，真宗也很欣赏他。当时西夏袭扰中原，梅询也有方略，他的意见是：将西夏与大宋之间的朔方一地授予第三方势力吐蕃。主要是想要吐蕃人从后方来牵制西夏，所谓"蛮夷攻蛮夷"。这个战略思想也是汉代以来"以夷攻夷"的思路。

真宗开始觉得这个意见不错，就问谁可以去做吐蕃人的工作？

梅询又自荐，愿意做这个事。真宗觉得此事危险，不想让他去，梅询就慷慨激昂道："苟活灵州而罢西兵，何惜一梅询！"如果能够盘活灵州这盘大棋，何必可惜我梅询一条性命！真宗还是没有派他去，而是另选一人前往西北，但是还没有成行，灵州已经被西夏攻占，此事不了了之。

梅询的这个西北国防韬略，与李沆不同。

当初真宗问诸臣灵州问题时，李沆主张放弃。他认为只要李继迁这个西夏首领在，灵州孤悬绝域，与中原相距遥远，必定会失守。所以，不如将灵州城中士庶迁往内地，留下一座空城给李继迁。如此，省得劳师远征，靡费粮饷，而西北之民也可以得到休息了。

李沆这个意见固然过于怯懦，但也是实实在在看到了固守灵州的"时势"未到。而后来的灵州失守，也印证了李沆的判断具有天才的前瞻性。而梅询的意见，未必不可取，但在以"偃武修文""清静无为"为政治哲学的李沆看来，就属于"好大喜功"，是有可能将国家推向"穷兵黩武"之路的危险萌蘖。而"以夷制夷"，历史上看，也往往成本过高，存在着"引狼入室"的可能性。唐太宗曾以薛延陀部落制裁突厥部落，但后来薛延陀部落与大唐也开始兵戎相见；唐肃宗时，曾以回纥部落牵制胡人安禄山，但后来回纥部落几乎血洗了东都洛阳；这都是最近的案例。所以，李沆对激情四射的梅询并不欣赏。当他向真宗讲述"不用浮薄新进喜事之人，此最为先"时，真宗应该是明白了人与人格局的不同。

梅询虽然没有得到大用，但他还是做到了龙图阁待制、翰林院侍读学士，而他的门生、部属，很多人都做到了宰相或副宰相。史称梅询为人"严毅修洁，材辩敏明"，严格，沉毅，有修养，廉洁自好，是富有洞察力、能言善辩的人才。他在翰林院工作，常要起草文书，有一次才思忽然困住，苦思而不得成文，就带着笔到汴梁大街上散步构思。看到一个老兵偎在墙根晒太阳，伸伸腿、抻抻筋的，很舒服。他不禁羡慕这个老兵，叫一声"畅哉"，适意呀！然后问这老兵："你认识字吗？"老兵说不认识。梅询不禁羡慕道："那就更快活了！"

此人也有雅趣。他喜欢焚两炉香，然后用公服罩住，香烟灌满宽大的两袖，他就提着这两袖香上班。就座挥袖，满室生香，人称"梅香"。

曾致尧，则属于"能臣"系列。但他太过苛刻，所以太宗那时对他就有不甚满意的看法。有一个案例似乎能够说明问题。

太平兴国年间，他以朝官身份出任两浙转运使，负责督收地方租税。两浙，是浙江东路、浙江西路的统称，辖境包括今浙江、上海全境，并江苏长江以南地区。不久，他向朝廷发来一个奏章说："去年臣所管辖的区域，收秋租，只有湖州一郡按期缴纳，其他地区，如苏州、常州、润州（今属江苏镇江）等，都有拖欠。请按此予以赏罚！"但太宗了解到江淮地区已经多年水灾，苏州、常州的灾害特别严重。曾致尧这个意见，看似为朝廷效力，却有伤大宋仁政，因此认为他的意见"刻薄不可行"，并特意给他下诏，告诫他不要扰民。

史称曾致尧是一个"性刚率，好言事"的人物。他还不太懂"礼"，前后多次上章奏，言辞间很多狠话，更多激情攻讦之词。

这样的人物，也是"清静无为"的李沆所不喜欢的。

李夷庚则是一个被人称为有"贪凶之状""多不法"的"憸人"。所谓"憸人"，就是有着奸佞之心的小人。邦国治理，此类人物充斥其间，是很容易走向天下昏乱的。司马光曾有言："夫端士进者，治之表也；憸人进者，乱之阶也。"端正之士升官，是天下大治的表征；奸佞小人升官，是天下大乱的开始。制度一律之际，"端士"当朝还是"憸人"当朝？那政治局面是不一样的。而李沆，不愿意真宗一朝任用这类人物，正是在为大宋未来可能的政治局面预作思考。所谓防微杜渐、曲突徙薪，将可能的祸患消弭于无形之间，正是李沆之所以被王夫之等有识见者赞颂的主要原因。

李沆举荐人才不少，如杨亿，就是他推荐后，做出一番事业的名臣。但他也抑制了很多人。梅询等人之外，还有石保吉。

石保吉乃是太祖时代的一等功臣石守信之子，当时乃是驸马都尉。此人品行不佳，又到真宗那里求官，想做一名"使相"。

"使相"是虚衔，却是地位极高的虚衔，一般赠给地位很高又有功德的亲王、留守、节度使，具体职衔则有侍中、中书令、同平章事。这类"使相"不行使宰相权力，但与宰相并称。

赠"使相"是干部任免之大事。真宗就问李沆。李沆说：

"赏典之行，须有所自。保吉因缘戚里，无攻战之劳，台席之拜，恐腾物议。"赠官这种奖赏的典仪，应该有来源。石保吉来自皇亲国戚，但没有战功勋劳，如果让他来做"使相"，恐怕舆论不服气。

真宗过些日子又来问，问了多次。李沆还是坚持这个意见：不能让石保吉做"使相"。结果石保吉就没有做成"使相"。

李沆甚至还抑制真宗最爱的情人，甚至为此敢烧毁皇上手诏，以此反对手诏中的旨意。

《宋史》记录，宋真宗想封自己心爱的女人刘氏为贵妃，就在一个晚上，写了份手诏，派使者传给李沆，试图获得当朝宰辅的支持。但刘氏当时乃是一个颇有争议的人物，皇室"内部"之事，吃喝日用算了，立皇妃，相当于选干部，属于"组织工作"，大臣有权干预。李沆就认为刘氏做贵妃不合适（至于到底合适不合适，是另外一个问题，容当后表）。于是，看过真宗手诏之后，当着来使的面，用蜡烛点燃，烧了，史称"引烛焚诏"。而后，对来使说："你回去就对皇上说：'臣沆以为不可。'"这个册封刘氏为贵妃的事，就这样按下了。

李沆被后世称为"圣相"，道理在此。

宰相无密奏

由于李沆做的事情主要是消弭祸患之可能性，所以，几乎没有什么惊天动地的"壮举"，因此，他的"功业"也几乎不被人知，甚至不被人理解。考历史经验，可以知道：富有远见也即政治洞察力的人物，往往欣赏"曲突徙薪"式的防火者；相反，缺乏远见的人物，则更愿意欣赏"焦头烂额"式的救火者。圣人，就是把可能的灾害指给你看的人物。

李沆与宋太祖、太宗、真宗有相似的理念，就是"偃武修文"，致力于国家太平。太祖赵匡胤，曾有一次对近臣说："今之武臣，欲尽令读书，贵知为治之道。"但近臣们不知道如何答对。李沆在太宗时代知道了这件事，懂得了太祖的孤独。太祖从五代乱世而来，"兵强马壮者"都想割据一地，无人理会"天下大治"。但李沆理会。他对人说："过去汉光武帝中兴大汉王朝，开始时不与功臣们讨论国家管理问题；等到天下已定，就多次带领公卿郎将讨论圣贤经义，往往到夜半。这是因为从创业到大治，自有一个逻辑程序。现在太祖让武臣读书，可以说是有意于大治了！近臣们不懂太祖，不能答对，实在是不及格啊！"

李沆与大宋君王一样，一生致力于天下大治。

但他的方略与顾雍相似，不是"兴利除弊"，而是"清静无为"。

他曾经有言："居位无补，唯中外所陈利害，一切报罢，可以报国。"我在宰辅这个位置上，没有做什么大事，唯有朝廷内外所陈说上奏的兴利除弊之事，一切都按下不动。自以为可以以此来报效国家。

这样做的理由是："朝廷防制，纤悉备具，或徇所陈请，施行一事，即所伤多矣，陆象先曰'庸人扰之'是已。憸人苟一时之进，岂念厉民耶？"朝廷防微杜渐，各类制度大大小小都已经具备，用不着再做制度性更动。有人提议更动，如果我向众人宣示他们的更动意见，并实行他们说的一件事，那大宋的制度根本就会受到很多伤害。正像大唐名相陆象先说过的那样："天下本自无事，只是庸人扰之，这才开始变得是非繁杂起来。只要从根源、根本上静止不动，天下就会简靖得多了！"那些心怀叵测的"憸人"只图自家一时之利，要立功要升官，哪里会顾及事体纷杂之后对人民的虐害呢！

李沆念念之中，存有天下黎民百姓，他之所以"一切报罢"，目的也是避免"厉民"，即避免因此而虐害黎民。所以他在反复阅读《论语》，有人问他为何总在读这本读了不知多少遍的老书时，他回答说："我李沆身为宰相，如《论语》中'节用而爱人''使民以时'这两句话，尚未能践行。圣人之言，终身诵之可也。"

李沆反对更动，尤其反对制度性更动。国家有问题，一个个解决问题就是，用不着动辄"十条意见""八条意见"的，试图一揽子解决天下问题。

有谁能懂李沆这种"一切报罢""无为而治"的大智慧吗？

刘安世懂。

刘安世乃是司马光的崇拜者，一生行事效法司马光。他后来成就卓著，是北宋时四位最负盛名的大臣之一。他的门生马永卿记录他的话成书，名《元城语录》。书中介绍刘安世与他议论"本朝名相"，刘安世说：

"本朝名相固多矣，然最得大臣体者惟李沆丞相！"

马永卿问为何？刘安世说：

"李丞相经常对人说：'唯中外所陈利害，一切报罢'，这话看上去好像失言，却有深意在。要知道，太祖太宗以来，经过的国家变乱太多了，所以建立的法度相当稳便。好像老医生看病，临床经验太丰富了，所以用药时，不至于莽撞孟浪而杀人。虽然太祖太宗的法度可能有'小害'，但是'其利'也多啊！后人不知这层道理，轻易就想更改，所以祸患就纷纷而至了。另外，李丞相还常上奏四方水旱盗贼不孝恶逆之事。这两件事，最能体现'宰相大体'。你看后来那些做宰相的就不然了，一个个多'好逞私智'：喜欢变乱太祖太宗的法度，常要蒙蔽当朝天子的视听。变乱法度，则纲纪开始败坏；蒙蔽视听，则君主骄奢。这都是导致大患的做法啊。"

王夫之也懂李沆。

他在《宋论》中表彰李沆这个"一切报罢"的做法，认为"所谓大臣者，以道事君。此可以当之矣"。

理解李沆这句话，需要有一点对大宋创始人太祖太宗，在五代以来经验形态下点滴立法的温情体认，还需要有一点对士大夫阶层好大喜功、躁竞求名弱点的审视，更需要有一点对史上"无为而治"之圣贤理念和现代保守主义政治哲学的思想领悟力。理解这些，可以知道：李沆此语，不仅当得"以道事君"的大义，也印证了"一言兴邦""一言丧邦"的话语权重。

不仅如此，李沆在"不动心"之定力修炼方面，也相当出色。

他于公事完成，从政事堂回家后，经常坐在一个地方不动，"入定"一般。他住的房子，堂前有个小花坛，四壁倒塌，不很雅观。他的妻子告诫家人，不要跟李沆说花坛这个事，看看这"老家伙"到底动不动心。李沆每天都能看到，但他就是不说这事。过了一个多月，妻子忍不住对他说了这个事，李沆道：

"岂可以此动吾一念哉！"

李沆的定力到什么程度？他在接见宾客时，常常只是倾听，很少说话，所以外间给他的绰号："无口匏"，没有嘴的大葫芦。李沆的兄弟李维将听到的这个话转给哥哥。李沆对自家兄弟吐露心里话：

"现在朝议大事，朝士们都知道，说到国家大事，我都会很详细探究讨论，像士人间如李宗谔、赵安仁等，都是当世的精英，我与他们谈论，都不能启发我的创意。其他那些宾客，起坐进退，都拘谨失措，这类人，有什么利国利民的建议值得我与他们讨论呢？如果我故意委屈自己与他们对话，那就是所谓的'笼罩'。而'笼罩'之事，我是不愿意去做的。"

所谓"笼罩"，应是宋时习语，意思是被人情所笼罩还要假意欢洽。

这一番透露，李沆其实是相当自信的。

李沆对人无私议，对皇上也没有密奏。

但真宗经常接到朝臣各类密奏，想了想，似乎只有李沆没有密奏，有一次就问他："人皆有密启，卿独无，何也？"

李沆回答说："臣待罪宰相，公事则公言之，何用密启？夫人臣有密启者，非谗即佞，臣常恶之，岂可效尤？"臣待罪在宰相这个位置上，有公事就公开来说，哪里用得到密奏？那些人臣动不动就有密奏的，不是善进谗言之人就是善于谄媚之人，臣经常对此类人免不了厌恶，怎么可以效法他们呢？

一番话，将所有以上"密奏"为能的朝臣都"抑制"了一番。

李沆不喜欢"密奏"，但对公开的言说，则给予支持。

宋一代柱石之臣

咸平二年（999）时，天下大旱，真宗认为需要由人事而消天灾，就下诏要朝廷内外的大臣和庶民都要说真话，给朝廷认真提意见，所谓"直言极谏"。

当时就有人给朝廷上书，指出了中书也即宰相办公处的过失，请朝廷对中书的宰辅之官们给予罢免的惩罚。矛头直指宰相、副宰相。真宗看到后，很不高兴，对李沆等人说："这些人不是良善之辈，只不过想自己急着要做官而已。应该谴责他、警告他！"

李沆回答道：

"朝廷比开言路，苟言之当理，宜加旌赏，不则留中可也。况臣等非材，备员台辅，如蒙罢免，乃是言事之人有补朝廷。"朝廷正在广开言路，如果上书人言之有理，就旌表赏赐他；如果没有道理，留中不发，不回应，也就可以了。何况此人上书批评我等，我们也确实不够大才，在台辅充个数。如果我们确实差劲，被罢免，也是言事之人做了对朝廷有好处的事。

真宗听李沆如此言说，不禁感慨道：

"卿真长者矣！"

李沆接受批评意见，往往心平气和，无论内心接受与否。

他做了宰相后，有一位书生在李沆上班的路上，拦住了他的马，递上了他的批评信。信中说了李沆一大堆缺点毛病。

李沆着急上朝，略一看，马上道谢："我回家后，还会仔细看。"

但这位书生认为李沆没有认真读他的批评建议，大怒，责骂李沆道："你做这么大的官，不能康济天下，还不引咎辞职，这不是妨害贤者的仕途吗？你不惭愧吗？"

李沆很恭敬地说："我多次请辞，无奈朝廷不准，所以不敢走。"

当朝国务总理，与白丁书生在开封街头对话，始终和颜悦色。

但他厌恶"非谤即佞"之辈，有些谤佞者，到了他这里都会遭遇倾覆。

有一个秘书监的笔杆子名叫胡旦，因为犯错遭遇贬谪，很久没有被朝廷召回。他曾与李沆一起在政事堂做过大秘，也即知制诰。后来李沆做了参知政事，胡旦就以旧交的身份给李沆写信祝贺，信中贺词之外，将此前出任参知政事的四个人挨个糟践一遍，信中只有李沆一个人好。

李沆看过之后"愀然不乐"，很不欣赏胡旦这种说法，所以一直到他后来做到宰辅，终身没有起用胡旦。

"无为而治"，需要重申：是儒家的理念，而且是儒家最早完整提出的国家治理理念。寻常认为这个思想来源于道家，是不确的。"无为而治"四个汉字，就出现在《论语》中。我书《论语鼓吹》对此有详解，有兴趣的读者朋友可以去翻阅、批评。但"清静无为"思想是道家的。这个公案也证明，儒家与道家，确有"合流"之处。世界上的思想往往相通，并不稀奇，稀奇的是，不仅儒家、道家，很多时刻，连释家（佛学）一起，在传统中国政治活动中，同时成为政治家的思想资源。

李沆有儒学修养，也有道家修养，他同时还对佛典有研究。

他在京师封丘门内建房，庭院也不宏敞，勉强能够供一匹马回旋而已。有人认为房屋太小，应该扩建，他说："这房子作为一个宰相之家，确实小了点，但比其他官员们，已经算是很宽敞的了。"不动。

后来他的兄弟李维跟他说这个事，要他扩大房产。李沆对他说："身食厚禄，时有横赐，计囊装亦可以治第，但念内典以此世界为缺陷，安得圆满如意，自求称足？今市新宅，须一年缮完，人生朝暮不可保，又岂能久居？巢林一枝，聊自足耳，安事丰屋哉？"他说每年有不少俸禄，还有大批的朝廷赏赐，算一算家资，如果要造一所大宅子，没有问题。但是想想佛法中常有"缺陷世界"的说法，哪里能够得到事事圆满如意，所求都能满足？现在这所宅子，要是豪华装修，大约需要一年时间。人生短暂，何时离开这个世界谁也不能打保票，又岂能永久居住呢？庄子有言：那鹪鹩小鸟在深林中安巢，不过占用一个枝条。现在我有此房，聊以安身罢了，哪里用得到豪门大宅呢！

李沆的定力、不动心、清静无为，以及主张无为而治的姿态，历史上得到有识之士的赞赏。史论家吕中认为，李沆的存在构成一种大宋君子姿态，他与王旦一样，先后做国家宰辅，抑制了浮薄奢华而崇尚了质朴简易；奖励了恬静退让而贬黜了奔走躁竞。这样，在他们身后，同列中就有了向敏中的清廉谨慎，政府中就有了王曾的深沉厚重，御史台就有了鲁宗道的质朴耿直，这些人互相推演，养成了北宋浑厚朴实的风尚，一直到仁宗一朝还在享用这份政治与伦理遗产。虽然就士大夫之议论、御史台之风尚、理学家之思想、科举考之文采，整体来看，李沆、王旦时代，不如范仲淹、欧阳修时代那么灿烂可观，但朝廷纪纲法度，都有条不紊，兵不骄狂、财不匮乏、官不冗杂、士不浮薄，以此来比，大宋最好的仁宗庆历一朝，也有不及之处。

所以王夫之认为：李沆当国，其成就远远超过了大唐名相姚崇、陆贽，也超过了大宋名相司马光。李沆做宰辅期间，不仅梅询之类人物"屏息"而不能有大动作，王钦若这样的奸相在皇上身边也不敢兜售他的奸谋；而张齐贤、寇准这样伉直的名相，也能够消减他们的激烈程度。这样，就很有效地保护了"国家之元气"。所以王夫之称他为"宋一代柱石之臣"。

李沆有一个被记录的远见，得到史官的赞叹。

与李沆同朝的王旦，也是大宋历史上少数够得上"大臣"评价的一位名相。李沆任宰相时，王旦为参知政事，也即副宰相。当时国家正在为西夏的侵扰筹划办法，有许多细节需要处理。这两人在中书政事堂，常常加班，一天忙到黑，每天吃饭都要到很晚很晚。一日，王旦叹息道：

"我辈安得坐致太平，优游燕息乎！"我们这班人怎么样才能享受太平日子，每天能过上优哉游哉的好日子啊！

李沆回答：

"国家强敌外患，适足为警惧。异日天下宴然，人臣率职，未必高拱无事，君奚念哉！"现在国家有强敌作为外患，正好让朝廷、君主、臣子都能够心生警觉，谨慎做事；他日天下平安，人臣奉行职事，未必可以高枕无忧。先生何以惦念那个太平啊！

真宗践祚之初，李沆每天都要将全国各地报来的"坏事"，包括地方上的水灾、旱灾、土匪、盗贼之事，一条条上奏。王旦觉得有些事太小，政事堂自己处理一下也就是了，没有必要麻烦皇上来听。李沆说：

"人主少年，当使知民间疾苦。不然，血气方刚，不留意声色、犬马，则土木、甲兵、祷祠之事作矣。吾老不及见，此参政他日之忧也。"

皇上才到而立之年，应该让他知道民间疾苦。不然的话，以皇上现在血气方刚的年纪，觉得天下无事，那么，不去留意妙音美色、猎狗走马，就会有大兴土木、穷兵黩武、祭祀请神这类事了。我已经老了，可能见不到这一天了，这正是参政您他日的忧虑啊！

果然，"澶渊之盟"以后，天下太平，于是真宗就开始在权臣丁谓、王钦若的怂恿下，搞起了泰山封禅、汾阴祭祀、营建道观等事，国家耗费，几乎不亚于对外战争。直到这个时候，王旦才想起已故宰辅李沆的告诫，不禁叹息道：

"李文靖真是个'圣人'啊！"

"文靖"，是李沆死后的谥号。谥号，是传统中国对人物死后所能够做出的最简洁评价。有一字谥、二字谥、多字谥不同。一般选用两个汉字对死者做出褒贬，堪称对人物一生的盖棺论定。"文靖"是级别相当高的褒谥。按古来"谥法"，"道德博闻、学勤好问、慈惠爱民、经纬天地、忠信接礼"等，都是对"文"的定义；"柔德安众、成众使安、恭己鲜言、宽乐令终"等，都是对"靖"的定义。由这个谥号，也可以约略考见李沆这位"圣相"在历史上被人肯定的地位。

李沆病重期间，真宗到李府去看望，看时尚好；等到皇上车驾刚刚还宫，又传来消息：李沆病逝。真宗马上再次起驾，亲临李府，史称"哭之恸"。真宗赵恒，应该想起与恩师兼宰辅，情同父子般的二十多年，那几乎等同于亲情的交谊，以及李沆在政治治理方向，在天下道义推演方向，不可磨灭的影响力。

史称李沆病逝后，时当盛夏，但颜色不变，而且吐香如莲花，七日不灭。

历史的偶然

"澶渊之盟"前一年，李沆之死，寇准拜相，是两件大事。

李沆很了不起，但他的死终结了一个时代，以他"清静无为"的素心，很难猜度他将如何应对凶险而又吊诡的"澶渊之盟"。千年之后，回顾历史，整个北宋史，"澶渊之盟"都是一个大事件，纳入中国史，也是一个大事件。但这个大事件，很可能是李沆这种圣贤人物难以驾驭的。推演这一场中国史上的重大事件，须别具只眼。换一句话说：需要另外一种视野、另外一种格局来驾驭。非常幸运的是，"澶渊之盟"前，最适合推演"澶渊之盟"的人物寇准，适时登上历史舞台。他成为这一场中国大事件的第一推手。

李沆五十八岁时，"偶然"生病，中道而逝；随后，真宗谋划另选宰辅，"偶然"来问当朝名士毕士安，毕士安推举了寇准；两个月后，景德元年（1004）八月，毕士安与寇准同时拜相；冬十一月，契丹已经抵达澶州城北；很"偶然"地，大宋投降契丹的将军王继忠向宋廷传来了契丹有"和议"的消息……寇准，就在这一系列"偶然"节点上，走上历史前台。

如果李沆不病逝，寇准不会拜相。

如果毕士安不推荐寇准，寇准也不会拜相。

如果契丹不来侵澶渊，寇准拜相后也不会做出那等泼天的大事业。

当此时刻，我不得不对"历史偶然性"顶礼膜拜。偶然性，那是任何力量都无法抗衡的力量。

美国那位名叫阿伦·尼文斯的历史哲学家有一部《历史学导论》，书中有两个意见深得我心。

第一个意见，他说："历史上最突出的偶然机遇是赫赫名人、伟大人物的间歇出现。"

第二个意见，他说："事件常常不是表现为有逻辑的联系，而是被上千种机遇所决定的事件的偶然结合。不测的疾病、气候的改变、一份文件的丧失、一个男人或一个女人突然间所产生的一个狂念——这些都曾改变过历史的面貌。"

偶然性与命运一样，神秘莫测。尼文斯讲述的那几个偶然事件，可以为他做出无数注脚。

"不测的疾病",令人想到马基雅维利在《君主论》中描述的切萨雷·博尔贾,也即瓦伦蒂诺公爵。这位公爵的父亲教皇亚历山大六世死前,什么都为他准备好了,由他来继承教皇的事业,但谁也没有想到,"偶然性"光临了公爵,父亲死时,他在患病。于是,准备了多年的韬略,化作虚无。以至于马基雅维利慨叹道:"如果他的处置无济于事的话,这并不是他本人的过错,而是由于运气极端的异常恶劣使然。"

"气候的改变",战争史上的案例太多。拿破仑之所以有一场滑铁卢,是因为连续几天的淫雨,导致炮火失灵;希特勒进攻苏联失败,有一次是因为出奇的寒冷,导致坦克机油凝冻;契丹之所以有"长城口之战"的败绩,是因为雨天,导致弓弦受潮。

"一份文件的丧失",南唐勾结李重进和契丹的蜡书密信,这是一份重要文件,被周世宗柴荣知晓。于是在盛怒中召来南唐使者孙晟,并最后杀害了孙晟,还向南唐发兵,攻取了淮南之地。南唐从此失去北部屏障。

"一个男人或一个女人突然间所产生的一个狂念",传说中的妹喜与夏桀、妲己与商纣王、褒姒与周幽王,都可以看成是这类故实;楚王对息夫人的爱慕,刘宗敏对陈圆圆的掠夺,也都是改变了历史走向的故实。宋真宗酷爱的刘氏,也在自己做了太后的仁宗一朝影响了时局。西方史上最著名的两个案例也属于此类故实:美女海伦的出走导致了特洛伊战争;埃及艳后引动了恺撒大帝的东征。

这些故实,都与"偶然性"有关,不是"制度决定论"可以解释清楚的历史现象。因为一个"偶然"事件，引发一个意外后果，史不绝书。

后汉末年，枢密使郭威与慕容彦超对阵时，胜负很难说，但慕容彦超发起主攻时，很"偶然"地忽然马失前蹄，于是，输掉了一场战争。五百年后，在英国发生了一场史称"博斯沃思之战"的军事行动，战役中，理查三世因为马失前蹄，丢失了整个英国。而之所以"马失前蹄"，是因为临阵时没有钉好马蹄铁，其中一只马蹄铁缺少了一枚铁钉，战马奔腾时脱落，马受惊颠翻，麾下见国王落马，纷纷掉头逃跑。慕容彦超很可能也丢掉了一枚马蹄钉。

还可以说一个笑话，内急，都可能引发意外结局。

大宋名相毕士安，有个女婿叫皇甫佖，年轻时放荡不羁，就喜欢赌博。但他好歹也做着官。毕士安做宰辅，多次教育他，也不见改，大约想起当初宋太宗教育薛居正的泼皮儿子，有效果，就打算面奏宋真宗，也让皇上来训斥他。不料他刚刚向皇上启奏"臣有女婿皇甫佖……"话犹未了，就赶上边庭急报，皇上没有工夫听他的下文，赶紧处理边事。过了几天，毕士安找了个机会，又来启奏，居然再次遇到急事被打断。第三次，再要启奏时，不料赶上真宗内急，就听他一句话，马上站起就走，一边走一边远远地回复毕士安道："爱卿多次说皇甫佖，不是要给他转官吧？就给他转一个，升一级。"毕士安也来不及辩解，唯唯而退。皇甫佖结果还转为殿丞，相当于中直机关秘书处处长。

古罗马诗人维吉尔的《牧歌》有言："偶然性统治着一切。"古罗马的雄辩家西塞罗也持有同样的意见，他在《论预见》中说："即使是上帝也不能预知将会偶然发生的事件。……因此，预知偶然发生的事情是不可能的。"柏拉图在《法律》中，借"雅典客人"之口表述"偶然性"时,给上帝留出了位置。书中说:"上帝统治着万物，而偶然性和机会又与他合作来治理人类的事物。"托马斯·阿奎那在他那部令人目眩的著作《神学大全》中说:"人们把自然事务和人类事务中发生的偶然事件归纳为一个先定的原因，即'神意'。"这是按照信仰的格局重新解释了"偶然性"，但依然将偶然性归结为至高的"神意"位阶。

经由种种阐释约略可以看到：偶然性，是一种影响历史展开的神秘力量，人力无法主导偶然性。我相信这个逻辑。

如果历史可以猜想，不妨说：如果没有寇准，"澶渊之盟"可能无法签订，那样，整个大宋、整个中国，历史都将改写。寇准，是影响了历史走向的人物。而寇准的起用，如前所述，纯属偶然。

肆

战与和

契丹这一番的确是在"举倾国而来"，瀛州伤亡九万，居然还有二十万的战斗力，居然还想继续与大宋死磕！契丹这母子俩确有不同凡响的战斗意志。他们可能也已经意识到：这是与大宋王朝最后的斗争！如果战场上不能有所斩获，和议也将斩获不大。

政治空间争夺战

宋真宗时代，最重要的历史事件是与契丹签署了"澶渊之盟"。"澶渊之盟"意义重大，在整个中国历史上，也是大事件之一。

澶渊，唐代设置为州一级行政单位，所以又称澶州，治所在顿丘（今属河南清丰）。此地之所以称为"澶渊"，是因为附近有一处湖泊，人称"澶渊"，因此而得名。五代后，治所由顿丘移往今属河南濮阳的南部。澶渊，夹河而立，有南城、北城两座城池，中间浮桥相联。

澶渊在大宋帝国首都汴梁偏东北方向二百余里，假如契丹骑兵到此，轻装袭取汴梁，几乎也就一个日夜的路程。澶渊对大宋的地缘重要性，大略相当于近代的天津——天津曾是清国的门户，澶渊就是北宋的门户。

此地在河南北部，与河北、山东相距都不算远。澶渊的偏东北、偏西南两翼，有大宋两个军事要塞：通利军与德清军；通利军在今日河南浚县；德清军即顿丘故地，今属河南清丰县，此地往北一百里，就是赫赫有名的大名府（今属河北邯郸）。大名府又称天雄军，是河北南端的军事重镇。

拱卫帝国京畿地区，大名府不是一般地责任重大。

大名府再往北，过贝州（今属河北邢台）、冀州（今属河北衡水），四百里开外，就是瀛州（河北河间，今属沧州）、莫州（今属河北任丘）。

理解"澶渊之盟"，就要理解瀛州、莫州的地缘战略意义。

这两个州，原来也属于被后晋石敬瑭割让出去的"燕云十六州"，但在后周时代，被大帝柴荣北征时收复，大宋太祖、太宗时代，千辛万苦，总算保住了这两块宝地，但契丹不死心，一直试图夺回瀛州、莫州。

后周世宗柴荣收复两州后，顺带将两州北部的瓦桥关（今河北雄县）、益津关（今河北霸县）也同时收复；并在今属河北高阳的东部设淤口关，从此与瓦桥关、益津关合称"三关"。传统戏曲中常有"镇守三关"的戏词，指的就是这块地方。瀛州、莫州，有时就被称为"关南""关南之地"。契丹想要的就是以这两个州为双轴的"关南之地"。

"三关"之南，又设高阳关，治所就在瀛州。

瀛州、莫州，是大宋两个北部边塞城池，也是契丹最南端的"敌国"边防哨卡城镇。瀛州、莫州的存在，对契丹而言，始终是一个指向自我的南部利刃；对大宋而言，始终是一个拱卫自我的北部锁钥。

大宋与契丹的几场大战，主要围绕这两个州郡的归属问题展开。

"澶渊之盟"，就是对这两个州的领土诉求做出的最后的争夺和妥协。

如果没有争夺只有妥协，就不会有"澶渊之盟"；反之亦然，只有妥协没有争夺，也不会有"澶渊之盟"。理解"澶渊之盟"，理解大宋与契丹的焦虑、意志、智慧和战略，就要这样理解瀛州与莫州的历史问题。

宋太宗时，出于"收复燕云十六州"的总体战略，将战线由莫州再往北推三百里，直抵幽州（今属北京），将原属契丹占据的易州、涿州、固安等地转为拉锯战区。到了真宗时代，契丹多次南侵，大宋的兵力已经不能到达幽州，相反，是契丹南推三百里，将大宋占据的瀛州、莫州，以及周边的几个州郡，如定州、雄州、霸州、徐水（静戎军）等，转为拉锯战区。

将战争推向敌占区，是保证本土安全的大战略。

可以略说一个战争伦理问题。

在保证本土安全的地缘战略中，如果认为瀛州、莫州"理应属于契丹"，则契丹居于下风。契丹上下，因此多有"悲情"演绎。所以在"收复瀛、莫二州"的战略意图指导下，屡屡将战火推入大宋本土。但中原将士了不起的是，契丹倾全国之力，也没有夺回关南——从公元959年周世宗柴荣收复此地，到公元1004年"澶渊之盟"，契丹放弃此地，四十五年间，除了暂时的退却，中原王朝没有丢失关南一寸领土。

相反，如果认为瀛州、莫州"理应属于大宋"，则大宋居于下风。因为契丹屡屡侵扰这两个州郡，并在"关南之地"多次实施破坏性抢掠。最后，大宋还要在"澶渊之盟"以后，年年向契丹支付数额不菲的"赎金"。

但在这一场政治空间争夺战中，大宋将士因此更多了忧患意识。宋太宗后，暂时放弃"收复燕云十六州"的战略诉求，并卑辞友善，向契丹"屈己求和"，没有达到目的，反而激发了中原上下对国家安全紧迫性的理性思考；真宗时代，在积极防御中，有了不懈的警惕和誓为国家干城的意志，所以在后来的几场战役中，除了几个例外，宋师反而保持了持续优势。

但宋真宗遇到的是契丹庙号"圣宗"的耶律隆绪。

耶律隆绪时代

如果说关南之地是理解"澶渊之盟"的地缘政治符号，"耶律隆绪时代"则是理解澶渊之盟的军事政治符号。

耶律隆绪出生于公元972年，小真宗四岁，是契丹第六位君主。公元982年，他嗣位时，还是个孩子，母亲承天皇太后萧绰摄政。耶律隆绪精于射法，通晓音律，喜爱绘画，还能作曲，对佛教、道教都能深切领悟，这是一个有着极高汉文化修养的契丹人。

耶律隆绪的辅佐大臣有耶律斜轸、耶律休哥以及韩德让、萧挞凛等，这些都是契丹一等一的人才。

紧要的是，耶律隆绪时代，开始更成熟地推崇孔子和圣贤文化，更大量任用汉人做官，国家刑法也开始趋向公正。

按《辽史·刑法志》的说法，整个契丹十几位君主，法制最为合理的时代只有耶律隆绪和他的父亲景宗耶律贤时代。按传统意见，刑法，起始于兵制但需要用"礼"节制，制定律法、执行律法，必存有一点恺恻之心。刑法是通向"仁"与"义"的国家管理（而不是统治）手段。"仁"与人道相关，"义"与公道相关。这样的刑法，才有可能是"合理"的。

事实上，契丹在第一代君主耶律阿保机晚期，已经开始注意到刑法的公正。有意味的是耶律阿保机治理草原也采用了两套刑法制度，对契丹人，由大臣开始制定符合草原习惯的律法；而对待汉人，则采用中原已经有的律令来断刑。更不简单的是，太祖耶律阿保机"仍置钟院以达民冤"，设置了"钟院"这种类似大宋"检院"的司法机构，专门处理民间上访的冤案。

契丹第四任君主耶律璟，是非常昏暴的一位皇上，但他在位时，也有一项德政。当时契丹君主出行，往往要划出车驾所在区域，远远地在四周设立标杆，以示禁区。但往往有贪鄙心盛的官员，故意将标杆设置很低，那时草原水草茂盛，标杆埋在水草之下，牧民看不到，就会越界。这时，设置标杆的官员偷觑发现，就会忽然出现，借此勒索钱财。耶律璟知道此事后，下令：再有此类事，设置标杆的官员一律处死。

这不是一件小事。它预表了契丹法律的公正诉求。几乎近于野蛮传统的契丹，对公正，有感觉。

但耶律璟的残暴也是很有名的，那是不懂"节制"与"当位"，也即不懂君主制"礼"的君王常有的"任性"。更昏聩的是，耶律阿保机时代的"钟院"，也被耶律璟废除了。这样，就导致冤民无处上访。契丹国内，戾气深重。

到了第五任君主也即耶律隆绪的父亲耶律贤时代，重新恢复了"钟院"上访制度，为冤民的申屈做了法律保障。契丹的法律从此有了新气象。

第六任君主就是耶律隆绪。他在萧太后的辅佐下，年幼登基，从小就听从萧太后"宜宽法律"的教导。长大后，他在群臣的辅佐下，又更改了十几条不合理的法律条文。此前，汉人与契丹人纠纷，或互相殴打，有人致死，草原刑法往往偏袒契丹一方，耶律隆绪开始一碗水端平，同等法律处理。旧法，契丹官员子弟与普通草民犯同样罪，前者治罪轻、后者治罪重，耶律隆绪也下令，按照同一法条处理。

这是契丹法制史上的圣贤之光，也是趋近法律本质的典型制度。用耶律隆绪自己的话说，就是：

"若贵贱异法，则怨必生。夫小民犯事，必不能动有司以达于朝，惟内族、外戚多恃恩行贿，以图苟免，如是则法废矣。"

如果当事人因为贵贱不同，就施用不同的刑法，那一定会生出人间戾气。小民犯法，很难惊动有关部门上达朝廷，只有皇亲国戚，大多仗恃着皇族恩宠可以贿赂上下，希望借此免掉惩罚。如果这样，法律就可以废弃了。

所以，契丹的"耶律隆绪时代"是很得草原人心的"好时代"，甚至很多逃亡到大宋的契丹人，闻听契丹"德政"之后，也纷纷"回国"效力，耶律隆绪践祚之初，就有千余户人从大宋回到契丹。而耶律隆绪也给予了"诏令抚慰"。

契丹是一个奉行"殉葬"的国度。耶律隆绪的父亲耶律贤下葬时，还殉葬了两个人，一个近幸、一个伶人。但在耶律隆绪死后，渤海人挞马解里认为"受先帝厚恩"，自动请求"殉葬"时，继任者则没有允许。从耶律隆绪之后，已经很少有殉葬的记录。

契丹，就这样，在耶律隆绪时代，切近了文明。

草原民族，因此获得了部落联盟的凝聚力。

而耶律隆绪对汉人士大夫的大量起用，也让契丹对中原的传统惯性和政治态势了如指掌；开科取士制度，让汉人士大夫有了前途期待和价值认同。南北院的分治，更笼络了境内汉人庶民。这样，就使契丹在政治管理和国家生态方面，在孔子旗帜下，有了与大宋的同态文化竞争性。

宋真宗时代的契丹，这一片广袤的北中国大地，已经不是"野蛮的草原异族"，而是带有"衣冠倾向"的异族管辖区域。

耶律隆绪时代的后期名将萧挞凛，曾为契丹国南征北战，立下赫赫战功。他曾经在宋太宗时代，擒杀过杨业杨老令公。史称此人"有机勇，所将皆精锐"，是继契丹"战神"耶律休哥之后，又一个对战争有天才感觉的人物。后来契丹不断地侵扰大宋，此人既是主将也是主谋。

更让大宋头痛的是，在耶律隆绪之上，契丹还有一个智勇双全的女政治家和军事家，萧绰萧太后。

萧太后，是宋真宗时代契丹国的实际执政者。

她小名叫燕燕。她的家族拔里氏，在契丹第一代国君耶律阿保机时代，被赐为萧氏。从此，萧氏与耶律氏世代通婚。契丹国运两百余年，最为强盛的时期就是萧太后执政的三十年间。她曾打败了宋太宗的两次主动进攻；在后来的日子里，公元999年，真宗咸平二年冬十月，到公元1004年，真宗景德元年冬末，她又与大宋进行了"五年战争"。最后，她率契丹将士绕过关南之地，直抵大宋的门户澶渊，与大宋帝国达成了"澶渊之盟"。定盟之后，当时中原大宋与契丹大辽，这两个亚洲地区的最大强国收获了一百一十八年的和平。直到宣和四年，公元1122年，大宋徽宗时代开始"联金灭辽"，才重新发动了双方的战争。

就军政实际力量观察，可以说，契丹的"耶律隆绪时代"实为"萧太后时代"。

大宋真宗皇帝面临着的，是史上最为成熟的政治共同体，不仅有着比太宗时更为严峻的"国际环境"，甚至比起大汉、大唐，北边的敌人也是更强劲、更有力量的。中原王朝，在真宗之前，还从未遇到过如此强盛、成熟的北境之敌，以至于无法小觑、无法臣服、无法震慑、无法怀柔、无法颠覆、无法置之不理、无法战而胜之，总而言之，无可奈何。庆幸的是，契丹对道义治天下的大宋，也同样无法小觑、无法臣服、无法震慑、无法怀柔、无法颠覆、无法置之不理、无法战而胜之，总而言之，无可奈何。

大宋与契丹，谁也没有办法消灭谁。

这就是"澶渊之盟"地缘政治与军事政治方向的基本态势。

毕士安不屑"斗法"

"澶渊之盟"与寇准关系甚大。前已说过，寇准之所以在"澶渊之盟"前出任辅相，与李沆病逝和毕士安的推荐关系甚大。

太宗雍熙年间，诸王出阁，也即皇子们开始接受藩封，需要慎重地遴选有资格教育他们成长的老师。李沆做了三子赵恒也即宋真宗的老师，毕士安就做了四子赵元份的老师。

太宗对诸王老师说："诸子生长宫庭，未闲外事，年渐成人，必资良士赞导，使日闻忠孝之道，卿等勉之。"诸位王子生在宫廷之中，对外面的事不懂；现在渐渐长成，一定要给他们找个贤良之士去辅佐、引导，要让他们每天都能听到忠孝之道！爱卿要在这个方向上努力啊！

所选老师皆大宋才德兼备的一时俊杰。太宗淳化年间，毕士安被召为翰林学士，当时大臣推荐的人选中还有张洎。这位张洎来自南唐，是李煜时代一等一的大才子，宋太宗事实上也欣赏他，曾夸赞他为"江东人士之冠"。但他因为来自大宋过去的敌国，所以不免战战兢兢，议论国事常常迎合太宗的意旨，太宗察觉后，就给他降了职。他投诚大宋后，常常去找故主李煜要钱，事实上带有勒索的性质，甚至还曾琢磨着怎么扳倒寇准。所以史称张洎其人虽然文辞通达，有名于当世，但"性情险诐，好攻人短，颇为世人不齿"。太宗熟知此人，所以在张洎、毕士安二选一的时候，太宗说："张洎与毕士安比较，词艺、阅历都不差，但操守、德行远在下了。"所以太宗还是选用了毕士安。

真宗当初以寿王的身份做开封市市长时，召毕士安为判官。从此真宗也知道了他的才干。等到真宗践祚，就任命毕士安做了开封市市长。当时真宗身边的近臣，有人借着皇宫的势力，强取民间已经订婚的女人。此事被民女告到开封府。毕士安赶紧向真宗奏对，要求归还民女。史称"还之"。这个近臣史上不载，不知何人，显然有些势力。因为此事之后，随即有攀附近臣的官员为了讨好近臣，开始没完没了地在真宗面前诋毁毕士安。毕士安看清了局势，不屑于和这种人"斗法"，于是要求解除府事。真宗也认为他也许更适合居于清要之职，答应下来，毕士安做了礼部侍郎，再做翰林学士。

真宗很欣赏毕士安，每当朝官有人外放时，就要毕士安代替皇上对外放官员来一番"戒勖"，告诫、勉励。

当时正在选官校勘古籍，包括《三国志》《晋书》《唐书》等。于是有一些富有"道德癖"的小儒上书，认为西晋、东晋很多卑鄙、丑恶的故实，不宜刻书流行世间。

此事甚大。小儒们的意见一旦被皇上采纳，诏令于馆阁文士间，那与"焚书"之害恐怕相去不远，更与抽毁古籍做成"洁本"的《四库全书》一案，具有了相同的文化浩劫性质。大宋，当此之际，成为一个"严重时刻"。

而真宗，也正在以道义治天下。小儒们的这个意见甚至打动了他。但是他还吃不准，于是来问宰辅。毕士安回应得正大而又机智，他说：

"恶以戒世，善以劝后。善恶之事，《春秋》备载。"

史书上记录的恶事，足以警戒天下；史书上记录的善事，足以鼓励后人。善恶之事,孔子修《春秋》并不删汰,同样载诸典籍。

一番话,真宗大悟。于是下诏刊刻。

于是,我们今天看到的《三国志》《晋书》《旧唐书》等,就是这样被完整保存下来的。史上不乏各类破毁文物、经籍与传统的激进主义者,我称此类人物为"文化罪人";史上也不乏各类看守文物、经籍与传统的保守主义者,我称此类人物为"文化恩人"。毕士安此举当得"文化恩人"的称誉。

史称毕士安"端方沉雅",为人端庄、正直、沉静、优雅,有清醒理性认识,低调含蓄而又风流偶傥,风采俊美,善于谈吐。做官却被人称颂为"严正",严肃而又公正。好读书,晚年时老眼昏花,仍然读书不辍,还亲自校订书籍错误,有时就缮抄副本。文章写得也好,留下文集三十卷。与人交游不树立朋党,但前辈名流吕端、王佑却非常推重他,而他的好友也不过寇准、杨亿几个人,门生只有王禹偁、陈彭年等。他死以后,家无太多积蓄。

我曾说,古来大见识有二,一为识英雄于微时,一为料终局于事先。

他推荐王禹偁时,王禹偁还是个孩子。毕士安教他学习,直到他最后登科做官,成为一代名士。有意味的是,王禹偁做官,反而在毕士安之前。甚至毕士安做政府秘书也即知制诰,朝廷下达的任命书,就是王禹偁起草的。此事成为士林美谈。

毕士安一生举荐很多人,大多允当,可谓独具慧眼,"识英雄于微时"。

李允则先赈后奏

毕士安还为大宋推荐了一个重要人才，李允则。

真宗在做开封府尹的时候，毕士安就称许过他，认为李允则人才难得。

真宗留意此人，践祚后，就令此人权知潭州（今湖南长沙），临行时，对他说："朕过去听毕士安介绍过你和你的家世，现在我把湖南交给你。"

李允则刚刚到达潭州，就赶上一场大火，烧毁了很多房屋，一些居民没有地方居住，有很多冻死的。李允则马上安排将仓库中贮存的战略物资竹竿拿出来借给居民搭建房屋，说好开春再还回来。如此安排，整个潭州，没有发生难民流徙，而官方也没有太大损失。

湖南过去是五代十国的"十国"之一楚国所在地，因为是马姓节度使的藩镇称国，所以又称"马楚"。马楚国像大多数无道邦国一样，对私有财产都有侵凌的记录。马氏要州人每年贡绢，称之为"地税"。宋师平定马楚之前，那时规定贡绢按房屋定额，每屋输绢一丈三尺，这笔盘剥又称之为"屋税"。另，官方很早就给种田的农户耕牛，鼓励农耕，本来是好事，但耕牛的利息沉重，每年每头牛所在农户，要交四斛公粮。斛，是个容量单位，宋以前，每斛相当于十斗，约一百二十市斤，四斛，就是四百八十斤。不讲理的是，这耕牛死了，还要继续交等额公粮，称之为"枯骨税"。湖南产茶，民间又要输茶，开始是交九斤，称之为"一大斤"，后来增加到三十五斤。如此等等，湖南苦毒多年。李允则到任后，发现"地税""屋税""枯骨税"虽然已经革除，但还有地方遗留，于是将这三种恶税全部奏请蠲除，只保留了茶税，但减低为户纳三十斤半。

他到潭州当年，大火之外，又赶上"岁饥"，灾荒年。李允则当即决定开仓放粮，而后上报朝廷。荆湖南路转运使认为不可，应该按程序先奏明皇上而后决定是否开仓。李允则说："湖南、开封路途遥远，一次奏请，来回路途就要一个月，那时，对挨饿的饥民来说，是来不及救助的。"不听转运使的，救活湖南民众无数。

不料第二年又赶上饥荒，李允则又要先赈后奏，转运使认为这一次不能再同意了，李允则就请求用自己的全部家产作抵押，开仓，低价出售口粮；并从中招募饥民，身体好且愿意服役的，转隶军籍，得到乡兵万人。

这时候，正好湖南地区有一股"邵州蛮人"，不服从中央号令，转运使就想让这部分乡兵去清剿"蛮人"。李允则不同意，说："这股蛮人虽然不服中央，但目前也没有侵扰活动，如果发此无名之师，是生出边患的苗头。况且新兵刚刚招募，还没有训练，他们正在饥饿状态，不适合出征。"于是上奏朝廷，不动用这批新兵。

在湖南期间，李允则还做了一件文化史上的大事，扩修岳麓书院，并上书请求从京师国子监调拨经书。于是真宗下诏，赐给岳麓书院诸经的"释文""义疏"，还有《史记》《玉篇》《唐韵》等书。此后，四方学者到岳麓求学者渐渐多起来。岳麓书院创始于北宋开宝九年（976），那是太祖时代，潭州太守朱洞鼎力做成，但在李允则时则让书院有了长足发展的机会。真宗还在后来接见了岳麓书院的山长（院长），并亲自题写了"岳麓书院"四个大字匾额。

李允则在地方几年，深得民心，以至于当地士庶自发组织起来，到安抚使办公处，联名上书，称颂他的优秀。安抚使将此事汇报朝廷，真宗闻讯很高兴，说了一句话："毕士安不谬知人矣！"

李允则应该属于大宋不多见的智者。这是一个觑破了人间各类"小九九"的人物，各色人物，在他眼中，几乎一眼看透。他可以调运敌我，从容布局，达成他想要的结果。

契丹的间谍

大宋与契丹后来达成"澶渊之盟"，双方和议，互相约定不在边境修筑新城，也即不再做战备准备，以免误判，发生战争。李允则当时奉命守卫边境城市雄州（今属河北），此地原有一座瓮城，贴着大城悬在城外。李允则认为战事难测，虽然有和议，但并不能就此高枕无忧，一旦战争来临，这个瓮城作用不大。因此就想将它与大城合为一体。

他先在瓮城外面建了一座东岳祠，拿出百两黄金来做成供奉的器物，大张旗鼓开始宣扬灵异事迹，当地居民也开始争献金银器物。此地做热后，李允则秘密地将器物搬走，对外宣称"北面来了盗匪"，于是开始在城北"抓捕"盗匪，并开始堂而皇之地修筑城墙，声言防盗，保护东岳祠。

关闭城门后，挖掘城壕，在瓮城和大城之间修筑月堤，使其连为一体，并将瓮城里的居民也大多迁往大城。雄州，从此更为雄壮。

契丹也没有找到借口。

雄州之北，过去有很多陷马坑，相当于热兵器时代的地雷阵，和平年代，这些东西反而对自家不利。城上则原有不少敌楼，可以瞭望十里开外的敌情。

李允则道："都是和平年代了，还要这些有什么用！"下令填平陷马坑，上面种植蔬菜，开挖沟渠，广植树木和灌木。而且在辖区内，所有空隙的地方，都种上榆树。从此，雄州以北，成为天然的步兵战场，不再有利于骑兵驰骋。敌楼也全部拆毁，却在辖境修建了比敌楼要高耸的佛塔，人们可以登高望远，一眼可以看到三十里开外。

"澶渊之盟"后，真宗下令不得诛杀契丹间谍，但李允则痛恨当初契丹人抓住宋人间谍，用"射鬼箭"办法，残酷处死的事情，就变通办法，借刀杀人。

有一次，上元节，有伶官表演，探子来报，说契丹那面有高官首领要偷偷进城看戏。李允则亲自出马，带领干吏躲在郊外观察，果然看到有穿紫色衣服的人进城了，李允则知道这就是契丹的高官兼细作，就跟着他们偷偷到了旅馆，住下后，派出女奴去服侍紫衣人，让他喝醉，还把他骑来的骡子放在官衙的廊下。不说话，让他回去了。但他在雄州的"好待遇"得到了回报：原来这是契丹的一位统军将军，随后被更高级别的契丹将军怀疑，杀掉了。

探子又报，说契丹有要员秘密派人到京师汴梁，找工匠做茶笼、燎炉。李允则马上也派人到京师，给工匠加倍工钱，要他再做几套，形制要与契丹人购买的一模一样，并且要求先交活，守秘密。然后，李允则将这些茶具派人带到雄州榷场（两国贸易的自由市场），找伶牙俐齿的干员，送到契丹来的商人面前，夸说器具之妙。这样一来二去，契丹人都知道大宋的茶具了。等到那位要员的使者出了雄州边关，回到契丹，李允则就马上收起，不再参与榷场买卖。于是，契丹那边开始传扬一个流言：某某要员得到大宋贿赂，收走了那批茶具，弄不好要有"奸变"，要出事啦！契丹派人找到要员，要他自辩清白，史称此人"无以自明"，于是被当作"辽奸"处理了。

一次，雄州界有庶民来报，说有个契丹人将他无故打伤，而后遁去。李允则听后，并不追捕，也不向契丹方面要人，只给了伤者二千钱完事。众人都认为他不免怯懦。一个月后，幽州契丹方面来问：是不是有汉人被契丹人打伤？李允则回答说没有。原来，这是契丹间谍进入中原，又没有情报可言，只好以打伤汉人为证据，证明他确实来过中原。李允则不承认这事，就等于那个契丹间谍撒谎，于是契丹人杀掉了契丹的间谍。

还有一次，雄州捕获了一个间谍。李允则一见，给他相面，随后就有了主意。他要求放开这个间谍，给予了他很好的待遇。间谍就供说他是燕京大王派来的，还拿出了他从雄州刺探得到的大宋沿边钱粮、兵马的布局数量。李允则很诚恳地对他说："你这些情报都是假的。"于是叫主管官员将"真实数据"给他。间谍很淳朴，也很感动，就要求李允则在这些情报的封口处加了钤印。随后，他带着李允则给他的赏赐金银，回去了。不久，又回来了，交还了李允则给他的情报，封口的钤印还在。不仅如此，这个间谍还将燕京一带的军备情报，包括兵马数量、钱粮囤积、军队布局等，主动供了出来。

可以说，在和平年代，契丹与大宋必不可少的谍报战中，雄州做得是最出色的。这事并非"阴谋活动"，它属于"战争伦理"，刀俎之上，不可甘为鱼肉，暗战"伐谋"，正是为了"止戈"。儒学论"三德"（智、仁、勇），"四德"（仁、义、礼、智），"五德"（仁、义、礼、智、信），都不曾省略"智"之德。此"智"是智慧、明智，其极致是孔子所论之"权"，也即变化之道。在狼群中，一味羊叫，不是大儒之德。故儒学绝不迂腐，迂腐者并非真儒。李允则待大宋士庶，守民生情怀；待契丹间谍，行战时谋略，这才是大儒真面目。

制造中的大案

李沆病逝后，毕士安被提拔为吏部侍郎、参知政事，负责干部组织工作。按礼数，毕士安上朝"谢恩"，感谢皇上提拔。真宗说："这还不算什么，即将任命你来做宰辅。"随后，真宗又对他说："朕倚仗你来辅佐，可不是从今天开始的。但现在天下正是多事之秋。朕想寻找一个与你一起拜相的人，你看谁能胜任？"真宗的意思是：除了毕士安之外，还要再任命一位宰辅；但这位宰辅要毕士安认同，以便于日后二人同心。毕士安很诚恳地回答道：

"宰相者，必有其器，乃可居其位，臣驽朽，实不足以胜任。寇准兼资忠义，善断大事，此宰相才也。"做宰辅之人，一定要具备宰辅的格局，才有资格担当其职；臣驽笨老朽，实在不能胜任。

寇准，兼备忠与义，并且擅长理断大事，这才是宰辅之才！

真宗说："我听说寇准为人强硬，好意气用事。"

毕士安又道："准方正慷慨有大节，忘身徇国，秉道疾邪，此其素所蓄积，朝臣罕出其右者，第不为流俗所喜。今天下之民虽蒙休德，涵养安佚，而西北跳梁为边境患，若准者正所宜用也。"寇准端方正直，为人慷慨大度，识大体，懂大节，为国家利益不顾身家性命，恪守正道而憎恶奸邪，这是他长期养成的品性，在朝大臣很少有超过他的，但是他这种性情，是不受流俗喜欢的。现在天下士庶虽然承蒙皇上的美德，生活得很安闲逸乐，但边境强横异族实为国家祸患。此际，像寇准这样格局的人物，正是应该起用的时候。

真宗赞同了毕士安的意见，但对强硬的寇准多少还有担心，就说：

"然，当藉卿宿德镇之。"

好，就按爱卿的意见办，但要借着爱卿的名望资历来镇服寇准的强硬。

随后，毕士安与寇准同时拜相，毕士安同时兼任监修国史，其位阶地位居寇准之上。

寇准做了宰辅之后，坚守正道，那些阴险小人受到威胁，就试图排挤寇准。有一位平民名叫向宗古，忽然上书告发寇准，说他结交安王赵元杰。这就等于说：寇准不服真宗，试图另外勾结赵氏宗室，大有图谋不轨的意思。事情重大，平民如何知道此类隐情？显然受人指使。但事出突然，寇准闻信，惶恐不安，不知该如何洗清自己。毕士安很从容，尽管不能明了具体当事人，不能明了事情之来龙去脉，但此事性质就应该是一场栽赃诬陷。于是当即为寇准鸣冤，并主张将向宗古交由法官讯问。于是，事情水落石出，果然是一场制造中的假案。向宗古被正法，寇准这才踏实下来。

寇准寇平仲，在随后的日子里，为大宋帝国建立了不朽功勋。

贤者贤，荐贤者尤贤。毕士安赏识王禹偁，成就一士；绍介李允则，造福一方；推荐寇平仲，利益一国。毕士安者，实为北宋大贤。

这个事实，可以较得知。

大宋名相张齐贤，也是有宋三百年一等一的人物，但论气量、论君子格局，与毕士安比较，还有距离。

张齐贤为门下侍郎，兼兵部尚书、平章事时，与李沆并为大宋宰辅，但张齐贤自视甚高，自认为有"致君尧舜"之才干，所以不免轻视"清静无为"的李沆。史臣对此颇有微词。后来与寇准并为大宋宰辅，又有"倾夺"，也即倾轧、争夺的记录。在朝廷做事，个人品行如何，有影响天下的可能性，因此历来史家都对官员品行很重视。有道之君也期待臣辅能够同舟共济。

真宗同时任命毕士安和寇准为相后，往往将从枢密院得来的边警军情，随时交给中书，并对两位宰辅推心置腹道：

"国家多事，军旅机密，虽然属于枢密院，但你们中书政事堂总揽文武大政，号令也从你们这边出。过去李沆为相，有了想法，往往独出机杼，没有与枢密院共同讨论。你们以后要详细阅读边报，共同参与讨论，给出办法，不要因为军旅之事属于枢密院而有所避讳。此外，枢密之地，尤其需要谨慎小心，那里往往直接处理宫禁中的谋划，对机密大事，古人是深深戒惕的。中书与枢密要友好合作，如果中书同列，或中书与枢密之间，有了不协和的迹象，被朝廷内外利用这种间隙，那可不是好事情。爱卿等要记住！"

传统官场"内耗"往往成本高昂，因此，"亲爱精诚"，成为历来史论家赞誉有加的政府风尚。因为如果不能"亲爱"，则必钩心斗角，断不能堂堂正正；不能"精诚"，则必颓唐萎靡，断不能共度时艰。

宋代史论家吕中就有一段漂亮的评论，他说：

"一相独任则有专权之私，二相并命则有立党之患。然以赵中令（指太祖太宗两朝宰辅赵普）权专任重，而能与新进之吕蒙正共事，以毕士安德尊望隆，而能与使气之寇准共政，不惟无分朋植党之风，抑且尽同寅（同一部门做官）和衷之义，而齐贤反与李沆不叶（叶，通协，不叶，不协和），与寇准相倾，何邪？君子可以知相业之优劣矣。"

宰相职业自有优劣，名相张齐贤都很难做到"亲爱精诚"。

但毕士安做到了。

"修昔底德陷阱"

此前，投降契丹的宋将王继忠，因为被契丹信任，曾经有一次面见萧太后，对她提出了契丹与大宋和议的建设性意见。他说：

"窃观大朝与南朝为仇敌，每岁赋车籍马，国内骚然，未见其利。孰若驰一介，寻旧盟，结好息民，休兵解甲！为彼此之计，无出此者。"

我看大朝（称契丹一朝）与南朝（称大宋一朝）作为仇敌打仗，每年征调车马，导致整个草原不安，实在是没有看到这样的战争，利益在哪里。如果派遣一位使者，与南朝去讨论旧日的结盟，两朝和好，将士解甲归田，与民休息，岂不是更好？臣考虑为了大朝与南朝两国的利益，没有比这个更好的了。

王继忠这一番话，实实在在论，不单单是为了大宋的利益，也不单单是为了契丹的利益，而是为了两国，为了天下的利益。所以，他的议论一出，"澶渊之盟"就开始展露曙光，两国和议、结盟，这是一个逻辑起点。

有意味的是，就在王继忠提出这个建议之前，契丹国内发生了一件大事，已经故去的契丹"战神"耶律休哥的儿子正在联系异己分子，有了谋叛的企图。结果事情泄露，谋逆失败。

但此事深深地刺激了萧太后与耶律隆绪：草原并不太平。此时萧太后年纪也渐老，不免有了厌战情绪。所以，王继忠的议论，深深打动了这个女政治家。史称"太后……颇然之"，太后认为他说得很有道理。

大宋这边则观测到天象有变，更加自警。真宗一面下诏"求直言"，一面大赦天下，并下诏蠲免五年以来各地的国税拖欠。当时负责财政的三司使认为如此蠲免太多，恐怕"亏损国计"，但真宗说：

"非理害民之事，朝廷决不可行。吝于出纳，固有司职也，要当使斯人实受上赐。"

违背天理而有害黎民的事，朝廷决不可做。财政出纳精打细算，当然是你们三司的职责，但要使我大宋之人实实在在地受到

234

国家恩赐。

与此同时，契丹也罢免了上京、中京、南京这三京之地"上贡"的旧习。

大宋、契丹，像太宗晚年时期那样，似乎在比赛着谁更文明。

可以略说说"修昔底德陷阱"。

古希腊历史学家修昔底德曾描述雅典与斯巴达近三十年的战争，后人认为，新兴的雅典的崛起，让老牌的陆上帝国斯巴达，以及斯巴达领导的伯罗奔尼撒联盟不安，种种际会，让战争爆发，史称"伯罗奔尼撒战争"。当新兴政权影响到老牌国家声威时，往往就要有战争，这就是"修昔底德陷阱"。相对于契丹而言，大宋，算是新兴帝国。从太宗时代开始，这个新兴帝国恰恰对老牌国家有领土要求，那就是恢复汉唐旧疆，底线是回到石敬瑭割让燕云十六州之前的地缘态势。这方面也很像雅典当初的势力扩张。但伯罗奔尼撒战争虽然有断断续续的"和议"，但最后还是决战到底的一场古代世界大战。虽然斯巴达获胜，但付出的代价也很惨重——仅仅维持了不多年头的霸权，最后被底比斯取而代之。

大宋与契丹则不仅在做着军备竞赛，更做着文明竞赛。文明邦国，没有例外是厌倦战争的；但大宋与契丹是在内部文明整合中，最后走向"澶渊之盟"的。在可知世界中，两个敌对的亚洲强国，咽下种种伤痛与委屈，握手言欢。"澶渊之盟"的这种和平精神、圣贤气象、政治理性、人类智慧，都是伯罗奔尼撒战争双方不可企及的。

大宋与契丹，已经走出了"修昔底德陷阱"。

萧太后确有政治家的考虑。她已经有了和议的心思，但她还是决计"以战止战"。她知道，和议将是一个互相讨价还价的过程，保持大兵在宋境，可以形成一种压力。事实上，此事相当冒险，但她似乎胸有成竹。

契丹倾国远征

景德元年（1004）春天的时候，契丹国主耶律隆绪和萧太后，再一次南下到了鸳鸯泺。

春二月，宋廷得到了两个消息，一个坏消息，一个好消息。

坏消息是，远在契丹东北面的女真部落向契丹进贡。这个坏消息的意义在于，如果处理得当，女真是可以成为"远交近攻"的联盟力量的，而在太宗一朝，女真曾有过结好大宋共同对付契丹的谋划，那时节，太宗认为条件不成熟，没有推演这个机缘。百余年后，宋徽宗重新想起"远交近攻"，展开了"联金灭辽"的战略谋划，但那时节，此举已经不是"机缘"，而是"陷阱"。此中之圣贤大义、政治智慧，异常精警，迄今为止，能够勘透此一节"国运"的史论，不多，此际卖一个关子，有关故实，容当后表。

好消息是，西北的李继迁死，他的儿子李德明尚幼。这个好消息的意义在于，西夏，似乎可以有了新的变局，现在看，存在可能性。

但契丹国主到了鸳鸯泺之后，只不过保持着一种军事高压，并没有行动。

李沆就在此际死去，不久，寇准入相。

到了秋季，契丹开始派遣小股部队也即"游骑"深入河北深州等地，攻城略地，稍稍不利，就率军退却。飘忽而来，飘忽而去，徜徉之间，似无斗志。寇准当即判断：这是契丹在骚扰大宋。就给真宗上书，要朝廷拣选将帅、骁勇，分别据守要塞，防备即可。

不久，契丹国主到了幽州。

寇准又完成了一个判断：这次，契丹不是骚扰大宋，而是准备入侵大宋。

果然，契丹南京统军萧挞凛带领草原铁骑，开始分头掳掠威虏军、北平寨等地，又更南下百余里，侵扰保州、定武等河北边境要塞，几次行动，大宋边防军都在防御战中，稳如泰山，萧挞凛没有得手。于是引兵向高阳关腹地而来，又不得逞，再转战于河北中北部，做出向着河北中南部进军的态势。

萧挞凛所部，号称精甲骑兵二十万。

但在前一年，也即咸平六年（1003）时，契丹朝中一个供奉官名叫李信，投降了大宋。他向大宋透露了契丹的军政现状，大略为：

契丹国中管辖的幽州地区汉人兵马，称之为"神武、控鹤、羽林、骁武"等，总数在一万八千余骑。其他契丹和诸部落，以及山后诸镇，总约十万八千余骑，这之中，有一万五千六百骑，常用来扈卫契丹国主，剩余九万三千余骑，就是常用来南侵的骑兵。

所以，萧挞凛所谓"二十万"骑兵南下，似有虚张声势、恫吓大宋的用意。古来远征，多夸大将士人数，草原似乎也不例外。

但后来契丹举倾国而来，骑兵人数即使达不到二十万，也相差不会太远。

真宗在便殿召集文武开会，问此事该如何应对。

毕士安与寇准一条条地谋划了防御战中的要领，二相意见一致，真宗也认同。随后，真宗又主动提出御驾亲征，君臣合议，也赞同。亲征的地点，君臣认为应该在澶渊，这个意见也高度一致。但在亲征的时间上，寇准与毕士安有了分歧。毕士安认为应该略等一等，到了仲冬再动不迟；寇准则认为应该立即行动，不得迟缓。真宗想了想，接受了毕士安的意见。

寇准无话，保留意见，但也接受并开始执行毕士安的规划。

毕士安出生于五代后晋天福三年（938），此时已经六十六岁，寇准出生于大宋建隆二年（961），此时四十三岁。寇准在太宗时，曾有记录：二人讨论问题，太宗不快，站起来想走，寇准一把抓住太宗衣袖，史称"令帝复坐"，让皇帝重新坐下，一直到问题讨论完毕。但寇准对毕士安却不敢这么做。一般来说，毕士安长他二十三岁，几乎就是父辈人物，出于礼数，他也应该谦让；但事实上，他对毕士安除了敬重、感恩之外，更有信服。而毕士安对寇准除了欣赏、期待之外，也有信服。所以二人即使有分歧，不是毕让一步，就是寇让一步。那一种"亲爱精诚"的官宦风貌，即使到了仁宗时代，也是不多见的大贤风采。

真宗一朝，力主"召天地之和气"，官宦们之间，都有礼让之风。与五代十国以来的将帅争功躁进，互相排挤倾轧，有了不一样的生态。咸平四年（1001），"长城口之战"前，王显出任前线总司令，王超任副总司令；又令王显任河北都转运使，王超任副转运使。但两人资历实不相上下，都是太宗时的旧人，都有过军功，都做到了节度使的位置。但王显到任河北定州后，听说王超就要来，特意到郊外去迎候；而王超则远远地下马望拜。两人情投意洽。真宗闻讯后，很高兴，认为"将帅有让"，特意为此而嘉奖了两位。

李允则修城拒敌

有消息称，契丹的皇弟楚王耶律隆佑，留守草原京师。此举意味着，耶律隆绪和母亲萧太后，有可能做出了长久"经略中原"的打算。

萧挞凛游骑很多时刻南下掳掠，一度到达沧州地界（今天津南，沧州北）。

毕士安推荐的文人李允则，此时正做着沧州知州。他从到任那天起，就没有闲着，修整境内道路，疏浚辖区湖泊，缮治要塞官舍，挖掘城中水井……如此，城中士庶都认为此人多事，史称"人厌其烦"。等到契丹来侵扰，附近老幼都进入城中自保，不仅水不缺，而且有很多官修的临时住处。他还汲取井水，一夜之间冻成冰块，用抛石机抛出，抗拒契丹攻城。契丹觉得此地难攻，退去。

真宗知道后，召他说：

"以前我也听说你挖井、修房，以为你不免扰民，现在才知道爱卿你是善于守备的人才啊！"

于是升官，并派他到前线，出任镇州、定州、高阳关三路行营兵马都监，主要负责监督前线大阵东面。

那时节，大阵横亘几百里，分布着无数城垒、要塞、兵营。李允则认为自己不懂"武技"，这不是他的长处所在，不可以独当边锋一面。真宗坚信文官可以带兵。当初任命大理寺丞（最高法院某处处长）高尹权知祁州（今属河北安国），李允则就不同意，上书要求派武臣去知祁州，因为祁州也算是边境城市，常有战事发生。真宗考察高尹，过了一个阶段回复李允则说："高尹过去曾经在定州做通判，口碑不错。朕因为祁州算是新建的要塞，要找文人安抚、绥靖，所以派他前往。后来听说他将祁州的城池修缮得不错，州中大小事也基本得到治理。一般人认为边郡要任命武臣来管理，这不是一个通用的道理。"所以，这次李允则说自己不懂"武技"，真宗就耐心地对他说：

"爱卿为我运筹划策，不必去抵挡矢石。"

由文人守边防，做武事，是真宗一贯的思路，事实上也是大宋历代帝王的思路。有一次，一位朝官上言，说西北某镇乃是边防要地，现在由文官管理，期望能选择防御使、团练使之类的武官来此地做边帅。真宗对人说：

"总是有人上言说边境州府郡县，应该像以前的制度，派遣武官守卫。这事朕考虑很久了，只要得人，即使是文官，也可以管理边郡。想想前代的那些事：兵权、民权，都交给藩帅州牧，那种利害关系，你们都看到了。"

言外之意就是：藩镇们将兵权、民权（事实上还有财权）一起抓在手里，很快就将公权力转化为私权力，于是有藩镇割据，于是有民生苦难。

大将王超按兵不动

且说萧挞凛，此人与契丹国主耶律隆绪和萧太后，分头从河北北部进入中原，宋师早有准备，大将王超在唐河两岸部署了重兵，态势仿佛寻机与契丹决战。

真宗此前有诏令，令镇州、定州、高阳关三路，总部设在定州，宋师夹唐河为大阵。王超此举正是在执行真宗诏令。真宗还有旨意：如果契丹来袭，要分别根据敌寇所在远近，出军设立营栅；但"寇来坚守勿逐"，只坚守，不驱逐。要等到一天一夜之后，敌寇松懈疲惫，这时再鸣鼓挑战。但士卒不要离开队伍，只令先锋部队出击，骑士居中，步卒环绕。短兵相接时，也不得乱阵。宋师"伍贵持重"，队伍最重要的是谨慎稳重，这样，敌骑就不能在"驰突"中找到机会。王超也认真执行了这个谋划，但重点在"坚守勿逐"方面。

王超在到定州行营之前，曾给真宗上书，说敌人知道我军各有阵地，但可能会因此而诱骗诸阵，一旦出师，敌人会乘虚攻击。所以，"大军不可轻动"，请各阵分头应对来犯之敌。真宗下诏给他："随宜裁制"，你王超可以根据具体态势裁定统制。

但河北都部署王超在这一次契丹来袭中，太过于刻板。他得到真宗"随宜裁制"的诏书后，就"裁制"为"按兵不动""不相救援"。

这样，当契丹大兵南下时，王超十几万大阵主力，就没有发挥任何作用。

契丹在威虏军、顺安军（均为河北前线要塞）遭遇宋师魏能、石普的抵御，魏能甚至击败了契丹先锋萧观音奴。但萧观音奴很快得到萧挞凛的接应，共同转攻北平寨，为宋将田敏所拒。

一战，契丹又不利，转趋保州。

行进中，忽然遭遇一片箭雨。契丹纳罕，原来这是保州属下的十几个侦察员。他们发现契丹后，立即躲入密林，在契丹前锋经由的路上展开侵扰。侦察小校也即侦察班长孙密，操练大宋箭弩十分熟练，而且指挥起来很有章法，且自身隐蔽得也妙。契丹总是一会儿在这儿遭遇箭雨，一会儿在那儿遭遇箭雨，但无法发现射箭人。但他们看到箭雨稀疏，知道这是宋师的小股部队，于是下马迂回进入树林，试图与孙密等人短兵格斗，但孙密始终控制主动，在密林中巧妙运动，带领十几个优秀的狙击手，总是在最合适的距离射杀敌人。最后，将带队的一个契丹军校射杀，还获得了羽林军的大印。契丹觉得无法虏获这一伙儿可恶的敌人，只好退去。

但在保州，攻城未下。

契丹再次转移，攻击遂城。

这一次，宋师守将王先知被萧挞凛擒获。

而遂城告急时，王超却在唐河两岸的大营中，拿出真宗"随宜裁制"的诏书来，告诉诸将要各自为战，不能救援，以免被契丹调虎离山。

公正说，宋师一贯受朝廷节制，各镇各阵往往看到战机，也不敢擅离本处。乃至契丹也发现了宋师这个特点,于是,每一次攻击时,都比较放心,故大多尽力"偏攻一面"。王超"知道契丹知道"宋师这个特点,出于"持重",担心契丹利用这个特点,声东击西,于是要各要塞、各营栅、各偏阵分头对付来犯之敌。遂城于是失利。

真宗也"知道契丹知道"宋师这个特点,于是曾有诏令:河北北面都部署,野外布阵成列之后(大阵成列,需要时间,需要各路野战军按照预定路线赶来到预定地点,往往需要几天时间),除原定的东阵、西阵的"拐子马",以及"无地分马"外,另外再招募使臣、军校拳勇等,要根据地形远近,以轻骑兵归中军调遣,以备机动。"拐子马",是大阵东西两翼的轻骑兵,有固定位置,但任务是从东西固定位置出击增援中军;"无地分马",是大阵中不安排固定位置的轻骑兵,相当于机动部队或预备队,在战阵中具有应急增援的"骑兵"和"奇兵"性质。显然,真宗布阵有实用考虑,其总体精神是"持重"而不失"机动"。

王超显然"持重"有余,"机动"不足。与太宗时代"满城之战"灵活布阵而取胜的赵延进、李继隆等人相比,他不是"嫩"了点,而是"老"了点。他太"老气""老实"了。

我如此论及王超,事实上还很谨慎。如果"锻炼周纳"起来,王超甚至与傅潜有一拼,至少有"拥兵自重,逗挠不前"的战时违令之罪;甚至值得怀疑此人或有投敌的可能——当年石敬瑭以一个后唐节度使也即藩镇大员的身份,勾结契丹,反攻本国,一举跃上后晋皇帝宝座,这种绝大利市,对所有野心家、所有"兵强马壮者",都不难唤起博取一票天大富贵的贪欲。在很多时刻,人类的贪欲,是可以陡然而起的。

有一种史料，譬如《宋史·李允则传》就认为：此役，王超在与契丹接触中，曾经战败，损失兵众不少。于是王超龟缩城中，拥有十几万大军而不敢与契丹正面相对。作为行营都监的李允则，在人心震摇之际，给王超提出了两个建议：一、穿上丧服，向大军恸哭，以此来告慰军士的悲愤；二、率领这支哀兵向契丹继续开战，挽回败局。真宗甚至也知道李允则的这个举动，专门发去了诏书给予嘉奖。

而王超拒绝了李允则的意见。

契丹各地攻城，仿佛蜻蜓点水，稍稍不利即转战他处。很明显，契丹是想利用骑兵优势，与宋师展开野战。但在野战中，从太宗时代开始设计的宋师大阵又有效地防御了契丹骑兵驰突，所以契丹最期待的是在运动中诱骗宋师一部脱离大阵，以便于相机围歼。王超大阵坚持不动，也有理。但契丹迂回百余里，绕过大阵，继续南下，王超依然不动，就不是"持重"的问题了。因为这时"大阵"对面早已没有了什么敌人。甚至在真宗了解到前方态势，诏令王超率军南下，而他还是迟迟不动，达一个月之久，这就不免令人生疑：他要干吗？

有一个有意味的细节，似可令今人深思。

一个月之后，"澶渊之盟"已经签订，王超"奉召"率大军南下。行进几百里后，来到天雄军（今河北邯郸）。而此时契丹正在从澶渊向草原撤军。两路大军，一个南下，一个北上，形势诡异。真宗下诏，令王超所部的河南籍万余人，赶赴澶州，归大将李继隆等人率领。这就等于在分解王超的兵权。同时，从河东（今属山西）赶赴河北的雷有终部，也正在按照诏令返回河东。《续资治通鉴长编》为此评论道："时王超等逗挠无功，唯（雷）有终赴援，威声甚振，河北列城赖以雄张云。"对比中，可以知道，澶渊一役，契丹大军之所以抵达黄河北岸、澶州城下，主要原因是王超未能积极布防、配合诸镇拦截。而契丹绕过王超"夹唐河"而立的几十里大阵，王超也未能形成追击态势。契丹南下，置王超唐河大阵于不顾，一个多月的时间，居然不恐惧身后的十几万宋师。契丹恐惧的，是不受王超节制的河北诸州守军，以及来自河东大本营、能征惯战的雷有终。

更有意味的是，当王超率屯戍大军南下到达天雄军时，正在此地做军事副总指挥的孙全照"颇疑惧"，准备"闭城拒之"。宋师怀疑宋师，这是什么道理？如果没有蛛丝马迹，孙全照何故如此？更有意味的是刚刚被寇准举荐，由真宗安排到此的天雄军总司令王钦若的回应。

王钦若认为孙全照此举"不可"。他说："若果如此，则猜嫌遂形，是成其叛心也。"如果这样将王超拒之城外，是将我们对他的"猜嫌"暴露出来，弄不好反而刺激他、成全了他的叛逆之心。

那么怎么办？

王钦若与孙全照在城外十里扎制彩棚，做出欢迎王超"回家"的样子，欢歌宴饮，一连好几天。等到欢宴完毕，王超所统领的诸军，已经被王钦若和孙全照分派到各地去了。王钦若做得很诡秘，甚至王超的亲军都不知道怎么回事，王部所领三路大军，没了。

王超带着三路大军的"编制"到澶州来见真宗，知道自己"无功"还"违诏失期"，估计要落个傅潜一样的下场：流放。于是上章待罪。真宗"悯其劳旧"，可怜他还算有"苦劳"，也算是"旧人"，原谅了他，给他一个地方节度使，罢免了他的军职。从此以后，王超再也没有统领过大军。

能断大事的寇准

中国文化内在精神，极重"道义价值"。《春秋》《史记》《新五代史》《资治通鉴》以来，"道义价值"恒为史家用志不纷，凝神所在。史家记录往事，大义之处，取径圣贤；用字用语于是自明理路、自含褒贬，以此阐扬并传承为一种意义系统，此即"史心"。

然"史心"判词一出，严若冰霜，如老吏断狱，一字不可以移易，故古人于此必慎于下笔。有未彰之事，有难晓之人，往往诉诸"曲笔"。此即"史心"幽微而含蓄处。王超是否反叛，其事尚未彰明较著，其人难断贤愚善恶，史家于是更不说破，只借天雄军一案、王钦若一语揭开诡异帷幕一角，但是已经足够惊心动魄——如果熟悉石敬瑭、熟悉杜重威的故实（《赵匡胤时间》已经说清了他们的秘密，"史心"揭橥甚明）。

简言之，秘密结好异族，颠覆母国，从石敬瑭、杜重威以来，乃是"铁血"武夫的传统。大宋对此必须格外提防。但是从事后处理模式观察，除了南宋风波亭一案，在秦桧主导下杀害"兵强马壮"

的名将岳飞之外，大宋几乎不动杀机。宋帝不喜欢流血，似乎是一种生理上的遗传。

有一个故实可算例证。

这一次真宗到澶渊，名相李沆病重，东京留守者乃是太宗四子，真宗四弟，雍王赵元份。

赵元份知道留守职责重大，相当于"临时代理皇帝"，于是诚恳辞让，真宗不许，但为他选择了特别能干而又贤良的宾佐辅助他。

尽管赵元份有气度，是个令人见而敬畏的人物，但他怕老婆，老婆蛮横不讲理，他却一点办法没有。他"狠"不起来，皇子的身份也让他"狠"不起来，等于终身受老婆制约。甚至到了他生病时，那老婆也不愿意稍尽妇道。这样一位皇子"留守"京师，还恰恰就赶上了一档子事。

京师出现了劫匪，被抓起来，送入右军巡狱。还没有审讯完毕，劫匪的同伙也被抓起来了。不料这一伙劫匪很是嚣张，互相见面之后，就戴着枷锁互相打斗，忽然开始攻击狱卒，准备越狱。狱吏几乎无法禁止，就一面搜捕，一面向留守赵元份汇报。京师于是动用了公安警捕系统，将这一伙劫匪全部控制住，送到开封府去。但在押送罪犯之前，主事的官吏担心他们再次逃亡，就将他们的"足"一个个折断。

材料报到留守这里。

赵元份一开始听说案由、狱词，就非常害怕，史称"怖甚"；又不忍主事官吏的"酷法"，"遂惊悸，暴得疾"，于是在惊恐中得了急病。

真宗闻讯，只好召参知政事王旦从澶渊赶紧先回京师，"权东京留守事"，临时代理京师留守。

而赵元份就此辞世，享年只有三十七岁。

大宋帝国的历代君王，没有狠戾之人。所以，王超"违诏"，导致契丹南下直抵澶渊北城，这么大的抗旨之罪，真宗并没有治罪于他，甚至都没有责备他，还给了他一个节度使的职务去颐养天年。

而契丹，很早就认识到宋师"各自为战"的特点，甚至，也可能猜度出了王超的用心，就像当初猜度出了傅潜的用心一样，或者，也许像当年耶律德光猜度出了杜重威的用心一样，于是，可以在屡次小败之后，不畏惧宋师，于是"敌势益炽"，敌人的气焰更加嚣张，居然率领草原大军在定州五十里远，望都之东的阳城淀，临水驻扎。这就几乎相当于在宋师前线总部的眼皮底下睡大觉。而王超确实诡异——他不动。诸将劝他，他也不动，似乎就等着契丹继续南下。

果然，在此地，契丹得到休整，随后，这一支主力"举国入寇"。

"澶渊之盟"前的最后一战，"澶渊之战"开始了。

敌情紧迫！一天之中有五次告急文书传到开封。诏令王超率兵返回澶州，却恐怖得没有消息。朝廷召大将回阙拱卫京畿而无动静，内外不免有了忧惧，而草原骑兵正在向天雄军、澶渊浩荡开来。

情报显示，契丹这一次兵势之盛，异于往时。

寇准已经与毕士安"议决"御驾亲征，但时任参知政事的王钦若却感到害怕，秘密地劝谏真宗避开敌人锋芒，暂时躲到金陵去。签书枢密院事陈尧叟，则主张皇上西幸，到成都去。如此，可以万无一失，而后，再作打算。

真宗也有了动摇，觉得河北前线原先的布防等于失效，王超主力不在，前途似吉凶莫测。但他想起"能断大事"的寇准，就来问他。

寇准闻言，一看真宗旁边站着两个人物，就知道怎么回事了：王钦若是江南人，所以主张大驾南下金陵；陈尧叟是四川人，所以主张大驾西幸成都。但他假装不知道此事的来龙去脉，厉声喝道："这是谁为陛下谋划这种馊主意？"

真宗说："爱卿先说说这个意见是否可行，不必问是谁的意见。"

寇准说："臣欲得献策之人，斩了他们用来衅鼓，然后北伐！"

真宗默然。寇准继续说："现在天子神武，将帅协和，若车驾亲征，契丹自当遁去；就算他们不遁去，我等可以出奇以阻挠契丹的规划，坚守以疲敝草原的兵众。现在我们是以逸待劳，胜算在我！奈何要抛弃祖宗社稷，远远地跑到江南、巴蜀去呢！"

真宗相信寇准，更相信毕士安，重新坚定了信心。

王钦若、陈尧叟，却从此在心里埋下了怨恨寇准的邪种。

王钦若脖子上长个大肉瘤。按病理学的说法，这是指人体机体组织受某种病原刺激后，开始细胞增生，于局部形成的囊状性赘生物。他个子又矮小，肉瘤就显得很突出。但他后来做到宰辅，又有劣迹，故时人给他一个绰号：瘿相。瘿，就是肉瘤。

寇准看着这位生相滑稽的同僚，不免心生厌恶。他也知道此人用心不善，眼下正是大宋帝国最为紧张的时刻，形势凶险，前途莫测，一步走错，后事不可收拾。为了避免王钦若在朝可能会阻止寇准独断大事的局面，寇准想到了让这位副宰相外放，离开朝廷。

可巧，正赶上朝廷要选择干练大臣屯驻大名府，寇准于是极力推荐王钦若。王钦若也看出目前不是他的主场，与寇准不和，凶多吉少，于是也主动提出去镇守大名。于是，王钦若做了天雄军都部署。

"上中下三策"

天雄军，就是大名，就是魏博，史上称谓不一。地在今河北邯郸附近。

但关于王钦若镇守大名，有不同记录，《东轩笔录》的说法更为传奇。

说真宗在澶渊，一天对寇准说："天雄军被截在契丹之后，何人可以为朕守卫？"寇准说："古人有言：知将不如福将。臣观参知政事王钦若，福禄正盛，应该可以为天雄太守。"当时就拟定了任命书给王钦若。王钦若很茫然，寇准说："主上亲征，现在不是我们这些臣子避难的日子。参政先生当体会圣上的心意。"说着，马上就拿来送行酒，向他敬酒，说这是"上马杯"。王钦若看看形势，不敢推辞，饮罢送行酒，就向各位拜别上任去了。寇准还叮嘱他一句："参政勉力啊！等你回来，我们就是同列，一同做宰辅啦！"说王钦若到了天雄军，一见契丹大兵漫无边际，草野皆兵，无以为计，能做的只是屯塞城中四门，终日危坐。过了七天，契丹退去，王钦若被召回，为平章事。

这个记录有传说成分，不很可信。但在各种史料中，常见此说，也可证明，并非全是捕风捉影。

读史，当着两说、诸说并存之际，如果能够辨别真伪，可辨别之；不能辨别真伪，可推演之，并在推演之后，给出一个必定带有讲述者倾向的意见；如果诸说各有来源，难以推演之际，可暂且并存，不必一定给出结论性意见。"王钦若守天雄"案，其真相究竟如何，暂且可以诸说并存。

应该说，两国和好，不必进行欧洲那样的"三十年战争"或"百年战争"，国家之间实现和平，这个基本思路，是王继忠贡献的。但也应该看到：萧太后很早也有了"厌战"情绪；而宋真宗更早在咸平年间就对曹彬、何承矩等人说过"为民屈己"实现和平的意见。因此，和好，是一个早已形成"趋势"的结果。但寇准则对这一切早在算中。

他似乎在这一年，也即景德元年，公元1004年，特别有感觉，几乎算无遗策，包括实现和平的方式。

按照寇准的感觉，他认为目前是大宋最佳时期，包括经济、政治和军事能力。他曾做过三司度支推官，对国家经济能力心里有数，那是太祖太宗两个时代都达不到的经济成就；还做过盐铁判官，对国营企业税收心里有数；还做过同知枢密院事，对大宋军事现状、将校人才心里有数，只要战略对头，这些人更有希望超越前朝，为国家建立不朽功勋；他还做过参知政事，在副宰相的位置上，全面了解大宋的行政现状，都是史上最佳时期。更重要的是，他理解真宗皇帝，此人做事公正、理性，实是历史上罕见的一代太平天子。有意味的是，真宗皇帝也有抑制住虚荣、不求好大喜功之一面。如果能够"恢复汉唐旧疆"，他是一定要"恢复汉唐旧疆"的；但不能"恢复汉唐旧疆",那就不妨且待天时、天命;人力不可强求。

这些,寇准都早已心中有数。

按照寇准的沙盘战略推演,应有"上中下三策"。

上策是与契丹做一次总决战,将战线北推到契丹境内,而后,伺机攻克山前山后的中原旧地,一洗石敬瑭之羞;而后,在此条件下,与契丹实现"和议"。当时大宋利战,据说还有"天道"关联。早在"望都之战"失利时,就有一位名叫张旻的将军看出了这步棋。他认为"天道方利客,先起者胜",天道运行,目前正是利于"客"也即外来者的时期,谁先动谁胜利,契丹先动了,所以有"望都之战"的胜利。但天道很公平,大宋在本土,是"主",出境就是"客",因此"宜大举北伐"。张旻甚至还掐算一番,说出了"兴师出境"的具体日期。真宗不一定相信并依赖巫术,但战争胶着,没有特殊条件,一场战役之胜败还不足以决定全局,这类道理他懂。"望都之战"虽然失利,但史上转败为胜之案例不少,如果天道相助,鼓舞败军之勇,完成太宗"取幽蓟"未竟之志,并非没有可能。于是他来问辅臣。但辅臣们否决了张旻的动议,"真宗北伐",于是转换为一种哲学,仅仅呈现为可能性,随后,消弭在虚无之中。

所以,寇准的"上策"没有实行。

"下策"是按部分辅臣意见,真宗坐镇汴梁,诸将出师抵御契丹。而后,在诸将取胜之时机,与契丹寻求和议。

但如此"下策",在契丹"举倾国而来"的情况下,凶险莫测。

圣贤有言:"人心惟危",主将率中央禁军在外,当初石敬瑭的故实、杜重威的故实,万一重演,帝国则凶多吉少。即使主帅不反,试图博取一票富贵的下级将士将杏黄旗撕了草制一袭龙袍，强行披挂在主帅身上，这样的故实史上也不是孤例。

此前的傅潜、当今的王超，虽然并无证据证明他们要做石敬瑭第二、杜重威第二，但作为军人统帅，那种"逗挠不前"的姿态，是随时可能演绎为挟契丹而南窥的态势的。作为帝国首辅，免于"焦头烂额"的唯一办法就是"曲突徙薪"。寇准不得不防。

所以寇准力求不出现"下策"。

现在所行者，实为寇准之"中策"：御驾亲征，取胜后，相机和议。

最早的"议和"文书

且说王继忠。

这次契丹南下，耶律隆绪和萧太后留在雄州（今河北雄县）以北；萧挞凛率先锋主力在宋境穿插南进。王继忠跟随在太后身边，有一次，他得到机会，再次向萧太后说起和平建议。

如何和平？

似乎都还没有可以行之有效的模式，也没有模板可以借鉴。

但双方可以协商。

萧太后当即想到关南的莫州和瀛州。按她意见，只要得到这两地，可以和平。她将这个念头暂时藏起，开始跟王继忠推动和平。

她让王继忠直接给大宋皇帝写信，然后，派出精干小校四人，带着信箭，也即作为契丹官方文书凭证的令箭，到莫州（今河北任丘北）来见大宋边防军官石普。史称"且致密奏一封，愿速达阙下，词甚恳激"。显然，这是以契丹国主的名义，另外给真宗皇帝写了一封信，期待石普将军尽快送给皇帝，信中用词非常诚恳、激切。石普接纳了小校四人。小校还说："这些文件都是我们契丹国主和母后召我们到车帐前，亲自给我们的，告诫我们速速送到莫州石帅。获得收到的消息，马上要回去汇报。"

石普当天就派人飞驰数百里，将这些文件送给了真宗。

真宗发书，看到了王继忠的信件。王继忠信中讲述了当初"望都之战"中，王超"轻敌寡谋"，结果自己被契丹擒获。说他在北朝也即契丹处做官，"唯以息民止戈为事"，只以休息天下士庶，中止两朝战争为己任。"况北朝钦闻圣德，愿修旧好"。这里透露的消息就是：契丹主动求和。

但是真宗一开始不相信。他对辅臣说：

"朕怀念太祖全盛之世，也以'和戎'为国家利益所在。朕初即位，吕端就有建议，将太宗仙逝的消息去通知契丹，以此求得两国罢兵。后来何承矩也有停战的意思。但朕认为：两国从未有过交往，和平是不可以强求的。朕又想，自古以来，北敌就常祸害中原，如果不是用至德安抚、用大兵威胁，他们那种犷悍之性，岂能柔服？所以，朕不信他们。这个奏章虽然到了，但他们有多大诚意？实在不值得相信。"

毕士安不同意真宗意见，他说：

"近来契丹愿意归附我朝，是因为他们都认为陛下有神武之风，而且本朝雄富。他们常常害怕我朝一旦举兵北上收复幽州，所以将进攻当作防御，深入为寇。但几场大战过来，他们兵锋已经受挫，但又耻于自退，所以正好借助王继忠来请和。臣料契丹此举非妄。"

真宗又道：

"卿等所言，但知其一，未知其二。契丹因为南下无成，所以请求盟好，固然现实如此；但是我们一旦答应他们的请盟，他们必有条件。朕已经想好：如果能够屈己安民，派个使者去谈，给他们一些货财，这是可以的。我担心的，是关南之地，曾经属于他们。如果他们拿着关南说话，则必须'绝议'，朕当治兵誓众，亲率大军去讨伐。"

契丹这个强劲的草原政权，与中原帝国之"和"，必须出自他们的主动，才有希望。事实上，早在后周时期，后周太祖郭威就曾经有过"纳币求和"的故实。那时，契丹与后晋的战争结束不久，后汉也刚刚被后周取代，郭威就派遣干员出使契丹，提出"岁贿十万贯"，要求契丹停止侵略中原，史称"契丹不许"。所以，到了大帝柴荣时代，深知与契丹之"和"，不可强求，于是乘着兵强马壮，率先北上，收复了关南之地，可惜柴荣病殁，大业中坠。

现在，契丹主动来求"和"了，怎么处理？

大宋君臣商议了一个方案，真宗手诏，令石普送给契丹派来的小校和王继忠，手诏大略说：

> 朕丕承大宝，抚育群民，常思息战以安人，岂欲穷兵而黩武。今览封疏，深嘉悃诚。朕富有寰区，为人父母，傥谐偃革，亦协素怀。诏到日，卿可密达兹意，共议事宜，

果有审实之言，即附边臣闻奏。

朕继承大宋帝王之位，抚育万民，经常想的是停火息战以安百姓，岂有竭尽兵力而轻率付诸武功的意图。现在看到你们的上奏书信，你们的诚恳，很值得嘉奖。朕富有天下，为人父母，如果能够做到停止干戈，也是朕一直以来的愿望。诏书到日，卿可以将朕的意思秘密转达，共同议定具体事宜。如果有真实的和议意见，就跟边臣联系，让他们向朝廷转达消息。

这是现在能够看到的最早的"议和"文书之一。

"死囚"的献祭

与此同时，契丹和大宋在和谈之际，不但没有停止攻防之战，而且华北各地狼烟四起。

真宗见情报显示契丹已经深入河北，就令前线民人进入城寨，暂避锋芒。

此役，契丹为了保证河北诸路的南下安全，也安排了西路军的"打援"。

远在河东麟府路的钤辖韩守英等人，在朔州大破契丹，斩获甚众，牛马羊、铠甲等，俘获数万计。

河东的岢岚军（今属山西忻州），也与数万契丹铁骑在一个叫草城川的地方有了对阵。一战，敌人败去。岢岚军军使贾宗估计敌人还会再来，就在战斗间隙，与并州、代州赶来的援军司令高继勋讨论退敌方案。

高继勋说：

"刚刚两军相交，我登高瞭望，见草城川这一带地形地势，又见敌阵。敌人虽然不少，但是队伍不整。可以判断：统领不是一个将才。我兵虽然不多，但可以奇取胜。我先到山下设伏。战事起，我即与你会合，留下南面方向，不设围，敌人必然向南逃，你急率大军追击，可以在敌人溃散之际彻底打败他们。"

第二天，高继勋在一个叫寒光岭的地方设伏，契丹又到草城川，两军角力之际，寒光岭伏兵蜂起，刺入敌阵。契丹未加提防，果然大败。也恰好在这个时候，西部麟府路的契丹败报传来，东部岢岚军的契丹本来是与西部构成战略掎角的态势，西路败，东路慌，史称在这一部契丹军中，惊慌之下"自相蹂躏者万余人"，晋北宋师大胜，获马牛羊驼甚众。

捷报到来，真宗表彰了麟府路和岢岚军。

这时，澶州地方开始调集丁壮，修葺州城。

但真宗认为戎寇在北，如果澶州内地忽然有这种整修城楼的动作，恐怕动摇人心，赶紧命令停止战备工程。并将河北前线的司令官何承矩调到澶州来做防御。何承矩乃是善于野战的将军。按真宗思路：敌人一旦到达澶州，可能不是一场守城战，而是野外阵地战。

王超不动，河北前线战事吃紧，真宗另调动驻守河东的雷有终从土门东进，策应河北诸军。

土门，即古井陉关，在今天河北石家庄鹿泉区附近，与镇州接壤。

真宗动员了何承矩和雷有终"夹击"可能到达澶州的契丹，证明了形势开始渐趋紧张——王超所部十几万正面攻防大军，已经不可依赖。

保州孙密率领当地"强壮"也即民兵，也有了"破敌"之功。捷报传来，真宗高兴，对辅臣说："边境一带的强壮、军士等，都如此藐视敌人，并不畏惧他们。看来只要将领得人，实在不难殄灭敌寇啊！"

但敌寇还是在深入，从河北纵深向着山东、河南而来。

契丹倚仗着骑兵优势，遇到宋师，战有利即进，不利即退，来去如风。所以宋师尽管多次击败契丹，但整体考察，"击退"者多，"击溃"者少，那种大兵团合围后全部聚歼的"殄灭"战更少。大宋用兵，不狠。契丹似乎在利用宋师这种近于愚蠢的军政之仁，所以，敢于在中原内地飘忽、跳跃、深入——他们知道不大可能被包围，他们跳得出。

契丹为何总是能够自由出入中原？

除了宋师布防的"漏洞"以外，那时，中原大地，地广人稀，也是一个原因。真宗晚年全国人口约两千万，不足今天北京一市的人口总量。想象一下可以知道，那时的中原，走上几天几夜往往也难以看到一处村落，几乎是常事。所以无论大宋还是契丹，战争中，总希望能将对方的人口转移到本国。增加人口，是那时的基本国策。顺便说一下：契丹全国人口约两百万，是中原地区的十分之一。但契丹几乎全民皆兵，是一个马背上的族群，国家跟着马背走。所以，他们的战争动员能力不低。

尽管地广人稀，契丹的出现，还是令冀鲁豫交界处出现了逃避兵火的大群流民。他们从四面八方向黄河渡口走去，希望过河，寻求更安全的地界。

朝廷闻讯，一面派出使者安排流民，一面诏使各地知州，要在边郡粮草转运、大兵调动之际，安抚地方，不必惊扰。真宗"虑致摇动"，担心因为战争行为而动摇士庶人心，使天下不安。"天水一朝"（宋朝）所介入的战争，除了几次诏令地方"勤王"之外，几乎都是静悄悄的。战争，但不扰民，不做大众动员，不随意征兵，甚至不随意征调地方乡兵，是一大规则。

但在安排流民过程中，出现了一个很有"中国特色"的故实，算是做了一次"大众动员"。

朝廷派出兵部尚书、昔日名相张齐贤权知青州，并兼附近青州、淄州、潍州等诸州安抚使；知制诰丁谓兼附近郓州、齐州、濮州安抚使，主要工作是安抚这一带流民，同时提举（管理）地方转运（运输军用物资）及兵马，另外一个附带的工作就是，将管界内山河道路之"广狭形势"，画成地图报到朝廷。张齐贤、丁谓，都是大宋名流，工作能力不俗。契丹南下，扫掠冀鲁豫三省交界，此地有乱象，所以真宗派他俩来分段管理地方。

有一次，敌骑小股部队越过广袤的河北平原，又来到黄河以北，骚扰中原纵深，史称"民大惊"。丁谓辖区的民众聚集在几个渡口，争抢渡河。在一个叫杨流渡的地方，艄公们有了"邀利"，也即公开涨价或索要贿赂的行为，发国难财。士庶从四面八方赶到这个渡口，一时间，情况紧急，丁谓知道后，当即提来一个已经定了死罪的囚犯，押解到渡口，假冒艄公，被杀。史称"舟人惧"，于是"民悉得济"，士庶全部得以渡过河去。

丁谓担心契丹继续南下，就将渡过黄河的流民有效地组织起来，让他们手执军旗，敲击刁斗，沿河鼓噪，声闻百余里。契丹不辨虚实，以为此地有了防备，退回去了。

丁谓，这个真宗朝的大人物，做事干练。但死囚即使当斩，那是应有时日的，随意提取而杀，那就是将人视为"工具"之无道行为；动员流民百姓参与军事行为，也毕竟不合战争游戏规则，也不符合大宋立国以来的民生精神。军人保护人民，而不是人民保护军人，是战争的基本规则。但紧急关头，当机立断，往往又自有利国利民之处。此际，无案例可以借鉴，无律法可以援引，无制度可以查勘，无圣贤可以请教，事到临头又事发突然且事情紧急，如何平衡，使行为符合中庸之道？权断甚难。历史军政行为，往往就在此类节点，显出精英人物之大智慧与真操守。是大智慧必有所为，是真操守必有所不为。按儒学意见，每当遇到选择的困境，不妨自问：我如此行为，可是仁者行为，可是义者行为？如果自问是仁是义，就去做，至于成败荣辱，无须计较；如果自问不仁不义，就不做，至于功名利禄，不必考虑。世事吊诡之处更在于：当此之际，权断者的"仁义之行"，其结果可能正好是反仁义的，如历史上的宋襄公；而权断者的"反仁义之行"，其结果则可能正好是仁义的，如历史上的周武王灭商之战，就被时贤讥讽为不孝、不仁，但周王朝的兴起，则在一代人的时间内建构起了亚洲地区的礼仪之邦，事实证明"武王灭商"与此前的"汤王灭夏"一样，都是一场充满正当性的革故鼎新，史称"汤武革命"，大义在此。丁谓临事杀囚，是正当的吗？如果问题重新出现，这应该是具有"二难"性质的选题。无论选择杀还是不杀，都在政治伦理方向上呈现为"背反"的性质。所以，史上的精英人物，每遇此类选择，间不容发之际，众人彷徨之际，都会陡然升起一种义无反顾的精神：道义担当。事已至此，无论后人如何评价，无论当世如何理解，无论现场能否成功，我只管"直道"做去，将"责任"扛在自家肩上。无辜的只是那个"死囚"。而"死囚"有些时刻可能未必一定就会赴死。当其未死之前，可以有各种机会令他不死，如遭逢大赦。孟子有言："杀一不辜而得天下，不为也。"就这个意义而言，这个"死囚"，是事实上的"澶渊之盟"的献祭牺牲。对他个人而言，乃是一场存在的绝望灾难；对大宋而言，乃是一个生命的两难悲剧；对天下而言，乃是一曲孤独的苍凉离歌。在那一瞬间，这个人，他的命运在另一个人手里遭遇宣判——而宣判者，事实上并无宣判的权力……

但无论如何，我对此类困境中的果断选择与责任坚守，有一种无法抑制的敬意。他们是不计荣辱名利的道义担当者——尽管，他们的选择，也许是错误的、罪恶的。丁谓后来劣迹不少，此举也未必"合道"，但在危急中呈现出的智慧可称之为"大"，操守可称之为"真"。丁谓，他的故实很精彩，容后慢表。

谢涛《梦中作》

　　真宗此时面对全国一盘棋，与辅相们运筹谋划，主题是对付契丹南侵，但西夏也在捣乱，境内盗匪不断，巴蜀谋反频发，灾害天气连续发生，更有丧事、祭祀、民事案件要处理，王超那边更不听调度……凡此种种，却看不到真宗的忙乱和慌张。他处理地方报来的一桩桩大事或小事，不急不烦，不喜不忧，从容应对，镇定批复。那一种气场定力，读史，就会越过千年岁月感觉到。

　　当时曹州（今属山东菏泽）一带出现很多土匪，真宗就派一位朝官谢涛前往治理。这个县级州城的赋税，按旧日规定，收取上来之后，要调拨到南边的睢阳（今属河南商丘）充作地方军粮。但谢涛到日，正赶上淫雨不断，按照朝廷规定，转运这批粮草有时间规定，如果一定要完成任务，那曹州民众就要在淫雨天气中，踩着泥水南下。史称"百姓苦于转输"。谢涛调查后，留下这批粮草不动，上奏说："江淮那边运往京师的漕运粮船，每天都会路过睢阳。可以将这批粮草留一部分，用作睢阳军粮。我这边的曹州军粮，可以改日由广济河输送到京师，替代江淮过来的部分漕运。"这就要变更京东路、河北路、淮南路等几个转运使的转运任务，需要任务清单、发运、接收文案的重新拟定，有点麻烦。所以此案一出，当即遭到诸路转运使的反对。

　　但真宗还是认真分析了谢涛的建议。他看到，曹州、睢阳、京师，构成一个三角形，各自相距二百余里。谢涛的建议只不过给文案工作增加了一点麻烦，但对漕运实施，并未造成操作上的影响，而且还宽舒了曹州当地的民力。节约民力，是"天水一朝"不可变更的国策。真宗在日理万机之中，权衡了曹州民众的利益，决定按照谢涛的意见处理。

顺便说，谢涛不是一个功勋卓著的官员，但治理地方有政声。此人似乎对生死问题有达观思考，对圣贤气象有温情理解。他认为人生百年，即使功名不朽，也不过留下青史中的几页纸张；就算千古英雄，死后也不过化作一坑灰尘；但从周公、孔子而来的教诲大义，那种仁义精神，却至今浸润着万民。他有一首诗，题为"梦中作"，就说这个感觉，似可约略见出他的君子风范：

百年奇特几张纸，千古英雄一窖尘。

惟有炳然周孔教，至今仁义浸生民。

契丹不断逼近中原腹地，真宗准备起驾了。诏下，要随驾的军士先到澶州，并赏赐了天雄军以及河北前线驻屯将士。赏赐，往往是战前的一种安排。

河北又有捷报，大将张凝、田敏率领"偏师"，也即非主力部队深入契丹北境，到达易州（今属河北）之南，战败契丹守军，虏获人、畜、铠帐数以万计。同时，保州、莫州、岢岚军、威虏军、北平寨都有抵御入侵之敌的战功。诡异的是：只有都钤辖魏能"逗挠无功"。

不久前，真宗重新布阵，王超为总帅，大兵屯定州；朝中议论的意见是：屯驻威虏军的魏能、屯驻保州的张凝、屯驻北平寨的田敏，以及缘边巡检杨延昭四人，手中握有精骑，等敌人越过防区进入河北南部或山东北部、河南北部，就深入敌后"以牵其势"。王超上书要求将这四人全部隶属他来管辖节制。因为王超有过不听调度的记录，朝廷不得不有所因应，所以驳回了王超的意见。真宗也认为本来安排这四员大将就是为了"设奇兵"，用来扰乱契丹的心腹；如果再令王超"取裁大将"，那样将"无以责效"。于是下诏，令魏能等人不受王超节制。但没有想到的是，契丹南下，诸将立功，只有魏能不动，敌寇来袭，诸将出城逆击，他退保威虏军，关闭城门不动，听凭诸将苦斗。他似乎在与王超保持一致，拥兵自重。

魏能这种表现，与"长城口之战"中的骁勇机智，几乎判若两人。

战后，诸将有一次聚会，议论起来，都责备魏能，史称"众皆愤悱"。座间，只有张凝无语。有人问他为何不说话？张凝道："能粗材险愎，既不为诸君所容，吾复切言之，使其心不自安，非计也。"魏能不过是一个粗材，但用心颇险，又刚愎自用；此役，既然不被诸君所容，我再激切责备他，会让他心不自安。如此，那就容易失策啦！

显然，张凝似乎察觉到了什么。

真宗听说张凝这一番议论，认为他所言有见，史称"上闻而嘉其有识"。

显然，真宗也意识到了什么。所以，真宗诏令王超从定州赴澶州大驾行在后，即诏田敏等人移屯王超行营。

王超还远远没有更多动作，兵权已经如此被罢免。大宋的制度性建设，已经让昔日藩镇割据、挟寇自重的可能性越来越趋于不可能。

曹利用自荐出使

契丹大军进至莫州、瀛州附近，昔日投降契丹的王继忠，在雄州之北得到了真宗传来的诏书。他知道真宗确实有意推动和议，就再次向萧太后言说"和好之利"，同时再通过石普向真宗奏上一封书信，大略谈了两个意见：

一、契丹已经兵围瀛州，关南乃是契丹"旧疆"，宋师恐怕难以固守。

二、请尽快派遣使节来契丹进入实质性谈判。

这两个意见透露出来的信息极为密集丰富。

这封信，王继忠不怀疑萧太后会看到，于是借机向萧太后明示：我王继忠正在要求宋廷尽快先派使者来谈。

"澶渊之盟"，是谁向谁先派使者？

这不是个小问题。

除了政治面子问题，还有个主客场的谈判优势问题。

历史上来看，王继忠事实上代表了契丹一方，是他先向宋廷通问，随后萧太后派出了小校。但这些还都不算是"正式谈判"。那么，"正式谈判"，在哪里呢？现在契丹首领已经离开了上京，正在雄州之北；大宋统治者也即将离开东京，正在准备开往澶渊。那就只能在各自的行在所在地。使者所到的对方行在，就是对方的"主场"，自家的"客场"。主客有别，形势有异。王继忠等于在暗示真宗，不必计较主客场，我王继忠在契丹，自有在曹在汉的计较，我王继忠既然邀请宋廷来人，就心里有数。

另外，表面上看，王继忠似乎在劝谏真宗放弃关南瀛莫二州，或讨论关南归属，屁股似乎坐在契丹一方，但事实上，这是在向真宗巧妙透露契丹谈判的底牌，是要真宗做好应对的准备。信件要出境，难保契丹不会拆看，所以，这信也是曲折地转给萧太后看，意思还不是表露自己的忠诚，而是告诉她：如果宋师固守瀛莫二州，则"我契丹"试图靠谈判索回关南之地几乎就是不可能的。但如果此意不可，那么出路在哪里？

谈判，折冲樽俎之际，不是比谁更凶恶、更强大，也不是比谁更有脾气、更有血性，甚至不是比谁更合法、更正当，而是比：谁更有智慧找到妥协之路。

这条路，王继忠没有找到，也许找到了，但他期待着由中原和草原的统治者们自己去提出。这条路，萧太后也没有找到，也许找到了，但她期待着要价更高，所以兵围瀛州，志在必得。

这一条妥协之路，真宗找到了。

瀛州保卫战之间，真宗得到了王继忠的回信，看后，对辅臣们说："瀛州素有备，非所忧也。欲先遣使，固亦无损。"

我大宋瀛州一向有战备，不是值得忧虑的问题。但你说先派使者到草原，也没有什么损失，可以。

于是回复王继忠，答应他的要求，尽快派遣使者。

朝廷随即招募了一位神勇军军士名叫李斌，手持信箭为随从。神勇军，是中央禁军也即正规军的一个番号，此外番号尚多，如捧日军、神卫军、龙卫军、拱圣军、胜捷军、骁捷军、龙猛军等等。这些军人都是从各地乡兵和地方招募而来，高个头，多在一米八左

266

右，有威猛之相。

还要正式选一位有胆有识的正式使者，于是令枢密院选人。有一位殿直也即朝廷的闲职武官，名叫曹利用，他就是后来平定岭南"陈进之乱"的名将。此际，他正想着如何报效朝廷，听到朝廷招募出使契丹之事，就到枢密院上书自陈，说是"倘得奉君命，死无所避"。真宗得到推荐后，很愉快，对辅臣说：

"契丹首先表露诚恳，愿意请求同结和好，使者虽然行走于两军之间，实在也没有什么危险。但是作为一个小臣听到朝廷命令就请求出行，这作风也实在值得嘉奖。"

曹利用袭取父荫做到朝中小官，但他少年时代就喜欢谈论天下大事，善于辩论，口才好，为人慷慨，有大志。所以遇到这样的机会，在他人患得患失之际，他脱颖而出，成为"澶渊之盟"最重要的人物之一。真宗当即给他升官，为阁门祗候，假崇仪副使。阁门祗候是朝廷做具体事的科员，崇仪使则属于正七品的荣誉散官，副使，就在七品之下。所以这俩职务都不算高，但都算武职中的文官。真宗似乎有意不让谈判者品秩太高，很低调。

曹利用带上给契丹的书信、给王继忠的手诏，出使去了。

瀛州保卫战

与此同时，真宗开始亲征。

契丹则在阳城淀王超眼皮底下得到休整之后，沿葫芦河来到关南，直抵瀛州城下。值得注意的是：此行，萧太后、耶律隆绪也同期抵达。

萧太后的愿景是：力克瀛州，而后与大宋谈判，索要关南全地。但她也有预感，估计大宋不会轻易"奉还"关南之地，那么，在谈判之前，先打下关南之地再说；不然，一旦谈判"和好"，再要关南之地回到契丹，那可就难上加难了。所以，此战志在必得。

守卫瀛州的乃是太祖时的武官李进卿之子李延渥。

李进卿早在后周时就有战功，曾跟随周世宗柴荣参加过著名的"高平之战"。归附太祖时，也有战功，而且对大宋极为忠诚，有效死之志，官职一直做到节度使。李延渥算是将门之后，瀛州作为关南重镇，真宗托付给他经营，此人与乃父一样，对大宋忠心耿耿，而且守城得法。他早有准备，似乎知道必有一场瀛州保卫战，故多年绸缪以待今日。这也是真宗放心的原因所在。

契丹攻城甚为凌厉，他们要在宋师援军赶来之前，克复此城，所以组织了史上最为强悍的攻城队伍，昼夜鼓噪，四面夹攻。这样不停歇地轮番进攻了十天，气势不但不减，反而更盛。十几天来，方圆几十里间，人人都可以听到击鼓声、呐喊声。契丹驱使善于造车的奚人部落制作了特殊的木制登城盾牌，夜里，举着烛火，敲出城垣坎穴，蹬着墙砖，冒死爬城。

李延渥这里的防御力量总有三个部分，一是地方州兵，也即厢军，一是地方招募的强壮，也即乡兵，还有一部分是地方巡检史普麾下的巡检兵，也即治安部队。厢军在北宋属于"诸州之镇兵"，各地都有，与中央禁军不同，但却在战时可以临时充当防御、戍守力量；乡兵不远征，但也不打仗，不过紧急情况下，可以作为地方作战时的补充；巡检兵只负责巡逻治安和侦探，但在北宋时期，也往往参与局部战争。战争，尤其是具体的战役，统帅人物的气质和方法往往可以将一支未经训练的兵众转化为骁勇神武之军。李延渥就做到了这一点。他在契丹四面攀缘城堞的过程中，将早已准备好的礌石巨木，按照战术地点需要，总是在最精确的时刻做出精确的投放，沉重的石木从城楼"累累而坠"，没有任何肉体可以经受如此钝击，契丹人留下了一片一片死尸。而大宋的神臂弓射手，则在城堞之后，精准射击，将一个个试图露头的敌寇射杀在城壕里。

最后一天，契丹人组织了史上最为强大的弓弩队伍，向着城楼射击，暂时压制住了宋师的神臂弓射手。瀛州城楼另有一种防御设施名为"戍棚"也即"敌楼"，这是战时临时设施，完整一点的，像一间木制小屋，士兵躲在其中，免受敌箭射击，但又要留出空隙射击敌人。李延渥设计的这个敌楼很简单，只在城楼顶部女儿墙，也即那些连续的凹凸矮墙间顶部，一个个下垂着横搭上不足一尺宽的木板，用来防护我方射手。契丹的弓弩箭雨射到这些戍棚垂板上，每一块都集中了两百多支羽雕翎箭。

一阵密集的火力压制后，萧太后与耶律隆绪亲自上阵，轮番击鼓，数万精甲铁骑，换上轻装甲胄，在草原首领的感召下，冒死登城。宋师守卫将校中，陆元凯被流矢射中脸部，仍然镇定指挥；巡检司令史普勇敢而不避战，从容调动守城兵员和礌木滚石，有条不紊；李延渥坐镇城楼，调拨城上城下各支州兵与强壮，史称"据守益坚"，坚守瀛州的意志更加坚定。

契丹在这一战役中，史称"死者三万余，伤者倍之"，这个数字，转换成另一种常见说法就是："伤亡九万余人"，或："伤亡近十万人"。

如果这个数字可靠，"瀛州保卫战"可能是有史以来大宋帝国歼灭契丹人数最多的一次，而且大宋完胜。此际宋师援军也正在轰隆轰隆地赶来。

当这对处于权力顶端的契丹母子感到无法攻克这座关南要塞时，娘儿俩带着残兵败将"遁去"，留下的铠甲、兵器、弓弩、长竿、盾牌"数百万"。战利品，可能也是与契丹之战中缴获最多的。

真宗得到捷报，很高兴，他听说契丹发射的箭矢钉在戍棚的垂板上，密集度达到每一块有二百多支，就下诏让瀛州送一块板子过来看看。看后，甚为惊叹，称赞了守城者的劳苦功高。随后，重重地赏赐了李延渥以下的诸将和士兵。

不久，河北北面部署发来情报："契丹自瀛州遁去，其众犹二十万。侦得其谋，欲乘虚抵贝、冀、天雄军。"

这一情报显示：契丹这一番的确是在"举倾国而来"，瀛州伤亡九万，居然还有二十万的战斗力，居然还想继续与大宋死磕！契丹这母子俩确有不同凡响的战斗意志。他们可能也已经意识到：这是与大宋王朝最后的斗争！如果战场上不能有所斩获，和议也将斩获不大。

契丹在拼命，在为通往"和议"之路拼命。

"归降"的契丹人

真宗则非常镇定，下诏，要诸路大军以及澶州戍卒，做好到天雄军会战的准备。兵来将挡水来土掩，契丹到哪里，就跟他们战斗到哪里。大宋，事实上并不惧敌。每逢契丹入寇，河朔（泛指河北、山西两省的北部地区）一带的宋师，将百姓移入城中，大门一闭，据守，契丹也无可奈何。

更有一位右赞善大夫名叫王屿，他正做着冀州（今属河北衡水）知州，史称此人"常有破敌之志"，经常在本州将戍卒集合起来，搞阅兵演习。又在农闲时节训练本地"强壮"。平常城门打开，百姓自由出入樵采。他常常对人说："敌寇如果到了，我冀州兵一定可以去截击他们。不必为我们冀州担忧。"果然，契丹的游骑从广袤的华北平原展开劫掠，到达冀州时，被王屿亲率训练有素的战士击退。

冬天来临之际，整个华北地区上空开始弥漫战争气息。此际，更多的契丹人开始投降大宋。从咸平年间开始，就不断有契丹人向大宋走来。

咸平四年（1001），契丹的王子耶律隆庆的麾下就有人来降，从此以后，契丹来降者陆续不断，史上记录：

契丹阁门使寇卿的儿子寇用和、寇继忠来降；

契丹李绍隆来降；

契丹贵将萧继远的亲吏刘澄、张密带着族人来降；

契丹于越部下大林寨使王昭敏等归降；

契丹奚王知客阳勍来降；

契丹平州牙校韩守荣等来降；

契丹北宰相亲吏刘庭凤等来降；

契丹供奉官李信来降；

契丹统军常从李可来降；

契丹班济库都监耶律吴欲来降；

契丹林牙使摄推官刘守益等来降；

……

透过这些不完全统计，可以约略得到一个信息：契丹国内并不平静，而萧太后，这个年过五十的迟暮美人经受了太大压力。如果不能达成和议，这样的事还会不断发生，事实上，契丹国内已经发生了多起军政性质的"谋逆"变乱，但在铁腕萧太后的管制下，扑灭了那些变乱。

且说这些降人。

他们有些是契丹族人，有些就是原来的汉人。所有归降者，真宗都为他们安排了朝中的官职，给一份俸禄和赏赐。但是开始的时候，契丹来降者，"无所依"，也即在中原没有亲友，朝廷就特意在京城南部开辟一块地，称之为"南置院"，要他们住下。

这之中还发生了一个传奇。

有一个幽州市民赵祚，带着妻子来降，不久，有一个赵州的市民苏翰发现这个赵祚带来的妻子就是自己离散已久的女儿。于是，苏翰来到登闻院，敲响了登闻鼓，上诉，要求将赵祚和女儿一块带回到自己家。当初离散的理由已经不可知，但苏翰要求两位回家，毕竟是一种认亲行为，真宗调查无误，就支持了苏翰的诉求，还专门赐给赵祚夫妻衣物、布帛、缗钱，让他们回到未曾谋面的岳丈家中。

但是大战即起，前来"归降"的契丹人中，难保没有奸细。守边官员无法分辨是真是假，但又担心送到京师，会成为搜集内地情报的间谍。如何处理？如果此事在某类铁血王朝，估计就是秘密杀降，或拒绝接受降人，但真宗给出的意见是：要求缘边各个州军要塞，如果有契丹人、渤海人来归降，当即要给予生活基本资料，但要派遣人员"守护"，等到敌人退走，也即战后，再将归降者上报，送往京师。大宋的仁义就到这种地步。

就在大驾亲征之前，真宗皇帝乘着逸兴，做战前的热身——校猎。他骑马到近郊，进入丁冈村，忽然看到一家民舍，墙垣已经倾圮，房屋低矮简陋，于是问询、进入这个人家，原来乃是"税户乔谦"家，纳税人的住处如此贫寒，真宗不忍，于是召这家主人，赐给万钱（应为十贯）、三十件衣服，并免除了他一家三年的赋税。真宗这类"访贫问苦"的举动，不是出于地方官员安排，也不是出于存心作秀行善，而是忽然撞着，恻隐心起，给予救助。

随后，大驾起行，向着澶渊。

伍

澶渊之盟

　　达成"澶渊之盟"，是大宋帝国文武官员和真宗皇帝共同演绎的政治硕果。这之中，李延渥的"瀛州之战"极大地消耗了契丹有生力量；李继隆则击毙契丹先锋大将萧挞凛，令契丹夺气；澶渊城北布阵，军容严整，令契丹使者韩杞一见心惊，这感觉传导到契丹营寨，很大程度上影响了耶律隆绪和萧太后，令草原民族的首领有了"畏宋"心理……

凿冰御敌

在寇准和枢密院规划后，真宗下达诏令，布防澶渊：

以山南东道节度使、同平章事李继隆为驾前东面排阵使，马军都指挥使葛霸副之，西上阁门使孙全照为都钤辖，南作坊使张旻为钤辖，武宁节度使、同平章事石保吉为驾前西面排阵使，步军都虞候王隐副之，入内副都知秦翰为钤辖。

这一盘大阵就部署在澶州城黄河两岸，主要在北岸；以野战为主，城防为辅。此役，最重要的人事安排是起用了名将李继隆。

李继隆乃是被南宋官方称赞为"六大名将"之一的人物。六大名将，按时序排列为：曹彬、潘美、李继隆、曹玮、张浚、韩世忠。这个序列良莠不齐，且故意遗落岳飞，并不公平，其缘由容后续书中慢表。但李继隆能够列入"六大名将"是有道理的。"澶渊之战"前，他的最大功绩是在太宗朝时击败契丹"战神"耶律休哥，后来在西北击败李继迁还在其次。真宗时，因为李继隆是他的亲舅舅，虽然舅舅多次要求上前线，真宗都不想"烦以军旅"，就让他"优游近藩"，享受生活，对他"恩礼甚笃"。契丹南下，王超抗旨，"澶渊之战"就要发生，李继隆以同中书门下平章事、检校太师的身份，做着山南东道（今属湖北襄阳）节度使，但判许州（今河南许昌），等于赋闲。他看到了大宋帝国的危机，再一次主动请战，要求"扈从"。真宗答应了他，于是，李继隆进入中国历史大事件"澶渊之盟"。

契丹一面调动大军南下，一面策划和议。

大宋一面策划和议，一面调动大军布防。

景德元年（1004）十一月庚午日，真宗车驾从京师出发。

当天，司天监来报，说天现"日抱珥"之象，且有"黄气充塞"，吉祥。这意味着敌人将"不战而却"，是"和解之象"。

所谓"日抱珥"，乃是太阳两侧各出现一个半圆的光环，模样仿佛一个人戴了耳套。据说此乃"抱戴"之意。何况天上还布满了黄色的云气，此乃利于天子的天象。

真宗丝毫不为天象所动，对北鄙方向的侵扰，从未放松警惕，虽然也在积极谋划和平。

但和平并不顺利。大宋特命全权大使曹利用从东京出发，几天后，到达天雄军，镇守在此的王钦若、孙全照接待了他。

但孙全照以一个军人而不是政治家的思维认为：契丹无诚意！如果有诚意，干吗还一面商量和谈，一面那么凶狠地发动"瀛州之战"？那么大败之后，重新组织精甲铁骑，进袭河北？如此，大宋派出使者到契丹，只能自取其辱。于是，他与王钦若商议：按住曹利用，不让他去草原，我大宋丢不起那人！王钦若同意了孙

277

全照的意见。

契丹没有等来大宋使者，又赶上"瀛州之战"元气大伤，对议和一事更加着急。就令王继忠再次给宋廷发送信息，并且有"北朝顿兵，不敢劫掠，以待王人"之语。这几句话的意思是：我们契丹出兵不利，主要原因也是因为我们不愿意（不敢）过分劫掠中原，以此来等待（或对待）王道之人（指大宋）。从太祖赵匡胤时代以来，契丹还从未如此硬撑着一点尊严表现出谦卑的口吻。

显然，契丹求和心切。

王继忠也纳闷，为何宋廷不派人来？

于是赶紧继续给真宗写信。他已经听说真宗大驾正在"北巡"澶州，而旧日相识，侍卫马军都指挥使、领感德军（今属福建安溪）节度使葛霸，正在澶州，为李继隆副手。于是，信件由边境官直递澶州葛霸，葛霸收到后，当晚即送达真宗行在——此时真宗已经离开京师，正在北上路途中。

真宗还不知道曹利用被"按"在天雄军，也在纳闷他怎么在天雄军待了那么久？当即手诏赐王继忠，告诉他已经派遣曹利用出使。

随后，又给曹利用手诏，促使他尽快出使；并在给曹利用的书信后，又附上给王继忠的书信，要他敦促契丹派人到天雄军来"迎援"曹利用——因为从天雄军到雄州，虽然属于大宋河北之地，但现在到处都是契丹游骑，使者出行不安全。

王继忠还没有收到真宗手诏，就听说了曹利用被"按"在天雄军，不能成行。于是，再次给真宗发信，要求从澶州另派使者前来，以免"缓误"。

这时，真宗大驾已经到达距离澶渊不远的长垣县，见信后，回信告诉他前面一封信的意思，不另外派遣他人。

几天后，真宗到达韦城县。此地在黄河岸边，地属滑州（今河南滑县）。此时正是隆冬季节，黄河结了厚厚的一层冰，上面可以行走车马。真宗下诏，令黄河沿线几个州郡，滑州、齐州、濮州等，部署丁夫往来于河上，凿开冰层，以防契丹骑兵渡河。

而这时候，契丹南下的大军已经到达天雄军。从天雄军到澶州不过二百里路程，形势空前紧张起来。

"无地分弩手"

天雄军听说十几万契丹大兵来临，"阖城惶遽"。太守王钦若于是召集诸将分守四城。但那时节似无人愿意据守险地，王钦若采用了抽签抓阄的办法来分配四面之守，史称"探符"。时任"驾前西面邢、洺路马步军钤辖兼天雄军驻泊，兼管勾东南贝、冀等州钤辖"的孙全照，此时慨然而起一股英雄气，他说：

"我孙全照乃是将门之后，请不参加这次'探符'。诸将自去选择便利处所，剩下不肯当者，全照请当之。"

诸将也同意他这个意见（笔者行文至此，不禁慨叹：天下英雄不多！），最后的结果是：没人愿意守北门。因为北门直接面对来犯之敌，必然凶多吉少。王钦若也不分辨，就将北门交给孙全照。王钦若自己选择了南门。但孙全照不同意，他的意见是：

"参知政事王钦若先生是天雄军主帅，全城号令、谋划都要从主帅之处发出。南城、北城相距二十里，紧急状态下，有所请示，等待回复，这么远的距离，必然失去机会。不如居于中央府署，保固天雄腹心，机断处理四面敌情。如此，则大善！"

王钦若也接受了这个意见，另派他人固守南门。

孙全照在边境多年，熟悉契丹套路，更知道宋师利弊，于是常年训练有一部"无地分弩手"，也即机动神臂弓手。这支队伍人数不多，但精悍异常，人人手执制作特殊的朱漆弓弩，一旦将箭镞射出，无论人马，皆可以"洞彻重甲"，可以将皮盔皮甲射穿。而且平时训练有素，随着他的指挥，灵活布阵、变换队形，史称"应用无常"。后来仁宗朝名将郭逵，论战法说："兵无常形。"南宋名将岳飞，论阵法说："阵而后战，兵法之常；运用之妙，存乎一心。"此类意见，与孙全照此论，都属于军事家的天才感觉。

孙全照守北门，根本就不登楼。他打开城门，放下吊桥，在城壕之外列阵，一色的大红弓弩，在冬日阳光照耀下，颇有"熠熠生辉"的精彩。但契丹萧挞凛很早就听说过此人大名，远远地看到他的阵势就知道不好玩。萧挞凛骁勇不假，但他更善于打击薄弱环节，以此带动全局。所以，他干脆不去接近北门。这样，几万精甲铁骑，呼啦呼啦地绕出十几里，来攻打东门。但东门守卫不错，无法攻克，于是放弃东门，去攻取附近一个小城。城下后，契丹在这里得到短暂休整，而后，乘着冬日的星光，绕出南城，南下。

最凶险的北城，无战事。

萧挞凛庙算天雄守军会来追击，就静悄悄地令大部队前行，但在南城之南的狄相庙附近，留下了伏兵。

王钦若得到契丹南下消息后，已经晚了，但他还是派出了精甲骑兵追击，以此来分担澶渊那边的军事压力。但这支部队果然遭遇了伏兵，从追击部队的后方发起了伏击。夜半三更，忽遇来路不明的杀手，宋师夺气，战不利。王钦若得到消息，知道这一支追击部队已经进退两难。

孙全照主动请示道："如果让这支追击部队覆亡，那是让我们天雄军覆亡啊！北门，现在不必如此守卫，全照请求救援他们！"

王钦若对孙全照已经是言听计从。孙全照于是趁着夜色带本部兵马出南门，与契丹伏兵力战。史称"杀伤其伏兵略尽"。这样，天雄军派出的追击部队才得以返回城内，但是能够回来的，不过十之三四，可见这一场伏击战的惨烈。

但萧挞凛的主力部队还是攻陷了德清军。

德清军，在天雄军南一百里，在澶渊偏东北方向五十里，今属河南清丰县。此地成为拱卫澶渊的最后屏障；而澶渊，则是拱卫京畿的最后屏障。德清军，深知责任重大，在与萧挞凛苦斗后，沦陷。除了战死的士卒之外，知军张旦和他的儿子张利涉，虎翼都虞候胡福等十四名宋师官员战死。

澶渊之战是多个战役的组合，包括德清军之战。战前，朝廷给各州郡发下了诏令："州县坚壁，乡村入保，金币自随；谷不可徙，随在瘗藏，寇至勿战。"大意说：各个州县都要坚壁清野，乡村人众可以进入城中自保，所有金银细软都要带在身上；谷物不可转徙的，都在所在地埋藏，敌寇到了之后，不要与之发生战事。这是一张纸条，散发到了河北诸州郡乡村家家户户。内中有意味的是最后一句话："寇至勿战。"敌寇到了，为何不战？因为战事自有军人承担，民众不是战斗人员，是受保护对象。大宋一朝，始终坚持战争规则：军人保护士庶，而不是士庶保护军人。

这一张纸条发挥了作用，所以契丹虽然攻取了许多地方，但无所得。即使攻破德清一城，综合算起来，也得不偿失。史称契丹因此"未战而困"。

真宗的忧虑

真宗驻跸韦城，此地在澶渊之南不足百里。

很快，德清沦陷的消息传来，随驾将士中，有了窃窃私语。

而早在一个多月之前，诏令王超率兵赶赴大驾行在，已经过去了一个多月，没有见到这支宋廷倚重的主力，而契丹居然置后方十几万王超大军于不顾，闪展腾挪，一路"蛙跳"，带着草原的腥膻和战马的汗臭，来到黄河北岸——这是什么节奏？

契丹人不服输的蛮力和史上罕见的战斗意志，演绎为一种令大宋不敢小觑的铁血精神。尽管，寇准和毕士安等大宋精英明白，契丹在作困兽之斗，在作战争冒险，事实上，他们已经接近于强弩之末。但更多的大宋将士不明白，他们看到的、听到的是：草原人已经来到家门口！

大宋首都汴梁城北三百里，就是敌人。

而这些敌人有十几万。

他们越过了大宋河北防线，渡过了拒马河、易水河、滹沱河、永济河，长途奔袭近千里，现在来到黄河边了。

而且，他们有个萧挞凛。

远在韦城的随驾将士也许隐隐约约地感觉到了一股令人恐怖的生肉的味道……

随驾群臣中有了动摇。

有人再次向真宗提出暂避锋芒，退走金陵（今属江苏南京）的建议。

面对这一股普遍性的畏惧，史称"上意稍惑"，真宗有了一点疑惑。幸运的是，他再一次想起"能断大事"的寇准，于是，召寇准来问。

寇准走在真宗行宫门外，就听到里面有宫内女人的声音说：

"群臣之辈要将官家带到哪里去？干吗不尽快回到京师去啊？"

寇准不犹豫，赶紧进入。他不想让宫中女眷的意见影响真宗。

真宗见他到来，直接问道：

"南巡，如何？"

这意思就是，是否可以暂时到金陵去避一避？

寇准像古人李陵那般"奋不顾身"的劲头来了。他知道刚刚说话的那个女人很可能就是真宗心爱的刘皇后，但还是忍不住夹枪带棒挖苦一番。他假作不知，来了一番议论：

"群臣怯懦无知，不异于乡老妇人之言。今寇已迫近，四方危心，陛下惟可进尺，不可退寸！河北诸军，日夜望銮舆至，士气当百倍。

若回辇数步，则万众瓦解，敌乘其势，金陵亦不可得而至矣！"

史载原文如此。

想一想就知道，这话等于骂了群臣、皇后，甚至也骂了皇上。所以，站在时光的后面来看，寇准此论，痛快是痛快了，但效果并不好，也失礼。

不过真宗算是明白了国家首相的意思。

寇准的话不中听，真宗一时不想肯定他。所以寇准看到的风景是："上意未决"，皇上还没有打定主意。

寇准有点慌。一出门，看到殿前都指挥使高琼正立在门屏之间，他在执行扈卫任务。寇准对他说：

"太尉受国厚恩，今日是不是应该报效国家啊？"

高琼道："我高琼乃是一介武夫，诚愿效死！"

寇准就对高琼分析了眼下形势，然后，带着他再次进入行宫与皇上对话，高琼以标准的军人姿势站在庭下。

寇准说："陛下如果不认为臣言为然，何不问问高琼等人。"

说着，又把前面的意思大略陈述一遍，但这一次说得比前一次还要激动，史称"词气慷慨"。

真宗没有回应。高琼跪拜后，仰头奏道："寇准言是！"然后给真宗分析道："随驾的军士们，家庭父母妻子尽在京师，一定不肯弃家而南行。如果一定要南行，走到半路就会纷纷逃跑。愿陛下尽快到澶州，臣等效死，敌不难破！"

寇准又说："机会不可失！应该赶快起驾！"

当时有个负责管理御用器械的朝官王应昌，恰好在旁。真宗回头看他，王应昌说："陛下奉将天讨，所向必克；但若逗留不进，恐怕敌势会更为嚣张。也可以到澶渊之南暂时驻跸，然后发诏，督促王超等尽快会师进军，敌寇应该会退走。不能后撤。"

据一种未必可靠的史料记载，说大约就在这个时间，忽然出现了日食，而且是"食尽"，大约属于日全食。真宗看到后，大约想起了张旻当初的"天道方利客，先起者胜"的神秘谶言，于是有了忧惧。但司天监就像来恭喜"日抱珥"一样，又来恭喜"日食尽"，说按《星经》的说法，这个天象"主两军和解"。真宗不敢相信，再去检核《晋书·天文志》，居然也有"和解"的说法。

首相说要前进，太尉说要前进，近臣说要前进，天意似乎也说两军会"和解"，于是"上意遂决"，皇上的意思坚定起来。

使者的委屈

第二天一大早，车驾启动，向着澶渊，出发。

天气寒冷，左右将貂皮大衣和帛絮帽子进给真宗，不料真宗推却不受。

人问为何，真宗道：

"臣下暴露寒苦，朕独安用此耶？"

臣下都在寒苦中暴露着耳面，朕独自一人怎么可以享用这个？

好事多磨。

曹利用还在天雄军，战区烽烟，通邮艰难，他还没有得到真宗手诏。但契丹那边王继忠则通过大宋莫州守将石普，再次给真宗写信，要求尽快派遣使者来契丹谈判。石普派遣一位指挥使张皓，带着王继忠的书信从贝州（今属河北邢台）出发赴真宗行在。不料南下途中，经由天雄军附近，契丹刚刚打完一场狄相庙伏击战，附近都是草原游骑，结果被契丹俘获。

契丹国主耶律隆绪和萧太后，听说后，马上将张皓带到帐前，松绑、压惊，当时就安慰了他很久，很是有情有义，有礼有节。

问候中，萧太后也知道真宗早已派出曹利用来草原，但是在天雄军被不知内情的王钦若"按"住。于是，就让张皓顺便到天雄军去见曹利用，尽快让曹利用出使契丹。

萧太后很着急。

张皓到天雄军后，向王钦若说明原委，但王钦若还是不相信——狄相庙伏击战中，天雄军将士流了那么多血，现在你契丹人还在我大宋境内，而我皇车驾正在北巡，如此这般，就要和谈了？

契丹不仅大军南下，还在各路纵深安插间谍细作，了解大宋军事部署。远在山东的安抚使丁谓就在"日食尽"的前一天，向真宗汇报："擒获了契丹的谍者马珠勒格，当即斩之。审问中得知，这些谍者人数很多，分布在各地。现在已经打听清楚这些间谍的形貌年齿，附上，请安排诸路巡检分头抓捕。"史称"从之"，真宗听从了这个建议。将契丹谍报人员的"形貌年齿"分头经由马递铺快件送达各路，王钦若也应当收到了这份情报。

现在的问题是：张皓，是不是间谍呢？根据丁谓报上的"形貌年齿"，画影图形，左看右看，又像又不像。

所以，张皓的"一面之词"，孙全照不敢信，王钦若也不敢信。但张皓说得那么真切，逻辑上跟曹利用又合拍，所以这王钦若既不敢让张皓去见真宗（万一是间谍，岂不坏了大事），也不敢就将张皓斩首（万一真是石普派来的使者，岂不惹下大祸）。怎么办？

从哪儿来回哪儿去。

你不是说从萧太后那儿来吗？回到萧太后那儿去。张皓是百般辩解，万般委屈，没用。

此时的萧太后等人已经到达德清军。张皓就从天雄军南下百余里，到德清军来见萧太后。萧太后哭笑不得，但还是安慰了张皓，赐给他袍带，下榻的馆舍也升格加等，一面再向王继忠说明事情出的差头，让他继续写信禀奏真宗，请从澶州另派使者前来，速议和好之事。

一面要张皓继续充当使者，再去天雄军。

张皓也附在王继忠的奏章中向真宗皇帝说明自己的委屈。

王钦若还是不敢要张皓去见真宗。他将一应信件另外派人快马送给真宗。

真宗得到信息，再次给王钦若颁诏，告诉他放行曹利用。怕他还是生疑，又让参知政事王旦给王钦若写亲笔信。这次王钦若得到确切消息，于是让张皓与曹利用一同到萧太后行营去谈"和好"之事。

真宗处理完派遣使者事，对辅臣们说了一番话：

"契丹虽然有和好的善良愿望，国家以安民息战为念，所以已经答应了他们；但他们还在率领兵众深入我大宋国土，现在又是冬季，黄河之上的破冰就要冻合，铁马冰河可渡，我们还是要极力为之防御。朕已经下决心有了成算：亲自激励全军——如果契丹在盟约讨论之际，另外还有过分要求，就当与他们决一死战，一举剪灭这些寇贼。上天有灵，一定会助我大顺。可以继续督促诸位将帅，整饬军容，相机行事。"

真宗相当理性，他知道"和好"是"和好"，在正式签约之前，仗还是要打的。果然，契丹人，来了。

射杀草原"战神"

张皓很精明，在契丹营帐中感觉到了战前的气氛，很快完成一个判断：契丹就要派遣萧挞凛为先锋，第二天到澶渊。于是，他在从天雄军往德清军的路上，另外派遣心腹间道去见老相识，宋师西偏营栅司令周文质。

周文质是殿头高品，这是亲近皇上的在朝高级宦官。此役，在李继隆麾下负责偏西方向的阵营。周文质得到消息马上向李继隆、秦翰做了汇报。两位大帅当即作出临战部署，果然，刚刚布阵完毕，契丹先锋几万铁骑就来到澶渊辖区。

按照《宋史·李继隆传》的说法（这个说法在《续资治通鉴》和《续资治通鉴长编》中都没有载明），在萧挞凛到来之前，可能已经有一场冲锋与反冲锋。史称"敌数万骑急攻，继隆与石保吉率众御之，追奔数里"，李继隆与石保吉追击了几里地，但因为大阵需要"持重"，故收兵回应，继续布阵。

以后的记录，出现了混乱。梳理一下史料，重行推演过程，萧挞凛应该在李继隆布阵完毕后到达。

萧挞凛，这位契丹民族最后一位"战神"，攻陷德清军后，有一种少有的狂妄。他接住前锋失利的数万骑兵，重新调度，很快来到澶州北城之下，史称"直犯（宋师）大阵"。于是，几十里的宽大正面上，一个弧形骑兵阵势，对澶渊北城外的李继隆部实施了远距离包围。

宋师举眼望去，左、中、右，三面皆敌。

战云密布。此役，甚为凶险。

大将李继隆当初接受任命，为战区驾前东面排阵使后，与石保吉、秦翰等人先到澶州，已经早早地将数万宋师按照真宗指示的阵图，开始了布防。李继隆"毁车为营"，数以千计的辎重车，车辕冲外，充当了拒马（一种迟滞骑兵进攻的木制防御设施）的功能，密密麻麻排列阵前，大军成列，严整有序。更分派劲弩神臂弓手，在几十里的大阵中，利用地形地物，屯扎为一个个小型堡垒，"控扼要害"。石保吉配合李继隆，在西面排阵，相当默契。秦翰则率领丁夫紧急施工，将环城沟洫疏浚完毕，加深、加宽，以此来抵御草原骑兵的驰突。秦翰来到澶渊，直到战事结束，七十天，身上始终披挂着沉重的甲胄，从未解下。接到张皓情报后，李继隆更将阵营提高一个级别，提前进入临战状态。

所以，李继隆有备。

而且，大阵更凸显了宋师的优势：到处安排了"床子弩"。

我已经在本书系第一部《赵匡胤时间》中详细介绍了"床子弩"。

简言之，这是当时世界范围内顶级远程打击武器，其最远射程可达"千步"以上，"一步五尺"，宋尺，一尺约 31 厘米，五尺就是 155 厘米；千步，则达到 1500 米以上。"床子弩"最少要用两张弓，最精致的则是一盘机器，有绞车。"八牛弩"，需要上百人才能拉动绞车。它的箭杆也特殊，短小、粗壮，如现代体育竞赛的半支标枪，后带铁翎。最夸张的记录是，"床子弩"射到墙垣之上，会直直地钉入，攻城将士可以攀缘这些箭杆登城。这种战弩，弓弦当用上好牛皮或青麻绳索制作，挂上钩楯之后，那种扳机，不必担心"走火"，因为扣动它，要用斧头才能敲开。操练"床子弩"的，是比大宋"神臂弓"更强壮的人，是大宋特种兵队伍。

契丹统军、顺国王萧挞凛，这次为侵宋先锋，换上靓丽的先锋旗帜，亲自出阵督战，那一身豪迈之气，在两军阵前赫赫生威。他甚至从阵中骑马走了出来，那一种傲慢气场，瞬间令大阵屏气。十几万人都在看着这位"战神"。

曾经战胜耶律休哥的李继隆，面对萧挞凛，并不慌张。此一时刻，他的身上，寄托了大宋的未来。优秀人物，在特殊时刻，应能感受到背后君臣士庶的焦虑与期待。他手持令旗，镇定地等待机会。

此时，宋师大阵西偏营栅中的威虎军头，一个名叫张瑰的小校，在弓弩阵中。他调转手下的几台"床子弩"，暗暗地瞄准了这位草原"战神"。当他指挥部下，大喝一声，用斧头敲开几个扳机时，"床子弩"连续飞出了几支横排标枪般的箭，其中一支正中萧挞凛面额。

两军同时惊呼起来。契丹方面赶紧派出百数十人，奔到阵前，将主帅抢回，抬到营栅中去。

草原"战神"在昏迷中呻吟，但箭镞深入头颅，已经神鬼无术，挨到夜半，死去。从此，世上已无萧挞凛。

从这一天起，契丹受到极大心理挫败，退却到德清军，不敢动。只不过偶尔派遣轻骑来大阵之前侦察一番，迅疾离去。

真宗"进辇"北城

真宗再向澶渊开进过程中，再出示两份阵图给殿前都指挥使高琼，要他相机布阵。两图，一份是行阵图，一份是营阵图。显然，真宗在做大军挺进的准备，而不仅仅是在布防。

就在这时，得到了李继隆的捷报：萧挞凛已死。

李继隆在奏章中还建议真宗如果到澶渊，就在南城驻跸，不必到北城，因为北城门巷湫隘，不便圣驾行动。

真宗得到奏报后，当天到达澶渊南城，接受李继隆的建议，以当地的驿舍为行宫，不准备过河进入北城。

寇准坚持要圣驾过河"幸北城"。他说：

"陛下不过河，则人心危惧，敌气未慑，非所以取威决胜也。四方征镇，赴援者日至，又何疑而不往？"陛下您如果不过河，那么我军人心就会生成畏惧（诸军会想：皇上吓得不敢过河），敌军人心就不会受到震慑（敌军会想：宋主害怕不敢过河），这可不是大长我军威风而决策胜利之道啊！眼下征兵于四方诸镇，纷纷赶来勤王的部队每天都有人到来，陛下又有什么疑虑而不往前呢？

高琼也坚持请求过河，他说：

"陛下若不幸北城，百姓如丧考妣！"陛下如果不到北城，老百姓会像死了父母一样悲痛。

这话说得粗俗，也算是"失礼"，所以随驾的签书枢密院事冯拯听后，在旁呵斥高琼。但高琼反而大怒，对冯拯说：

"君以文章致位两府，今敌骑充斥如此，犹责琼无礼，君何不赋一诗咏退敌骑耶？"先生你因为写写文章得到中书、枢密两府的官做，现在敌人的铁骑充塞在京北澶渊，你还责备我高琼无礼，有能耐你写一首诗歌咏一番让敌骑退去？嘁！

说罢，高琼更不待冯拯搭话，也不问真宗意见，直接挥动卫士"进辇"，拉着辇车往前走。

到了两城相接的浮桥上，辇夫见大河横亘，真宗不语，不免心生疑惧，于是，停住辇车，等待真宗命令。

高琼见状，就用手中的铁挝敲击辇夫的后背，大声喝道：

"干吗不赶紧走！现在已经到这里了，还犹豫什么！"这话不仅是说给辇夫们听的，也是说给皇上听的。

真宗很平静，要辇夫"进辇"。于是，真宗过河，到达澶渊北城。

还在浮桥上时，北城的南门楼就已经有士兵们欢呼起来。

呼声一波一波传导到北城四面。

真宗进入北城后，不休息，按照寇准安排，直接登上北门楼，楼上张黄龙旗。城内城外，敌我几十万人都看到皇上来了，诸军在李继隆带领下，皆呼万岁，史称"声闻数十里"。当下宋师受到鼓舞，士气百倍提升起来，而契丹远远地看到大宋皇帝来了，知道后面的战事如果打起来，就是一场死仗，继萧挞凛死去之后，人人更加恐惧，史称"敌相视益怖骇"。

真宗在城楼上，遥观李继隆方圆数十里壮观的大阵，甚为叹赏。于是召见李继隆、石保吉、秦翰、张旻等人，慰劳一番。

第二天，真宗过吊桥，进入李继隆大营。李继隆部并不失序，兵士们严整肃立，很有古代周亚夫细柳营的风采。真宗很高兴，就在营中召集群臣与守将们宴饮，并赐给诸军酒食、缗钱。

"主和派"思路

且说曹利用来到德清城南契丹营寨，见到国主耶律隆绪和萧太后等人。他发现萧太后与宰相韩德让坐在一辆大车里，群臣与国主坐在另一辆大车里，礼容很是简略，对熟悉中原衣冠文明、男女有别习俗的曹利用来说，这种"礼"几乎近于"化外"。用餐也很简单，就在大车的车辕上横放一块木板，上面就是"食器"。而曹利用、张皓等坐在车下，另外赠给食物。就这样，一边吃，一边讨论"和好"之事。前前后后说了一堆左右迂回的话头，各自的讨论底线都没有说，似乎一时不方便出口。因此并没有做出决定。耶律隆绪就提出，由契丹这边派出一位大使，与曹利用等一起返回去见真宗，直接谈。

于是契丹派出左飞龙使韩杞与曹利用一起南返，到澶渊来见真宗。

真宗得到消息，派知澶州何承矩安排在郊外接待，翰林学士赵安仁负责陪伴。一应接待仪式，都由赵安仁负责。

赵安仁是父子相承的"主和派"。他的父亲赵孚就曾在雍熙北伐之际向太宗进言，主张与契丹"和好"。

赵孚的说辞大致是：将士们屯戍边陲，与契丹开战，实在是不得已的事；战争中无数尸体暴露原野，岂是圣贤愿意看到的风景？所以，希望朝廷能与契丹通联协商，更期待太宗皇帝能"近鉴唐高祖之降礼，远法周古公之让地"，近代人物学习唐代高祖李渊礼让突厥之事，远古人物学习周人古公亶父避让戎狄之事。"圣人以百姓之心为心，君子见几而作"。可以向契丹晓谕祸福之道，向他们宣示恩威，议定边疆，永息征战。"养民事天，济时利物，莫过于此"。

赵孚还认为：契丹虽然与中原嗜好不同，但是躲避危险、屈就安定，厌恶劳烦、喜欢安逸，都是一样的人情。意思就是：契丹会同意和好息战。

赵孚这个意见很有代表性。它基本上说清了有宋三百年间"主和派"的基本思路。理解这一番话，就可以理解"主和派"的思想资源和来龙去脉。

在太宗雍熙北伐之前，向契丹示好，是有可能的。种种信息证明，契丹不想与这个新崛起的大宋王朝为敌。在太祖时代，已经有了双方息战的简略"盟约"——虽然那时节并未互派正式和谈使节，但在边境已经互相约定：不战，通商。太宗如果继承这份"和平"遗产，可能"澶渊之盟"会提前几十年到来；那时，大宋将有希望全力西向，解决西夏问题。以后的事，再看时机。

但太宗虽然表彰了赵孚，并认为他是一代"名士"，却没有接纳他的意见，在"惟有战耳"和"乘胜取幽蓟""径指西楼之地，尽焚老上之庭"的豪迈激情鼓舞下，战败。显然，太宗时代，虽然兵强马壮，但还不具备扫灭契丹的"天时地利人和"。

有意味的是赵孚这两句话："近鉴唐高祖之降礼，远法周古公之让地"。

唐高祖李渊，事实上包括他的儿子唐太宗李世民，都有向突厥"称臣纳贡"的故实。李渊起兵太原，南下争中原，突厥人首领颉利可汗亲率十五万铁骑入侵并州（包括今日山西，以及河北北部、内蒙古南部等），掳掠男女五千余人，李渊毫无还手之力；颉利可汗又率骑兵十万大肆掳掠朔州、进袭太原，李渊也没奈何，只好"卑辞""称臣"，讨好突厥，愿意以财帛女子贡献。到了李世民时代，"玄武门之变"刚刚过去，这位突厥可汗又率兵二十万，来欺侮大唐新任天子。大唐将军们虽然做了抵抗，但突厥人还是打到了长安城外渭水便桥之北，此地距离大唐首都长安城不足四十里，比目前的"澶渊之役"，形势还要危险。唐太宗亲率臣下及将士来到渭水，隔河与颉利对话，"啖以金帛"，用财货利诱突厥，讨论和谈条件。颉利见李世民背后的唐军军容还很严整，又听说可以得到"金帛"，这才答应结盟、退兵。此役，史称"渭水之盟"，发生于公元626年，比"澶渊之盟"早了三百七十八年。

但"渭水之盟"严格说，不算是一场和平运动，实在是一场"城下之盟"。而李世民更在屈辱中早有成算，他在回答臣下疑虑时说：

突厥经由我们这次纳贡，会"志意骄惰"，从此以后，他们将"不复设备"，失去战备意识，我大唐"然后养威伺衅，一举可灭（突厥）

也"。李世民引用《老子》的话说：这就是"将欲取之，必固与之"，我们要想得到他们的土地钱帛，先给他们土地和钱帛；以后，他们拿去的土地和钱帛都会加倍还给我们。

从思想倾向上论，"将欲取之，必固与之"，按照章太炎先生的说法，这种"降礼"，实是"道家的阴鸷"，为儒家所不取。但在军事力量暂时达不到抗衡和消灭对方时，"降礼"就不仅是一种"策略"，更是一种"战略"，儒学的说法就是"权变"。所以，儒家与道家在面对天时、国运这类巨大困境时，有智慧的相通处。"卑辞""降礼"，不仅是一种"阴鸷"，也可以看作是一种"权变"。事实上，唐太宗还是话多了些、性情浮薄了些，在有些时刻，"阴鸷"或"权变"中的远猷，根本不必说出来。那时节，知者自知。汉高祖刘邦在白登山被匈奴包围，也是"卑辞""降礼"，但他不说复仇之类的话语，隐忍一生，直到他的重孙子辈，汉武帝刘彻时代，才有了"犁庭扫穴"的辉煌。

《春秋公羊传》有"大复仇"之说，这个说法源于非公正政治秩序下对自然法的肯认，是对"耻感"的"痛感"。史上"卧薪尝胆"的故实、"鞭打楚平王"的故实，就是"大复仇"的飙歌。到了汉唐以后，"大复仇"有了"族群雪耻"的意义。汉代"犯强汉者，虽远必诛"说，唐代"养威伺衅，一举可灭"说，都是誓为族群共同体洗雪往日耻辱的强悍话语。但汉高祖刘邦、唐太宗李世民，都懂得"阴鸷"或"权变"；他们知道：时运不济时，面对敌对族群的侮辱，可以"无故加之而不怒，猝然临之而不惊"。刘邦的夫人吕雉甚至面对匈奴首领冒顿单于极为无礼类似性骚扰的"情书"，也在大臣的劝谏下，隐忍住，不怒，反而"卑辞""降礼"，讨好匈奴。

"大复仇"，需要"智慧"驾驭，而不是"激情"驾驭。这种"智慧"的核心，是对"时机""机运"的深刻洞察力。

所以，在宋太宗雍熙年间，大臣赵孚深晓此理，太宗赵炅不晓此理。

大唐在"智慧"而不是"激情"驾驭下，等来了"大复仇"的机运。贞观三年（629），名将李靖、李勣趁突厥内部虚耗，开始行动。大唐对突厥人的"与之"转换为"取之"。只用了很短时间，突厥被大唐扫灭，颉利可汗被生擒。十几年间，突厥给予大唐太祖、太宗两代人的羞辱一扫而光。

文明大迁徙

大宋，事实上，从太祖赵匡胤开始，一直到南宋诸帝，都没有忘记"恢复汉唐之疆"，真宗之后，更没有忘记"雍熙北伐"的耻辱。到了徽宗时，甚至也效法唐太宗，撕毁盟约，与金王朝合作夹击契丹，"大复仇"，但宋徽宗时代没有唐太宗时代的人才和国运，也等于时机不对，于是遭遇引狼入室的悲剧。

古公亶父的故实则更为意味深长。

古公亶父是周文王的祖父。他在世时，部族约有万余人，活动在泾水、渭水之间，今天的陕西彬县一带，古称此地为"豳"（音斌）。古公亶父善于种庄稼，很快部族就成为一个经济较为发达的农耕族群。但北方有"狄人"，在觊觎豳部落，要来进攻。

古公就召集父老问："狄人何欲？"狄人想要干吗？

父老回答道："欲得菽粟财货。"狄人想要我们的菽粟财货。

古公说："与之。"给他们。

以后狄人就多次来要，给他们多少也不满足。

古公又问父老："狄人又何欲乎？"狄人还要干吗？

父老回答："又欲君土地。"他们又想要君主您的土地。又有人说："欲得地与民。"他们想得到我们的土地和人民。

史称"民皆怒，欲战"。

古公说："与之。"给他们。

然后古公开始准备离开豳地。

父老们说："君不为社稷乎？"君王您不为社稷考虑吗？

古公说："社稷所以为民也，不可以所为民亡民也！"社稷之所以存在，是为了万民利益；不可以拿这个为了万民利益的社稷为借口，去打仗、去灭亡万民啊！

父老又说："君纵不为社稷，不为宗庙乎？"君王您就是不为了国家社稷，难道也不为祖宗宗庙想想吗？

古公说："宗庙，吾私也。不可以私害民！"宗庙是我宗族的私事，不可拿着宗族的私事祸害我的族民。

说罢，收拾行囊，拄着拐杖准备离开古老的豳地。

临行前，古公对跟从他的人说：

"有民立君，将以利之。今戎狄所为攻战，以吾地与民。民之在我，与其在彼，何异？民欲以我故战，杀人父子而君之，予不忍为。"

人民拥立君主，是为了能有利益。现在戎狄之所以来我豳地攻战，就是想要我的土地和人民。人民在我这里，和在他们那里，有什么不一样吗？现在人民为了我的缘故要打仗，打仗就是杀人，杀了别人从军的父子，而我再去做这些人的君主，我不忍这么做。

说罢，带着自己的族属，翻越了几座山几条河，几百里路，在岐山下找到一块地方，命名为"周原"，开始重新经营。从此中国有了"周部族"。

豳人"举国扶老携幼"（按："扶老携幼"这个成语就是出自这里），跟着古公迁徙的人有三千乘。其他别的小国听说古公这么仁义，也多来归附。很快，在岐山脚下，成为有三千户人家的聚落。

古公亶父离开豳地之后，最重要的大事是"贬戎狄之俗"，完全摒弃在豳地时还沾染的狄人习俗，以"衣冠文明"精神，开始"营筑城郭室屋"，这样就从"游牧"性质转化为"农耕"性质，并开始设立"五官有司"，按照文官制度管理这个迁徙而来的族群。史称"民皆歌乐之，颂其德"。

从此，中原文明开始在"周族"推演下，经由三代人的时间，到周公时"制礼作乐"，完成了中原"礼乐文化"的文明更化。周王朝八百年基业，奠定了华夏以"礼乐文化"为特色的三千年政治文明大格局。"礼乐文化"或"礼乐制度"成为中原与异族的文明竞争中凸显的文化身份识别标志。而这一切，从地缘政治而言，源于古公亶父率领族人由"豳地"向"周原"的一次文化大迁徙。

这一段故实，在中国文化史、政治史、思想史上均有重大意义。它成为"民为贵，社稷次之，君为轻"的著名案例。远古土地为君王所有，到春秋时形成土地私有。在土地私有之前，古公亶父如此宣称"社稷""宗庙"与"周民"之关系,可以看成"天下为公"的古典模型。犹如摩西当初带着"上帝的子民""走出埃及"到西奈半岛;古公亶父身后的"三千乘",是自愿跟随他"走出豳地"到岐山脚下的"周族子民"。

远古中国的这一次仁爱文明大迁徙,预表了以"尊生"为核心诉求的"天下为公"的价值观。而"尊生"正是"以人为目的"而不是"视人为工具"的价值理性所在。

赵孚向太宗赵炅讲述这两个故实,并期待他能效法。今天看,这两个故实事实上预表了两种模型。

唐太祖李渊"卑辞降礼",是隐忍中等待机缘,符合圣贤"大复仇"理念,是一种政治征服缓期战略。

周古公亶父"走出豳地",是委屈中维护和平,符合圣贤"施仁政"理念,是一种文化推演渐进战略。

中国,在地缘困境中,这是两个值得继续向纵深剖析的"意义组团"。它将给予后人足够的智慧和心性。而那种血脉偾张的即时性冲动、豪迈与激情,事实上是最为廉价的道德放纵。

祸国祸民,往往就在举国激愤之际……

契丹的底牌

宋真宗知道赵安仁颇有父风,不乏赵孚式的理性智慧,又懂得恪守纪纲大体,而且还了解太祖赵匡胤时与契丹来往的文书格式,所以任命他来做契丹使节的礼宾接待工作，可谓允公允能。

话说契丹特使韩杞来到宋真宗的行宫，由赵安仁引导进入前殿，然后按照中原礼节，跪下，将国书授给阁门使。阁门使接过后，捧着升殿。内侍省副都知阎承翰接过，启封，交给宰辅浏览、朗读，真宗仔细听过，觉得国书还算得体，但书中所提索要"关南之地"，本来就在算中，于是即命韩杞升殿。

韩杞升殿后，再拜，奏称："国母（也即萧太后）令臣问皇帝起居。"

然后就说到了国书中关于"关南之地"的诉求。

"关南之地"瀛、莫二州自从周世宗夺回后，契丹屡屡以此演绎悲情，不难猜想，韩杞在索要此地时，也免不了悲情一番。

真宗对辅臣说："我早有此忧，现在果然如此。你们看，这事怎么处理？"

辅臣回应道："可以这样回答他们的'国书'：'关南久属朝廷，不可拟议（不可提出讨论）。或岁给金帛，助其军费，以固欢盟。'但究竟如何，尚祈陛下裁度。"

真宗回应道："朕守祖宗基业，不敢失坠。所言归地事极无名，必若邀求，朕当决战尔！实念河北居人，重有劳扰，倘岁以金帛济其不足，朝廷之体，固亦无伤。答其书不必具言，但令曹利用与韩杞口述兹事可也。"

真宗这番话断然否定了契丹索地要求，如果契丹一定要索地，只有决战。不过考虑到河北人民多年在战火中劳扰，所以可以停战，作为一种妥协，可以每年给契丹一笔"金帛"。但回答他们的"国书"不必具体说这个事，就让曹利用和韩杞回去口述即可。

真宗朝第一次与契丹文书往来，需要有合适的格式文体，这也是"执纲纪、存大体"的方向。赵安仁是唯一能够回忆起太祖时"雄州和议"国书体式的人，于是就令他起草了回答契丹的国书。国书很简略，只是礼节性质的通好、问候，并未涉及"和好"的具体条件。

随后，赐给韩杞袭衣也即成套的礼服，还有金带、鞍马、器币等。

但是第二天，韩杞等人要与曹利用向真宗辞行时，还是穿着草原的服装，"左衽"而来。中原"衣冠文明"，一个是"衣"一个是"冠"，"衣"者，右衽，也即右边的衣襟在内，左边的衣襟在外掩覆右衣襟；"冠"者，束发后，可以使用发簪或顶戴帽冠。非中原文明，一般可以"左衽"，也即左边的衣襟在内，右边的衣襟在外掩覆左衣襟；而又不必束发，因此成为披发。所以"披发左衽"成为与"衣冠文明"对应的"异族风尚"。世界多样，中原并不期待异族全部成为衣冠之族，但是天朝赐赠韩杞"袭衣"，他不穿戴，未免对中原文明不敬。所以赵安仁看到韩杞依旧草原打扮后，对他说：

"你就要上殿接受皇上给你们国母的回信，天颜就在咫尺之间。如果你不穿皇上赐给你的衣服，你想想，合适吗？"

韩杞当即换上"袭衣"，与曹利用等人一起来见皇上。

真宗与宰辅寇准又单独会见曹利用说："大宋土地，契丹不可能得到。但是如果要求货财，可以许给他们。"

曹利用回答："臣以前出使契丹，略知一点契丹语言。这次又秘密观察韩杞，听到他对同来的契丹人说：'你们看到澶州北寨的宋师了吗？那是劲卒利器啊，与我们以前听说的不一样啊！吁！可畏也！'据此，臣已经对契丹看得很明白了。如果他们另有狂妄要求，一定不答应，那时就请王师平荡北寇！"

真宗很愉快，就给时任殿直、阁门祇候之职的曹利用加官为东上阁门使、忠州刺史。曹利用想了想，就问真宗：

"如果契丹要求岁币财货，我们可以答应他们多少？"

真宗沉吟道："必不得已，虽百万亦可。"

曹利用得到这个底牌，辞去。

寇准跟着曹利用出来，又将他单独召到自己的战地帷帐中，"恶狠狠"地对他说：

"虽有敕旨，汝往，所许不得过三十万！过三十万勿来见准，准将斩汝！"虽然有皇上的敕令，但你到契丹，许给他们的财货不许超过三十万！要是超过了三十万，你就不要来见我寇准了，寇准将会斩了你！

曹利用一向知道这位来自山西绰号"寇老西"的家伙，是"刚猛"出了名的，他跟太宗说话，太宗不想听，站起来走，他都敢拉着太宗的袖子，"令帝复坐"。想想这家伙说话是算话的，不禁出了一身冷汗，战战兢兢地走了。

到了契丹设在德清军与澶渊北之间的营寨之后，正式的谈判也不复杂，契丹就是索要关南之地。

曹利用很温和但很坚定地回绝了这个条件，但他主动提出：

"北朝既兴师寻盟，若岁希南朝金帛之资以助军旅，则犹可议也。"

北朝契丹你们兴师来澶渊寻求盟好，如果希望我们南朝每年给你们金帛，以此作为替代军旅的资助，这个事似乎还可以议一议。

曹利用所谓"资以助军旅"，事实上是一种委婉的说法，这说法拐了好几个弯，类似于春秋战国年间流行的外交辞令。其逻辑大意是：契丹如果要关南之地，大宋肯定不给；如是就要继续战争，盟好就不可能；关南之地虽然可能出产物资，也有赋税，但战争也要有花费；两相抵押，你契丹也得不到多少便宜，说不定还更吃亏；如果放弃索要关南之地，大宋可以给你们一点钱帛，作为你们得不到关南之地的补偿；这笔补偿，就当是你们这么多年来为争关南之地的军旅支出；事实上，我们给你的会更多，比你们从关南之地得到的赋税合适多了。

但契丹这边负责接待大宋使者的政事舍人高正始忽然吓唬曹利用说：

"今兹引众而来，本谋关南之地，若不遂所图，则本国之人负愧多矣！"

现在我们带领大兵举倾国而来，本来就是为了关南之地。如果不能实现我们的愿望，那么有愧于我大契丹国人太多了——几乎没有法子回去向国人交代！

曹利用回应道：

"我曹利用奉命专门来结盟好，条件就在这里，不能实现，我有死而已。但是你们也要想好：如果你们不怕后悔，任性，非要实现所图，到那时，不要说关南之地你们得不到，战争也不会容易停止了！"

高正始将这番话转给耶律隆绪和萧太后，两人听后，知道大宋不可能乖乖交出关南之地，知道如果一定要这个地方，那就只有战争。史称"意稍息",当初的决心开始有了松动。又听到韩杞汇报宋师的雄壮精猛,更听到还有"岁币"这个替代方案,尤为重要的是:他们能想起"瀛州之战"伤亡的近十万契丹将士,以及这几年与大宋战争的失利记录,于是,也开始接受大宋的条件,在妥协中,开始讨论"岁取金帛"问题。

似乎没有讨价还价。曹利用"一口价",答应每年给契丹绢二十万匹、银十万两。契丹听到这笔财富,感到满意:不打仗,每年有这么一笔收入,实在是"和好"的可观红利。于是,答应下来,史称"议始定",和议这才最终定了下来。

事儿,就这样成了。

赵安仁"舌灿莲花"

曹利用从契丹辞行时,契丹国主和萧太后又通过王继忠来见他。王继忠向曹利用转达了契丹的一个意见,他说:

"南北通和,实为美事。契丹国主年少,愿意将南朝当作兄长来侍奉。但契丹忧虑南朝可能会在边境开挖修筑河道、大力疏浚城壕。这样别有举动,契丹国内会生疑,请南朝对此有个誓言。并希望能派遣近臣来契丹回访。"

王继忠希望这件事能秘密奏报给真宗。

为了让大宋能够派遣更高级别的官员来访问契丹,契丹首先提高了回访大宋的规格,这一次与曹利用同到真宗行在的是契丹右监门外大将军姚柬之。

曹利用以三十万谈成了合约，入见真宗时，真宗正在行宫用餐，没有马上召对，先派内侍出来问曹利用"所贿"也即"岁币支付额度"是多少？

曹利用回答："这是机密之事，应该当面奏上。"

内侍报给真宗，真宗对内侍说："你先让曹利用说个大概。"

但曹利用就是不肯说，只用三个手指头贴在脸上示意。

内侍见状，回来告诉真宗："曹利用三个手指在脸上比画，难道是三百万吗？"

真宗闻言，不禁大吃一惊，失声叫道："太多了！"但是停了一会儿，又说："如果能把这个事了了，也可以。"

行宫陈设简单，宫帷之间，就是几道布帘，曹利用已经听到了真宗与内侍的对话。等到真宗召见他时，他假作不知，再三"称罪"，说自己没有把事情办好。真宗问他到底许给契丹多少贿赂？

曹利用战战兢兢说："三十万。"

真宗闻言，"不觉喜甚"。

于是，给了曹利用很丰厚的奖赏。

姚柬之带着契丹的国书和各种礼品来到澶渊，大宋给予姚柬之的礼遇一如韩杞，接待他们的还是赵安仁。

姚柬之与韩杞不同，很有"民族自尊心"，他多次对赵安仁夸耀契丹"兵强战胜"，言下之意，如果开战，契丹似还略胜一筹。

赵安仁本来可以将斩杀契丹两万余众的长城口之战、伤亡契丹近十万人的瀛州之战、射杀萧挞凛的澶渊之战拿出来说话，但此际的赵安仁一番言语不是炫耀胜似炫耀，他回应姚东之说：

> 闻君多识前言。老氏云："佳兵者，不祥之器，圣人
> 不得已而用之。"胜而不美而美之者，是乐杀人。乐杀人者，
> 不得志于天下。

我听说先生您也很知道一些前贤的名言。老子有言："再有利的
兵战，也是不祥的东西，只不过圣人实在不得已而用它罢了"。战胜，
因为毕竟死人，不是个美事，却把它打扮成一件美事，这是乐于杀
人的行为。而乐于杀人者，不会得志于天下。

读史至此，很愿意浮一大白！古人称能言为"舌灿莲花"，赵
安仁此语于此时，堪称不易之论，妥当而精深、委婉而得体、蕴藉
而铿锵、大度而高妙，那是一种基于圣贤传统而来的理念自信、制
度自信、文化自信，一句话，结构性质的自信。折冲樽俎之际的外
交对答，并不诉诸剑拔弩张、针锋相对和所谓的"国格"尊严，更
不斤斤计较于大国"硬实力"之竞赛，而诉诸文明格局之真实袒露、
圣贤气象之自然呈现，这就是"正心、诚意"下"大宋魂"也即"大
宋价值观"暨"大宋软实力"的从容讲述。即使是敌人，也会尊敬
这样的对手。

史称"东之自是不敢复谈"，姚东之再也不敢跟赵安仁奢谈渴
血战争之事。

赵安仁在"接伴"即接待陪伴姚东之时，还有一次应答，也非
常漂亮。

姚東之多次谈王继忠的才干，认为这个汉人是个栋梁之材。赵安仁听过几次不答。最后一次，赵安仁回答说：

"继忠早事藩邸，闻其稍谨，不知其它也。"

王继忠啊，早年在皇上藩邸也即太子府上做事，听说此人还算谨慎，至于其他种种，不知道。

这样一番答对，对投降了契丹的宋廷高官，做了一次不失礼数的巧妙"矮化"，让契丹人感觉到：所谓人才，不过尔尔。但又知道了"谨慎"乃是王继忠的特点，这样也就巧妙地保护了王继忠。假如想"坏"，想借刀杀人，只需要捏造一两个实例，说"此人险诈"，则王继忠危矣。

真宗作《回銮诗》

且说姚東之将国书呈上后，真宗看到书中称曹利用所答应的条款与当初王继忠所言"和好"之利，还有距离。但这正是不便于在国书中讲述的内容，就是王继忠让曹利用"密奏"真宗的两条：不要在边境开挖河道；不要大力疏浚城壕。否则，契丹人以为会有战争准备，对两国"和好"容易误解。

真宗认为契丹放弃关南之地，那么这事可以答应。

当天，很高兴，就登上澶渊北城的南楼，观看大河。在城楼上宴请跟从的官员，并召姚東之也参与了这次宴会。

这一次与姚東之去回复契丹国主和国母的宋使，是西京（洛阳）

左藏库使、奖州刺史李继昌，行前，又给他加官左卫大将军。李继昌就是在平定巴蜀王均叛乱时，军纪最为严整，并注意在战争中收留妇女儿童的峡路（四川东部峡江一带）都钤辖。他的儿子娶了真宗的妹妹万寿公主，因此也算是皇帝的近臣。他带上大宋《誓书》前往契丹"报聘"也即"回访"。真宗注意到每一次契丹来人，总是说"契丹国母问候大宋皇帝起居"，因此，除了给契丹国主耶律隆绪的问候书信外，另外也给萧太后发去了问候书信。

这一篇《誓书》，应该是宋廷派人与契丹来人共同拟定。赵安仁和姚東之可能是主要起草人。

行前，姚東之还特意说："我国收兵北归，恐怕大宋缘边将士截击。"

于是真宗下诏：诸路部署以及诸州各军，不要私自出动兵马袭击契丹归师。

但此前几天，契丹还在派人攻打并攻克了澶州附近的通利军，因此，真宗一面下诏不得袭击契丹归师，一面还在部署猛将荆嗣等人在河北、山东交界处屯扎，防备契丹南下骚扰。

几天后，河北北面诸州报来军事简报：

"侦察得知，契丹北去，还没有出塞，很有几拨游骑骚扰乡间和州城。贝州、天雄军两处的居民，受到惊扰，都已经转入城中。"

真宗从容下诏：

"以高阳关副部署曹璨率所部取贝冀路赴瀛州；以保州路部署、宁州防御使张凝为缘边巡检安抚使，洛苑使、平州刺史李继和副之。同时选天雄军骑兵两万为曹璨后继，跟随戎寇。如果发现戎寇敢于放肆劫掠，则所在诸军合势翦戮！"

同时，又派遣使者晓谕契丹：因为朝廷得报中原民庶尚有惊扰，所以出兵巡抚，并非邀击。

再紧急赐王继忠手诏，令他告知契丹：此前所掠老幼，一律放回。

给契丹的文件，全部以急件形式，由澶州马铺校官乘驿站快马递送敌寨。

大将李继隆奏报：龙卫指挥使刘普，领兵从戎寇处夺回人、车、牛以及"生口"也即活人"凡万余计"。真宗对此不加褒贬。契丹回师途中劫掠我大宋民庶，此际"夺回"，就是一场"摩擦"，但民庶必须得到保护，作为对等原则，李继隆可以这么做，虽然已经下诏不得邀击契丹回师之众。

盟好重要，很重要，极为重要，大宋等待这一天很久了；但是，民生更重要，尤为重要，最是重要。所以，宁肯冒着"合约破灭"的危险，宋师也不会放弃民庶，更不会要求将士或民庶"大局为重"，而放任戎寇肆虐，相反，宋师必要一如既往地保护民庶。这也是"执纲纪，存大体"。民生，永远是有道邦国的政治核心。放弃这个核心，一切政治治理即自动失去合理性、合法性、正当性。

但盟好在即，太平有望，真宗毕竟心生欢喜。起驾回京之前，他作了一首《回銮诗》，命近臣唱和。这诗有几种版本，其中之一是：

我为忧民切，戎车暂省方。征旗明夏日，利器莹秋霜。

锐旅怀忠节，群胡窜北荒。坚冰消巨浪，轻吹集嘉祥。

继好安边境，和同乐小康。上天垂助顺，回斾跃龙骧。

真宗诗才一般，却准确描述了帝王之忧戚喜乐，气度雍容，有和穆之象。诗中第一句"我为忧民切"，我相信真宗赵恒流露的是真实情怀。

这时节，河北诸路都部署王超才率领大军返回澶渊。甚至，他还在诡异地拖延。当时名将马知节屯镇州，王超在定州，二地相距不远，马知节多次讽劝王超出兵抗敌，王超不动；接到真宗诏令回师澶渊，他也不动。马知节催促他，他说"中渡无桥，天冷，徒步涉水难度很大"。中渡，在镇州、定州附近的滹沱河上，马知节听说后，马上将早有准备的工匠派出，一个晚上架起了桥梁。王超这才慢吞吞地过河南下。在天雄军，王超又被早就怀疑他的王钦若、孙全照将其全军"散尽"。而王超见到真宗之后，即被解除了兵权。

随后，命翰林学士，大儒邢昺祭奠黄河。表示战事结束，感恩神祇。

接下来，在行宫大宴群臣。宰辅毕士安因为病重，未能跟随大驾，但还是奉召从京师赶来参加这一场盛宴。宴会中，真宗向诸臣宣布了"三十万岁币买和平"的来龙去脉。有人议论认为三十万太厚重了。

诸臣锵锵之际，毕士安说了一句话：

"不如此，则契丹所顾不重，和事恐不能久也。"不给契丹如此厚重的岁币，则契丹也不会考虑重视，那样，和议之事恐怕也不会久长。

话不在多，毕士安一言，解去诸臣疑忧。

真宗的"家园叙事"

为何要给契丹"岁币"也即"每年输纳的钱帛"？

此事在后世遭遇不少诟病，尤其近百年来，此事更被激进思潮讲述为中世纪王朝之耻辱。事实上，此事可以从三个方面来为真宗一朝辩护。

一、"岁币"替代"对外战争"，是一种成本利益的"经济"考虑。按后来的约定，每年支付三十万钱帛，这个数字远远低于一场中等规模以上的战争费用。那时候，一场大战，各地输送的粮草动辄几十万单位、上百万单位，而战马、器械、战前战后的赏赐还没有计算在内（有些时候，一场赏赐就超过了三十万）；战争所过之地，往往还要蠲免当年或多年赋税，也没有计算在内。那时，一场战争，动员的地方储备，动辄一路，甚至几路（也即几个省级单位的战略储备）。而赏赐和蠲免，则等于在动用国库。战争的直接成本和间接成本，其总和，不知道要超过多少个"三十万"。

"岁币"与"战争经费"比较，《续资治通鉴长编》记录了名相王旦对真宗的一个说法，或可令人深省。王旦说："国家纳契丹和好已来，河朔生灵，方获安堵，虽每岁赠遗，较于用兵之费，不及百分之一。"每年给契丹的三十万单位，不到一场战争费用的"百分之一"。这个数字，其真实性，套用一句老话的说法就是："虽不中，亦不远矣。"

不仅如此，按照"澶渊之盟"之后的中原与草原的口岸通商统计，大宋的贸易顺差，其数额更远远超过了三十万。尤为微妙的是，契丹很少铸币，口岸通商，往往需要大宋货币，这样，宋币几乎已经等同于今天的美元，成为一种奇异的"硬通货"，大宋只需要将"铸币"运往雄州口岸，就可以换回来大宗实用物资。从后来真宗一朝经济实力不断上升、宋民生活水平不断提高的事实来看，停战加贸易，大宋这个和平代价事实上"成本"极低。那种动辄批评"岁币"，说给有宋一代带来巨大经济压力之类话语，属于"坊间论说"，实在是一种距离真相很远、很远、很远、很远的"平庸的深刻"。

二、"岁币"替代"将士流血"，是一种生命价值的"民生"考虑。血比钱重。这方面的重要性，怎样估计都不会过高。

三、"岁币"替代"历史问题"，是一种维系政统的"道义"考虑。政治政统，是否合法、合理、正当？理由种种，其中之一是：是否有勇气承担前朝历史遗留问题，特别是负面问题？

可以约略说说德国故总理勃兰特。

希特勒的德国，显然不是勃兰特的德国，勃兰特在二战伊始就是一位坚定的反纳粹战士，希特勒开除了他的国籍，他被迫流亡挪威。但勃兰特仍然将德国作为他的"祖国"（注意：不是"国家"，是"祖国"。"国家"与"祖国"是两个差异显黥的不同概念）。所以，当勃兰特在访问波兰期间，在华沙犹太隔离区起义纪念碑前下跪，为纳粹德国杀害的犹太死难者默哀时，他已经承担了日耳曼德国从《尼伯龙根之歌》（德国十二世纪史诗，史称"德语之《伊利亚特》"，代表远古德语文化）到"国家社会主义工人党"（即"纳粹党"）的全部遗产——遗产中包括日耳曼祖国的理性与癫狂、壮美与丑陋、光荣与罪恶。勃兰特这种对祖国遗产浑沦一体的整全性继承，让他那时代的西德也即德意志联邦共和国，从此成为备受国际社会尊重的日耳曼祖国的合理、合法、正当的继承者。

勃兰特华沙一跪，重于泰山。关于勃兰特的下跪，人们说得挺多，我的贡献在于，它让我想起里尔克的诗来：

"双膝弯成直角 / 赋予世界一个全新的尺度。"

这是赋予"和平"为"英雄事业"的价值尺度，也是提醒人类由隔膜和仇恨的黑洞走向和解的文明尺度。

勃兰特后来获得诺贝尔和平奖，实至名归。

真宗继承的前朝，不仅包括太祖太宗，也包括了后周，更远一点说，他也继承了《尚书·尧典》的传统。就像《尼伯龙根之歌》是日耳曼的"神灯"一样，《尚书》几乎就是古老华夏的"神灯"。《尧典》中有一段话：

……克明俊德，以亲九族。九族既睦，平章百姓。百姓昭明，协和万邦。黎民于变时雍。

大意说：尧帝能够发扬大德，使家族亲爱和睦；家族和睦之后，又辨察各族百姓的政事；众族政事辨明之后，又协调万邦诸侯，使诸国在协调融洽的政治生态中共存；于是，天下众民也相续变化，友好和睦起来。

这是传统中国政治治理最为要紧的思想所在。"和"与"睦"是天下治理的核心诉求。这才是传统中国的"英雄事业""圣贤事业"，质言之，它就是中国的"和平事业"，是中国之所以为中国的"纲纪"所在。

西哲有言:"废除战争的唯一途径是使和平成为英雄的壮举。"宋真宗赵恒践祚之初即提出"召天地之和气",就是对内对外的和平宣言。

吾土,可视为诗意栖居的家园,也可视为杀人如草的坟场。史上帝王公侯的"家园叙事"与"坟场叙事"构成了不同政治美学的义理选择。

帝国统治者真宗赵恒与他的精英团队,选择了"家园叙事"。

他们的所有叙事,几乎都可以在"敛天地之杀气""召天地之和气"这两个主题下得到解释。

"屈己为民"

对"和平事业"的追寻,在整个中国史上,真宗一朝最为自觉。

真宗没有"下跪",因为他继承的前朝并无纳粹那般罪恶,也没有给契丹人主动带来灾难。他在位期间,所有的战争,都是契丹首先发动的。但他为苍生计,愿意"屈己""屈意""屈节",追求一个"平章百姓,协和万邦"的天下太平世界,也可以理解为"世界和平"境界。

"屈己",与"屈意""屈节",意思相近,都是君主放得下好大喜功之心,接受委屈,而求广开言路、民生安泰、政治和平之大义的意思。"屈己""屈意""屈节",是宋代历史出现频率较高的一个现象，考《宋史》，据不完全统计，这三个概念出现不下五十次，尤其以"屈己"出现频率为最高。

有意味的是，这也是宋代的君臣共识。臣下要求君主"屈己"，君主也愿意接受"屈己"。宋太宗赵炅北伐失利后，下《罪己诏》，史称"推诚悔过"，宰辅李昉等人，借机推演"屈己"的历史故实，要求太宗牢记"屈于一人之下，伸于万人之上"的政治伦理。从南唐归附大宋的名流张洎，也曾上书太宗，大谈"圣人屈己济物之诚"。真宗的老师、参知政事李至，在西夏问题上就劝谏真宗说：西夏李继迁之辈，固然有罪，但"圣人之道，务屈己含垢，以安万人"。名士王禹偁也上书论"五事"，其中之一就是要求真宗朝对付地缘之敌的战略，应该是：一面谨慎守备，一面通和盟好，以此"使天下百姓，知陛下屈己而为人也"。他知道有好大喜功之人一定会揣摩皇上自尊心，说些"富国强兵，不可示人以弱"之类的话头，还特意提醒真宗说：这类大话，都是"夸虚名而忽大计者也"。名臣谢泌也上疏言"太平"之事，须"屈己以宁天下"，大宋作为"大国"，没有必要"自轻而与戎狄竞小忿"。毕士安推荐的李允则也在"澶渊之盟"缔结后，给真宗上书说："朝廷不想困扰大宋军民，所以'屈己议和'。此事虽然国库支出不少，但与用兵比较，还是利好得多。希望选择边将谨慎地恪守盟约，如果有人上言什么'与契丹和好没有好处'之类的奏章，这样的边将是不能用的。"后来天下太平，宰辅王旦也夸奖真宗说："之所以现在'人情和，天道顺'，是因为陛下您'虚心求治，屈己为民'。现在远方的人民都愿意向慕中原，年岁丰收人民安乐，这是太平的景象啊！"

大臣说真宗要"屈己为民",真宗自己的说法则是"屈己安民""屈节为天下苍生"。当初看望老臣曹彬时,真宗就讨论过这个话头,那时节,真宗一面准备"屈节",一面强调:必须"执纪纲,存大体,即久远之利"。中原衣冠文明的纲领法度不能丢失,大宋社稷之义理尊严必须恪守,以此来求得国家长远利益。所以,真宗的"屈己""屈意""屈节",与勃兰特的"屈膝"有相近处,那就是在感觉的敬畏中自我坎陷,在理性的谦卑中祈祷和平。

前朝的历史遗留问题,我,来承续。

希特勒纳粹的罪恶,也是日耳曼德国历史的一部分;石敬瑭割地的罪恶,也是华夏人中原历史的一部分;纳粹德国,不是"德国的外国";石氏后晋,也不是"中原的番邦"。这种历史遗留,各有"天命",后继者必须正视。

希特勒给欧洲人带来了战火,那是日耳曼德国的耻辱。欧洲人的绝地反击,绝对正确。勃兰特以及西德,愿意代替民族共忏悔。宋太宗给契丹人带来了战争,那是大宋朝中原的失误。契丹人的悲情反击,可以理解。宋真宗以及大宋,愿意代替父辈付代价。

西德的现有疆域,勃兰特必须维护;至于东德,那是"时为大"的故事。中原的现有疆域,宋真宗必须维护;至于北境,那是"时为大"的故事。

公元 975 年,宋太祖曾与契丹签署"雄州和议",但到了公元979 年,宋太宗将这个和议的盟约撕毁,有了两次"北伐"的记录。契丹人的悲情与愤怒,于是成为"国家性格"。真宗的"岁币"战略,事实上是对前朝政统的接续性解决方案——除了战争,"岁币"似乎是唯一解决方案。真宗不走太宗老路，尽管真宗时代的国家总体实力已经超迈太宗时代。真宗相信支付"岁币"可以成为一种替代也即解决历史遗留问题的有效方案。

真宗的"屈己"向契丹人付币，与勃兰特的"屈膝"向死难者祭奠一样，也"赋予了世界新的角度"：承认前朝遗留问题，推演止杀天道大义，降礼选择政治妥协，走向百年地缘和平。

在中国政治伦理中，和平，有多么重要，真宗就有多么重要。

《誓书》的失礼

现在，"澶渊之盟"，就差最后一个环节了：交换《誓书》。

李继昌、姚柬之赴契丹交换《誓书》时，宋廷不断得到各地的奏报——

驻泊保州的定州路行营副部署兼北面安抚使张凝，书奏：宋师率兵至贝州、冀州，紧盯着北归的戎人（也即契丹）。契丹各路"候骑"（也即巡逻警卫性质的骑兵），一伙一伙"团结"（聚在一起，担心走散）北去，不敢侵掠。宋师已经侦察得知："戎首与其母"（也即耶律隆绪与萧太后）已过定远军（在河北沧州之南）。

宋师派出的巡寨史臣书奏：戎人寇相州（今属河南安阳）。通判、太常丞杨自牧率州兵、丁壮逐走之，境内以安。

从澶渊派出向契丹和王继忠递送急件的马铺校官回来了，他带来了王继忠的一封奏报，说"北朝"已经严禁撤退北归的草原兵众，以樵采的名义侵扰中原；祈求皇上下诏，要张凝等人不要杀伤北朝人骑。

真宗览奏后，对辅臣们说：

"日前，朕如果听从几位臣僚意见，调发大军，会同石普、杨延朗所部，屯扎于河北沿河诸州，截断契丹归路，南部再调动精锐追击，如此夹击，使其腹背受敌，那时他们必颠沛难堪了。但是朕考虑到矢石之下，杀伤一定很多，虽然我们会有成功，但也很难将契丹人灭国，全部消灭。那样，从此以后，战争就会不断，我们就要向北部边疆不断增兵。河北人民可就没有休息之日了。何况，现在已经求结欢盟，我们已经答应盟约条款呢！如果他们背离盟约，再动干戈，我们因此而誓师，朝廷内外同仇共愤，那时再使其灭亡，也不算晚。现在张凝等人出兵袭逐，不过是不令他们侵扰我们罢了。"

一番话，说得辅臣们大为赞誉。史称"左右皆称万岁"。

事实上，契丹南下澶渊，王超顿兵不前不退，而要求"夹击"契丹的谋略，最初出自名将杨延朗。

杨延朗时任河北缘边都巡检也即边防巡逻军总司令，受诏率一万人屯驻静安军（治所在今河北深州）之东。真宗的意见是让他在此地与诸将形成犄角之势，一旦战起，可以与镇州、定州，形成互相应援的追袭之态势。那时，契丹大军和真宗大驾都已经到达澶渊，此地在静安军南五百余里，但澶渊距离汴梁只有二百里。这是大宋最危急的时刻。这时候杨延朗上言道：

"契丹顿澶渊，去北境千里，人马俱乏，虽众易败，凡有剽掠，率在马上。愿饬诸军，扼其要路，众可歼焉，即幽、易数州，可袭而取。"

契丹在澶渊顿住，此地距离北境草原有千里之遥，他们长途到此，人马都已经很疲惫，所以虽然人数很多，但很容易被打败。他们还有一个特点：一路上所有的劫掠物资，都在马上驮负，这样就有了沉重负担。臣愿意请皇上诏令诸军，各自扼守敌人退兵的要路地带，伺机拦截。不仅敌众可以被歼灭，就是幽州、易州等山南诸州，也可以乘机袭取。

历史上来看，杨延朗一生最出色的地方，甚至不是富有传奇色彩的"遂城战役"——那场战役，杨延朗制作"冰墙"阻止了契丹攻城，而是他的这个"夹击契丹"谋略。

站在时光的后面，就纯粹战术（而不是战略）而言，杨延朗这个意见乃是军事天才与作战勇气的呈现。如果实施，如果宋师能够号令统一，如果河北东路各个要塞守军抓住战机，配合巧妙，拦截契丹远征军应该是一次机会——长途奔袭千余里，进入大宋腹地，而不能调动辖境守军聚歼，确实不可思议。这个作战计划值得冒险。但真宗没有采纳他这个意见，史称"奏入，不报"，奏章递交上去了，但是朝廷没有回复。

杨延朗是一个很温和的男人，但他知道澶渊那个地方，朝廷经受了多大的压力。这个作战计划不能实施，他很为江山社稷朝廷君主担忧。于是，不待得到朝廷诏令，自率麾下万人，长途北上，抵达契丹境内，攻克一座名为"古城"的军事要塞，史称"俘馘甚众"。古代战争，抓住俘虏，不杀，但有时要割取左边的耳朵计数上报，以此计功，这叫作"馘"（音国）。杨延朗用自己孤胆英雄般的气概，向契丹展示了大宋将军的风采，也同时用自己的方式，孤独地策应了澶渊那边的战事，分担了大宋的压力，增加了契丹的压力。最后签订"澶渊之盟"，未必缘于杨延朗独自上演的"古城战役"，但远在契丹本土发生的战事，应该让远在千里之外的耶律隆绪和萧太后感觉到一点什么。

契丹能感觉到大宋的宽厚。他们知道如果宋师南北夹击，契丹北归确实凶多吉少。所以，李继昌到了敌帐之后，再读过宋人的《誓书》，契丹人对大宋的感恩之情有了不自觉的流露，史称契丹人"群情大感悦"。他们给予了李继昌从未有过的礼遇。而契丹人的《誓书》，除了称谓、年号、时间等行文规定上的变化之外，其他要件不加改动，照抄一遍，然后表示：完全同意大宋皇帝意见。然后，就令西上阁门使丁振小心带上，随着李继昌来见真宗了。

这时，真宗已经从澶渊返回到了陈桥驿。丁振就到真宗行在，奉上《誓书》。

真宗浏览一番，一如既往地雍容大度，满意，赐宴，令归。曹利用送丁振到雄州境上。

两份《誓书》，乃是"澶渊之盟"的和平之果，中国历史上的经典文献，我不厌其烦，录在这里：

一、大宋致契丹《誓书》：

维景德元年，岁次甲辰，十二月庚辰朔、七日丙戌，大宋皇帝谨致誓书于大契丹皇帝阙下：共遵成信，虔奉欢盟，以风土之宜，助军旅之费，每岁以绢二十万匹、银一十万两，更不差使臣专往北朝，只令三司差人般（搬）

送至雄州交割。沿边州军，各守疆界，两地人户，不得交侵。或有盗贼逋逃，彼此无令停匿。至于陇亩稼穑，南北勿纵惊骚。所有两朝城池，并可依旧存守，淘壕完葺，一切如常，即不得创筑城隍，开拔河道。誓书之外，各无所求。必务协同，庶存悠久。自此保安黎献，慎守封陲，质于天地神祇，告于宗庙社稷，子孙共守，传之无穷。有渝此盟，不克享国；昭昭天监，当共殛之。远具披陈，专俟报复，不宣，谨白。

二、契丹致大宋《誓书》：

维统和二十二年，岁次甲辰，十二月庚辰朔、十二日辛卯，大契丹皇帝谨致誓书于大宋皇帝阙下：共议戢兵，复论通好，兼承惠顾，特示誓书，云"以风土之宜，助军旅之费，每岁以绢二十万匹、银一十万两，更不差使臣专往北朝，只令三司差人般送至雄州交割。沿边州军，各守疆界，两地人户，不得交侵。或有盗贼逋逃，彼此无令停匿。至于陇亩稼穑，南北勿纵惊骚。所有两朝城池，并可依旧存守，淘壕完葺，一切如常，即不得创筑城隍，开拔河道。誓书之外，各无所求。必务协同，庶存悠久。自此保安黎献，慎守封陲，质于天地神祇，告于宗庙社稷，子孙共守，传之无穷。有渝此盟，不克享国；昭昭天监，当共殛之。"孤虽不才，敢遵此约，谨当告于天地，誓之子孙，苟渝此盟，神明是殛。专具咨述，不宣，谨白。

两份《誓书》都有"更不差使臣专往北朝"字样。这里的"北朝"，就是契丹。但《誓书》交换后，当时任将作监丞的名臣王曾表示了异议。他认为《誓书》应该直接说"大宋""契丹"这样的"国号"就可以了。称契丹为"北朝"，等于承认大宋为"南朝"，相当于与契丹"亢立"，承认了这是两个正朔王朝，"天有二日"。王曾认为此举严重"失礼"。真宗当下也有憬悟，认为他说得对，很后悔行文不慎。但是因为《誓书》已经互换，不可能再更改了，只能将错就错。此事成为"澶渊之盟"完美和平中"有失体统"的憾事。

杜镐先安排"卤簿鼓吹"

真宗车驾到达汴梁北门时，得到张凝报来消息：契丹已经出塞；所以张凝及诸州所部都各回到屯戍之地。

从此以后，契丹再也没有进入过中原。

大宋迎来了百年和平。

大宋与契丹自太平兴国四年初也即公元 979 年开始，到这时，经历了近二十六年战争。这一天是大宋景德元年十二月戊戌日，此时应该已经进入公元 1005 年 1 月。这是一个寒冷的冬月，但在大宋君臣之间、将士民庶之间，空前地热烈、欢欣。

皇上大驾要进城，"澶渊之役"取得如此成果，朝廷应该安排欢迎仪式。宰辅已经派龙图阁待制、大儒杜镐先从澶渊回京，安排

"卤簿鼓吹"，也即车驾入城程序、兵卫甲盾仪仗、旗幡伞盖、乐舞导引等一系列规定性礼仪。但真宗忽然记起这一天是太宗皇帝的懿德皇太后符氏的忌日。按照另一种礼制规定：父母忌日，不可歌舞。虽然符氏已经死去多年，而且她也不是真宗的生母，但毕竟是"父皇"的皇后，此礼不可逾越。

于是真宗派出快马去告诉杜镐，不可安排欢迎仪式，撤掉"卤簿鼓吹"，不得"举乐"，也即不得有欢乐的乐奏。

杜镐认为：如此大事，岂可少了盛大仪式！于是援用历史典故，"驳回"真宗意见，他上书说：

"昔日周武王在父亲周文王死后不久，征伐殷纣王。出征前，要有仪式，于是，车驾带着文王的灵牌，前歌后舞。孔子修《春秋》，不以'家事'推辞'王事'。现在大驾凯旋，乃是'国事'也，用乐，于礼无嫌。"

真宗心稍动，又诏辅臣共议。

辅臣都认为杜镐言是，坚持要有凯旋仪式。

真宗听从了这些意见，于是，东京汴梁在一场盛大仪式中，迎回了中国的和平使者、终结了二十六年拉锯战的大宋皇帝真宗赵恒。

达成"澶渊之盟"，是大宋帝国文武官员和真宗皇帝共同演绎的政治硕果。这之中，李延渥的"瀛州之战"极大地消耗了契丹有生力量；李继隆则击毙契丹先锋大将萧挞凛，令契丹夺气；澶渊城北布阵，军容严整，令契丹使者韩杞一见心惊，这感觉传导到契丹营寨，很大程度上影响了耶律隆绪和萧太后，令草原民族的首领有了"畏宋"心理；王继忠身为"贰臣"，却不忘为故国奔走，直接作用了萧太后的"厌战"情绪，促成"和议"进入了议事日程；高琼在关键时刻"强迫"皇帝过河，振奋了大宋军民必胜信念；王继英领导枢密院军事工作，有力地支持了"和议"的种种细节；毕士安则于幕后"深谋"，推举"能断大事"者走向前台，规划了战略大势，并于事后肯定"岁币"的合理性，深刻影响了君臣之心；但在这些之上，寇准则居于第一大功。

寇准的功勋

寇准的功勋已经被史上不少精英人物认识清楚。

《宋史·寇准传》评论认为："毕士安荐寇准，又为之辨诬。契丹大举而入，合辞以劝真宗，遂幸澶渊，终却钜敌。及议岁币，因请重赂，要其久盟；由是西夏失牵制之谋，随亦内附。景德、咸平以来，天下乂安，二相协和之所致也。……澶渊之幸，力沮众议，竟成隽功，古所谓大臣者，于斯见之。"

这段话说了如下几层意思：

一、毕士安荐寇准，当其遭遇诬陷时，又为之辩护。当契丹举"倾国而来"时，他们二人异口同声鼓励真宗御驾亲征，终于使兵临城下的契丹兵众退去。景德、咸平年间的太平，实在是两位宰辅协和共治的结果。

寇准之功勋，没有毕士安是不可能的。

当初王继忠来信谈"和议"，大臣们都不敢回应，不知应该怎么办，而真宗不信此事为真，只有毕士安认为此事出于契丹真情真意，建议真宗"羁縻不绝，渐许其成"，这两句话后来成为"澶渊之盟"的"八字方针"，用现代话说，这八个字的意思就是：用温和的笼络手段控制此事方向，不要断然拒绝；根据事态进展渐渐推动积极结果，将契丹提出的"和议"之事做成。当真宗还是怀疑，认为此事难保为真时，毕士安甚至为此打包票，独力将责任承担下来，他说：

"臣曾经得到契丹那边投降过来的人，他们说，契丹虽然深入中原，但多次挫败，与出师前的期望落差很大，不得志，很想悄悄退兵，但又没有退兵的名义；况且，他们能不担忧宋师乘其内部空虚，'围魏救赵'，倾覆他们的巢穴吗？所以，'和议'这个情报肯定不假，王继忠的奏章，臣愿意为他作保！"

真宗这才开始推动此事，史称"许其请和"。

真宗巡幸澶渊之前，有几个大臣要求逃往金陵或成都，毕士安会同寇准一起反对此议，坚定地执行他与寇准早就定好的"大计"，也即推动真宗御驾亲征。当真宗已经起驾之际，太白金星忽然白天出现，而且有流星从北斗星座处降落。此一天象在那个时代极为恐怖，预示着将有大人物"陨落"，因此，又有神秘家劝说真宗不要北行，但毕士安与寇准不为所动，继续北上。当时毕士安正重病在家，未能与大驾同行，他给寇准写信说：

"我病，多次上书要求随驾，但皇上照顾我没有答应。现在，大计已定，唯君勉之！我毕士安能以自身来当这次'星变'而成就国事，是我的心愿。"

流星出现，毕士安正生病，他期望能由自己承当，不要殃及他人。

但他没有想到的是，这次"星变"，却"应"在了契丹方向，那就是大驾才行，萧挞凛被我宋师床子弩击毙。

毕士安"大计已定，唯君勉之"这话透露出，他与寇准共同做成了"澶渊之盟"这件大事。

二、由于"澶渊之盟"，大宋得到了"久盟"的和平红利。

三、"澶渊之盟"以后，破除了西夏纵横于两国之间，玩弄"三国志"的战略威胁。

四、寇准因此而进入"古所谓大臣"之荣誉行列。

这算是《宋史》为寇准所做的盖棺论定（另有批评寇准之处，暂不论）。

大宋名臣范仲淹对寇准的评价是："寇莱公（寇准曾被封为'莱国公'，故史称'寇莱公'）澶渊之役，而能左右天子，不动如山，天下谓之大忠。""左右天子"，的确是寇准在"澶渊之盟"时的做派。在许多具体的军政安排中，寇准常常违背真宗的旨意，史称"或违上旨"。等到有了盟约，寇准很得意，还对真宗说："使臣尽用诏令，兹事岂得速成！"假如臣全都用陛下的诏令处理军政大事，和约一事哪能这么快做成？这话说得很"无礼"，但真宗本来就在这件大事上倚重他，把他做了主心骨，所以并不与寇准计较，不仅不计较，还被他逗笑，还很宽厚地赞许、慰劳了他，史称"上笑而劳焉"。

王安石曾有诗句道："欢盟从此至今日，丞相莱公功第一。"国家之所以到了神宗时还处于和平之中，没有战争，连王安石都很感激寇莱公。

考历来对寇准推演"澶渊之盟"的评价，我最欣赏的是陈瓘之说。

陈瓘是徽宗朝的名臣，不为时局所容纳，一生颠沛流离。但他对史上故实往往有高妙见解，著作多种，其中一种为《论大事记》。李焘《续资治通鉴长编》、佚名《宋史全文》等都引用了他的议论。关于寇准景德年间事，陈瓘说：

> "当时若无寇准，天下分为南北矣。然寇莱公岂为'孤注之计'（按：王钦若诋毁寇准，对真宗说寇准'左右天子'实为'孤注之计'。此事容当后表）哉？观契丹之入寇也，掠威虏、安顺军，则魏能、石普败之；攻北平寨，则田敏击走之；攻定州，则王超等拒之；围岚岢军，则贾宗走之；寇瀛州，则李延渥败之；攻天雄，则孙全照却之；抵澶州，则李继隆御之。兵将若此，则亲征者所以激将士之用命。"

陈瓘的意见是，寇准之所以敢于"左右天子"，是因为他明晓大宋实力，并天才地推演出可能的结果。因此，这不是后来被"奸臣"污蔑的"孤注之计"，而是沙盘推演之庙算决定。

王夫之论"澶渊之盟"

后来的王夫之，在他的《宋论》中，用了一个章节的篇幅，专门谈论"澶渊之盟"中的寇准寇平仲，更雄辩地补充了陈瓘的看法。

王夫之的意见可以大略表述如下：

一、寇准在澶渊整日与杨亿等人饮博歌呼，固然无"戒惧"之心，导致王钦若编造了"寇准以陛下为孤注"的谗言，但这很可能不是"谗言"，而是王钦若等人的真实看法。

二、当是之时，整个宋廷，几乎没有一个人知道寇准之所以举重若轻、饮谑自如，其实是对时局透辟认识之后，有所仗恃。换句话说：寇准知道大宋安全系数相当高，知道此役有必胜之条件。而王钦若之流，面对契丹"举倾国而来"，一开始惊魂丧魄，除了高琼、杨亿（事实上还有毕士安、王继英）之外，"皆巾帼耳"，所以阻止寇准主张一战和迫令真宗亲征的谋略，等到寇准大功已成，这才看到同样是同僚，但智慧的差距居然如此之大，于是有了妒忌其功的阴暗心态。在此背景下，又有人开始赞美寇准，说他能在紧要关头"以静镇之"。但这种赞美也几乎形同于矮化。"生死存亡决于俄顷，天子临不测之渊，而徒以静镇处之乎"？说"镇静"，如果没有"镇静"的资本，那是一定要误人家国的，如后晋时景延广自矜有"十万横磨剑"，所以很"镇静"对契丹开战，结果，后晋覆亡（事见《赵匡胤时间》）。当初谢安"镇静"，在山上与人"围棋赌墅"，那是因为他有"镇静"的资本：除了骁勇的"北府兵"之外，已经有各地名将撑持局部战役很久，所以谢安心里有数，故有淝水之战的胜利。

寇准仗恃的资本是什么呢？

推演"澶渊之役"事件的终始，考察它的虚实，就可以洞若观火。

现在据史料观察当初形势，契丹得到"三十万"就答应退兵，并不仅仅因为萧挞凛意外中箭而死，也不仅仅因为曹利用能言善辩，这些都不足以让契丹动心退兵。当初契丹大兵一动，紧跟着就来了

"议和"的意见（虽然通过"贰臣"王继忠）；曹利用第一次谈判回来，契丹即派使者来见真宗。由此可见，契丹又要往前走，又要往后退，徜徉之间，并无决一死战之念，是可以判断的。

当初契丹灭后唐李从珂，是因为有石敬瑭为"内应"；灭后晋石重贵，是因为有杜重威、赵延寿为"内主"（事见《赵匡胤时间》）。"契丹不能无内应而残中国，其来旧矣。"

当时大宋并无"内应"，也无"内主"（按：于此，愈加怀疑傅潜、王超"拥兵自重""逗挠不前"的可疑、可怕）。寇准因此有内部可以仗恃的资本，他不怕。只要大宋内部不出石敬瑭、杜重威、赵延寿类型的"宋奸"，契丹最终奈何不了大宋。

但寇准还有外部可以仗恃的资本。他知道现在的契丹，不是耶律德光时期的契丹。有一个意味深长的关节，那就是，耶律隆绪一朝因为有了石敬瑭过去割让的"十六州"（事实上只有"十四州"，瀛州、莫州已经被周世宗"恢复"到中原），所以国人大多改用中原习俗，得志于穿锦缎、食膏粱，习惯于"恬嬉"之中。前辈战将如耶律休哥这样的人，已经不在。所以整体战力下降。但是他们看到大宋对西夏一直采用怀柔政策，不惜用绫罗绸缎等中原好东西贿赂西夏，争取和平；所以契丹认为：中原这些君臣，可以用"虚声恐吓"而得到西夏那样的好处。于是，就开始了战争威胁，但也仅仅是威胁，并不一定要死磕决战。他们带着"索贿之心"而来，结果能够如愿而去，"虏主之情、将士之志、三军之气"，都在这里了。这就是他们在中原各地"其攻也不力，其战也不怒"的原因。至于关南之地，也不过是能得到就得到，得不到就得不到。

对此，寇准已经将契丹看得透透的，"知之深，持之定"，道理在此。

三、但"兵谋尚密"，寇准不想掰开了揉碎了，讲给众人听。他知道，一旦将这些意见说出来，朝廷上必然就是一番"哓哓之辩论"。按他对大宋朝士之风多年的考察，他知道，那将是打不完的口水之战。所以，寇准独自将这一盘大赌局的"骰盅"操练起来，他像一个老千高手一样，一双透视眼，洞悉了赌局的秘密。此之谓体国之大臣的"密用"（可惜寇准后来没有坚守这类"密用"，结局有点惨，此是后话）。

四、甚至，寇准看得更深，纵横于这一赌局中的胃口更大，他要抓住契丹"不欲战之情"，而展开战略反攻，以此"反制"契丹。甚至利用"和议"，趁契丹撤退时展开大动作，"宁我薄人"，宁肯我对不起你了！事实上，从战争胜负视角考察，这一步棋，这一赌局，确有"必胜之道"。所以王夫之认为：寇准所谓"可保百年无事"，不是一句"虚语"，实在是因为既有内部仗恃的资本，又有外部仗恃的资本。也可以换一句话说："澶渊之役"很可能是中原君臣"恢复汉唐疆域"的一次难得机遇。

内外可以仗恃的资本，在寇准那里，看得清清楚楚，但在王钦若之流那里，则形同一片黑雾。所以契丹忽然退去，"和议"签约，居然两国友好无猜，这都怎么一档子事？当时，寇准是怎么猜到这一步的？他们是想破头也理不出端绪的。所以说寇准"孤注一掷"，虽然是嫉妒，但也确实就是他们的浅见、短见，在他们看来，寇准的智商跟他们差不多，不过就是胆子大敢赌而已。天才与庸才的差异，那一片鸿沟，无法逾越。

寇准的"画策"

寇准试图与契丹决战的一步棋，陈瓘也给予了极高评价。
他说：

> 寇准之功不在于主亲征之说，而在于当时画策欲百年
> 无事之计。向使其言获用，不惟无庆历之悔，亦无靖康之
> 祸矣。我宋之安，景德之役也；靖康之祸，亦景德之役误
> 之也。景德王师一动而诛挞览，契丹不能渡河也，遂使靖
> 康坐守京城而觊敌之不渡河。景德不战而和，欲和者敌也，
> 遂使靖康坐视敌之深入而独意和好之可久。景德既和，诏
> 边郡无邀敌归，所以示大信也，遂使靖康敌人议割吾之三
> 镇，而犹纵敌不追。其守不足以为谋，其和不足以为信，
> 其纵不足以为德，准之言至是验矣。

在陈瓘那里，景德年间的"澶渊之盟"有功有过；其功在于让
大宋安定和平百余年，其过在于，此一模式导致了"靖康之祸"。

景德时宋师一动而诛除萧挞凛，令契丹不敢过黄河，这就让百
年之后靖康时的宋廷有了错觉，认为也可以坐守京师，寄希望于金
兵不会渡过黄河，结果金兵过河进入汴梁。景德时不战而和，主动

要求和的是敌人契丹，这就让靖康时的宋廷有了错觉，认为敌人金兵也可以提出和议并且也能长久。景德时和议成，真宗下诏边郡守兵不得截击敌人撤兵，昭示"大信"，这就让靖康时的宋廷有了错觉，金兵已经割取了宋土三镇，退去时，我宋师也纵敌不追。所以靖康年间模仿景德年间的"坐守"算不得成功的谋略，模仿景德年间的"和议"算不得圣贤的守信，模仿景德年间的"纵敌"算不得天朝的大德。

但陈瓘认为，这一切，本来可以不发生的，因为寇准早就看到了这一步。当初曹利用要到敌寨去谈判"和好"之事，寇准一开始不答应，并且有并吞来寇、包举幽燕之详细规划，史称"画策以进"。但真宗没有答应。寇准的"画策"是什么现在已不可详细得知，但根据史料留下的蛛丝马迹和真宗的沉吟回应，能够知道，寇准主战，很可能就是：可以"议和"，但要在"议和"之后，南北夹击；一俟聚歼契丹进入中原的二十万兵众，即可派出何承矩一部、杨延朗一部，乘其内部空虚，又无后顾之忧，径自跨过拒马河，由北境北上，直取契丹腹地。

寇准"画策"后，很自信地对真宗说：

"如此，可保百年无事。不然，数十岁后，戎且生心矣！"

寇准此处所谓"戎"，泛指中原北部所有的草原部族，不一定是定指契丹。所以陈瓘在"靖康之祸"后，慨叹说：寇准的预言到此不幸而应验了！

可惜的是真宗没有答应寇准，真宗回答道：

"数十岁后，当有能扞御之者。吾不忍生灵重困，姑听其和也。"

几十年后，一定会有能够抵御异族的能人。但我，不忍心看到生灵再次受到战争困苦，姑且按照他们的意见，和了吧。"

寇准的"画策"，刚刚呈现为"可能性"，就消散在虚无中了。没有人在"澶渊之盟"以外看到寇准更"刚猛"的一面，王夫之看到了，陈瓘看到了。他们以中国出色史论家的观察力和洞察力，感觉到了寇准这颗超一流大脑的军政天才格局。说王夫之和陈瓘是寇准的两大知音，当不为过。

陈瓘的意见不止于此，他在议论徽宗朝模仿真宗朝故实而失败时，更有一番近于现代历史哲学的议论，极为精彩。

他说：

> 然所谓亲征者，在景德行之则可。而议者当靖康时，有请用真宗故事，则不可。盖亲征之行，必兵强可也，财富可也，将能擒敌可也。若此，则分画明，纪纲修，法度正。一有不然，则委人主以危事曰："天子所在，兵无不胜。"此书生之虚论，可言而不可行也。

徽宗朝，面对金兵威胁，朝中有人议论，要徽宗效法真宗，也来"御驾亲征"。似乎只要"御驾亲征"，就可以战无不胜。徽宗朝谋士们的此类方法，后世多有，以为"历史经验可以借鉴"云云。但陈瓘所言，等于破除了这类"迷信"。严格说：历史经验，在没有给出当代条件时，甚至不可借鉴；一旦按图索骥"借"来"历史经验"照搬使用，如果不具备此前经验之诸条件，生吞活剥、食古不化，那就是守株待兔、缘木求鱼、刻舟求剑、胶柱鼓瑟，其结果，也必与"借鉴者"愿景大相径庭。

历史，可能有相似事件，但不会相似到程序次第上的相似。

历史，由于人心莫测和环境变化的介入，其复杂程度不可能如四季变迁般"规律性"呈现，毋宁说：历史无规律。尽管这些相似事件，足以发人深省，足以令后人在其中寻觅经验模式。但这种经验模式，只能据当下条件，而不是历史条件，重行判断和推演其模式的不同可能性，而不是完整挪移其模式。也可以换一种说法：所有的历史经验，在没有给出现在时态条件时，都是唯一性的，不可重复，甚至不可借鉴。

即如藩镇割据的"阴谋拥戴"，唐末以来，几十场同类军政故实，"规律性出现"的，是外观相近的事件形态，而不是演绎如一的程序次第。"御驾亲征"亦然，真宗驾驭它，成功了；徽宗驾驭它，则未必成功；何况，太宗就曾经驾驭它，结果大败。历史上很多相近事件，往往看上去呈现为"规律"，但深入考究，它们一个个，往往都是唯一的。

但是，假如"历史经验不可借鉴"，如此一来，历史的意义何在呢？

历史之意义，可以概言者甚多，中外思想者不少人讨论过此类老生常谈，但"借鉴历史经验"仍然是主流话语、核心诉求。读者应该能够看到，我并不一般性地反对这个意见。我能够给予的补充意见是两个：

一、当且仅当给出现在时态条件时，"借鉴历史经验"才开始趋于可能性；

二、而这种"历史经验"，其主要方向是以"褒贬"为主题的

335

故实叙事。

传统史论谓"殷鉴不远",谓"彰往而知来",司马迁"述往事"其要义在"思来者",诸如此类,都可以在这两个补充意见中得到逻辑自洽的解释。

"褒贬",极重。孔子一生就在平衡往事大义,试图给出一字不可移易的"春秋褒贬"。而后,历代正史,都在"本纪""世家""列传"之后,给出精简的评论,这些评论,主题就是"褒贬"。"褒贬"的"历史经验",可以用两句现代白话将其大义说清楚,那就是:

何事可以做?何事不可以做?

如果给足现在时态的条件,这种"历史经验"就是丰厚而又珍贵的遗产,且如克罗齐、科林伍德所言:一切历史都是"当代史",一切历史都是"思想史"。

陈瓘此论的意义,在于肯定寇准"左右天子"赢得"澶渊之盟",作为"历史经验",具有唯一性。而今人能够"借鉴"的,就是学习寇准"能断大事"的"仗恃资本",以及获取这些"资本"也即"条件"的现代方法,以此去推演可能的趋势。"澶渊之盟"证明:寇准是做足了"前瞻性研究"的谋略大师,可惜史料残缺,今人已不能获得他的研究方法。但是不妨碍今人去"重行推演"他的方法,那是每一个阅读寇准,并愿意理解寇准的读者可以做的一种思想体操,一种饶有意味的益智游戏。